基于儿童研究的教师成长

陆 益 李 洁 钱月红 著

文汇出版社

图书在版编目(CIP)数据

基于儿童研究的教师成长 / 陆益,李洁,钱月红著.
— 上海 : 文汇出版社,2017.
ISBN 978 - 7 - 5496 - 1986 - 3

Ⅰ. ①基… Ⅱ. ①陆… ②李… ③钱… Ⅲ. ①儿童教
育-教育理论-文集 Ⅳ. ①G61 - 53

中国版本图书馆 CIP 数据核字(2017)第 011471 号

基于儿童研究的教师成长

作　　者／陆　益　李　洁　钱月红
责任编辑／熊　勇
封面装帧／张　晋

出　版　人／桂国强

出版发行／**文汇**出版社
　　　　　　上海市威海路 755 号
　　　　　　(邮政编码 200041)
经　　销／全国新华书店
印刷装订／上海惠敦印务科技有限公司
版　　次／2017 年 6 月第 1 版
印　　次／2017 年 6 月第 1 次印刷
开　　本／700×1000　1/16
字　　数／25 千字
印　　张／13

ISBN 978 - 7 - 5496 - 1986 - 3
定　　价：45.00 元

本书介绍

本书集结了我们近年来的教育教学故事,也一定程度上呈现了我们成长的轨迹和交流的火花,期待抛砖引玉,能对在一线实践的教师们一定的启发。

本书的第一部分描述了我们在实践中对儿童研究及教师专业成长的学习与认识,体现出我们在实践研究过程中对儿童观察和教师专业成长的认识和理解。

第二部分通过三个方面呈现儿童研究的三个方向。其一,基于观察的儿童研究。就是以发生在幼儿日常生活中的故事和案例来说明教师在实践中如何基于观察对于儿童进行研究;其二,基于对话的儿童研究。就是以日常与儿童的轻松对话为素材,判断儿童经验在对话过程中的价值,寻找基于对话的儿童研究与教师成长的密切关系;其三,基于教学的儿童研究。通过剖析一个个鲜活的教学实录,分析教学行为与幼儿发展的关系,充分体现了以教学行为为对象的行动研究过程。

伴随着研究的深入,我们还梳理了一些能够指导一线教师观察幼儿行为、研究日常对话、开展教学活动的案例。在本书每个板块的附录中,另辟"三人对话"的固定栏目,呈现我们三人对儿童研究理念的诠释。在聚焦儿童研究的专业成长中,我们希望尊重儿童的理念能真正渗入到教师的内心和行为中,希望带有这种尊重的教学能积累和沉淀下来。

本书立足于教育教学现场,从儿童研究的角度,呈现了丰富的教育案例。希望能向大家展现《指南》背景下我们的教育教学实践以及背后的思考和经验,希望能给一线的教师们带来一定的参考。

作者介绍

　　陆益，浦东新区蒲公英幼儿园教师，上海市中青年教师教学评优一等奖获得者，浦东新区学科带头人，浦东新区明星教师，园丁奖获得者。喜欢和孩子在一起，尊重和理解孩子，崇尚"幼儿园老师是孩子智慧玩伴"的理念，善于在玩乐中润物细无声地将教育内容传递给孩子。

　　曾陆续参与《幼儿园阳光儿童培养的实践研究》等多项课题的研究，积累了丰富的实践研究经验。目前作为负责人在进行市青年教师课题《小班阅读区创设及运用的实践研究》，相关的经验文章已经陆续在不同层面交流以及在《上海托幼》《上海教育科研》《浦东教育》等杂志发表。在区域内作为职后培训的讲师开展了《幼儿园慢阅读实践》《幼儿园角色游戏中的智慧回应》等培训课程，使100多名教师从中获益。并且在2010至2015年上海市学前教育年会及65届世界学前教育年会分享了自己的教学经验。

　　李洁，浦东新区南门幼儿园教师，上海市中青年教师教学评优一等奖、上海市园丁奖获得者，浦东新区学科带头人，浦东新区明星教师。2015年6月被授予2010—2014年度浦东新区先进生产（工作）者称号。著有《石榴花开慢慢红》一书；近五年内在《上海托幼》《浦东教育》等杂志发表文章30多篇；在2008至2015年上海市学前教育年会中多次分享教育实践经验；撰写的论文多次在全国、市级、署级层面获奖。

　　钱月红，浦东新区星雨幼儿园教师，浦东新区学科带头人，曾荣获区"小荷杯"比赛三等奖、首届区青年教师爱岗敬业教学技能竞赛（综合学科类）三等奖。

　　撰写的经验文章《多媒体信息技术与幼儿家庭学习生活的对应策略》《提升幼儿活动中的人文关怀》等先后在《浦东教育研究》《家庭教育指导》《学前教育初探》《上海教育情报》等杂志发表。撰写的案例、论文，先后多次荣获了"第二届全国幼儿园优秀教育随笔"征文一等奖、上海市幼儿园教师专业自觉成功经验和典型案例评比二等奖，全国幼儿教师论文一等奖、二等奖。

序

　　一线教师出书这件事，现时已不再新奇。但一线教师真的要出书，依然需要在梦想的支撑下，拥有巨大的勇气和付出艰苦的劳动。

　　陆益、李洁、钱月红都是第一线的教师，都是有着十多年教龄的年轻教师。三位教师，同为浦东新区的学科带头人，有着同样的职业精神和理想境界；分别获得上海市教学评优一等奖和教学技能竞赛三等奖，有着同等的实践教学经验和技能；分别获得全国教师论文一等奖、二等奖，且李洁出版了个人专著，有着相当的教学研究能力和积累。

　　志趣相同，使她们在我主持的基地——上海市名师基地学前（1）班里，结为好友，并在同一课题研究中，结成同伴。令人欣喜的是，她们明白，即使强强联手，也必须相互映衬、相互支撑。

　　在我的眼里，这三位教师有着各自的优秀品质。

　　陆益，理性而坚韧。她的执着和不惧权威，可以帮助她探索真理。李洁，专注而倾情。她的聪慧和心无旁骛，可以帮助她走向拔尖。钱月红，练达而宽厚。她的奉献和善解人意，可以帮助她统领全局。

　　因此，如此相得益彰的三人组合，会呈现一本怎样的教师读本呢？

　　我始终固执地认定：一线教师的著作，一定是以教育现实与现象为基石而筑建的。在大量的你我他都熟悉的实际事件中，以相关理论来分析和佐证儿童和教师的行为，从而传递教育思想，提升专业水平。

　　本书立足师生的"共同生活"，以"观察儿童、对话儿童、教学儿童"为三个章节，向大家展现了：幼儿园一日生活中，教师与儿童共生共进的历程。独特的体例和章节，为增加一线教师的可读性，作了尝试与创新。

　　另外，其中的案例与分析，试图带给不同教龄的教师以不同的启发：年长熟练的教师以此为话题，思考自己的教育行为；年少懵懂的教师以此为蓝本，改善自己的教育行为。我想,读书的意义大抵如此。

陆益、李洁、钱月红三位教师,还很年轻。今天她们已经完成著作,明天她们一定走得更远。

我期待,充满信心地期待。

应彩云

2016 年 8 月 14 日

FOREWORD | 前言

　　上海市"第三期双名工程"名教师后备培训，优选上海的优秀教师，在历时五年的基地培训中，成就了一批好老师，并让志同道合的老师找到了归属感，形成了学习和研究的共同体。我、李洁还有钱月红就是这样走到一起的，我们都来自于浦东新区。本书是我们近几年研究成果的一次整理，着重体现了一日生活中教师与孩子"共同生活"的过程和经历，也展现了我们十几年来的教学风格和专业素养。

　　我们三人虽拥有不同的经历，却因为共同的志趣结为好友，在实践中渐渐形成相似的儿童观和教育观。我们崇尚"幼儿园老师是孩子智慧玩伴"的理念，善于在玩乐中润物细无声地将教育内容传递给孩子，重视一日生活中的寻常时刻、珍视与孩子共同的经历，也在沉醉教育现场的同时乐于聚在一起交流反思。逛街时、喝茶时、聚餐时，说着说着话题就会转向班上孩子，兴奋地向彼此介绍孩子的故事。本书的雏形就是在这样一次次的闲聊、对话、碰撞中慢慢地勾勒出来了。这本书，集结了我们近年来的教育教学故事，也一定程度上呈现了我们成长的轨迹和交流的火花，期待抛砖引玉，能对在一线实践的教师们有一定的启发。

　　本书的第一部分从随意撷取的几个幼儿园故事场景中引出我们眼里的"儿童研究"，讲述我们开展儿童研究的目的以及我们在实践中对儿童研究及教师专业成长的学习与认识，并对接下来的第二部分儿童研究实践的主要内容进行了简单说明与解释。

　　第二部分为本书的主要内容，主要向读者呈现了我们开展儿童研究的三个方向。其一，基于观察的儿童研究。从教师日常观察中的误区开始分析，提供了多个可供参考的不同活动中的有效观察的相关案例。我们以发生在幼儿日常生活中的故事，来说明教师在实践中如何基于观察对于儿童进行研究；其二，基于对话的儿童研究。以最寻常的"聊"为教育研究的契机,以日常与儿童的轻松"对话"为素材,在一个个对话的故事中,寻找基于对话的儿童研究与教师成长的密切关系;其三,基于教学现场的儿童研究。教师基于幼儿特点及发展、兴趣需要设计的"每天一个集体教学活动"是研究儿童的载体。我们将自己在日常教学中的一个个鲜活的教学实录进行剖析,分析教学行为与幼儿发展的关系,体现了我们在集体教学活动实践中的行动研究过程。

在每个章节,我们还梳理了一些能够指导一线教师观察幼儿行为、研究日常对话、开展教学活动的方法。在本书第二部分每个研究方向的最后,我们都有一个"三人对谈"的固定栏目,这里包含了我们三人对儿童研究理念思维碰撞以及该章节形成背后的思考。在聚焦儿童研究的专业成长中,我们希望尊重儿童的理念能真正渗入到教师的内心和行为中,希望带有这种尊重的教学能积累和沉淀下来。

当然,伴随着研究的深入,一些问题也在我们心中逐步产生:观察儿童是不是还可以有一些更加细化、可操作的方法给予老师?"对话"是不是不应该过于随机?作为一个好老师是不是应该也应有一些针对性的预设?目前提供的是相对零散的教学现场案例,那么是否可以针对不同领域的活动尝试提炼出一定的互动规律?越来越多的问题指引我们开展更加深入的思考和研究。

希望本书能向大家展现《指南》背景下我们的教育教学实践以及背后的思考和经验,希望本书的出版能对儿童研究引发一定的讨论,书中的实践案例能给一线的教师们带来一定的参考。

如有不当,望批评指正。

陆　益

2016 年 7 月

CONTENTS | 目录

1.儿童研究与教师成长

1.1 我们眼里的"儿童研究"

春天的下午,教师带着一群小班的孩子在操场上散步,葱葱惊讶地发现还挂着太阳的天空中月亮也悄悄地露出了脸,他跑来问老师:"你看,为什么太阳和月亮都在天上?""是啊,为什么呢?"教师反问孩子们。球球自信满满:"因为月亮要出来晒晒太阳啊!"孩子的说法令人莞尔。那么,为什么孩子会有这样的认识?

大班幼儿的角色游戏,娃娃家里的爸爸妈妈去野餐,娃娃被随意扔在了地上,娃娃家一片狼藉,男孩铭铭一脸严肃地跑来报告:"他们是不负责任的爸爸妈妈,他们没有管好孩子。"大班的男孩子会有这番表述,他背后到底有着怎样的情感?

大班阅读活动《风喜欢和我玩》讲述了小男孩戈贝托和风一起玩的故事,有一个页面上有四个戈贝托在做着不同的动作,洋洋说:"这是戈贝托的四胞胎。"洋洋这样的认识体现了怎样的阅读水平? 他对其他画面的理解能力又是怎样的呢? 教师还可以提供怎样的支持?

儿童在园的一日活动中,这样寻常时刻的故事很多很多,儿童所表现出来的行为体现了儿童当下的认知、情感、能力,教师需要运用自己的经验以及专业能力进行研究作出判断。我们的儿童研究就是指教师从这些儿童提出的问题、现场的表现以及他们的学习和发展需要出发,进行有指向的、有序的收集和记录、不断地持续研究的过程。

1.2 儿童研究与教师成长

《3—6岁学前儿童学习与发展指南》强调"以儿童发展为中心",这是希望教师能够更多地了解儿童,通过"儿童研究"来洞察和理解儿童阶段的独特性及其存在的价值并根据幼儿当前的发展状况进行有针对性的教育指导。幼儿园生活中,儿童故事随时随地在发生:自由活动中的冲突、教学活动中的探究、游戏活动中的创意,每一个鲜活的故事都是儿童研究的蓝本。

所以,我们希望能通过儿童研究更多地走进儿童、提升自我。

• 发现儿童

蒙台梭利说:儿童具有一种未知的力量,这种力量可以引导我们进入美好的未来。卢梭说:每一个人的心灵有它自己的形式,必须按它的形式去指导它,儿童亦是如此。两位教育大师的话表述的是同一个意思,那就是儿童的天性和需要是值得研究的。我们愿意以理解的姿态去倾听儿童的声音,努力挖掘儿童内在生长的力量或潜能,并创造条件使儿童实现自我发展。找到支持儿童用适合自己的方法、利用合适的机会开展学习的策略,希望能使儿童自身能体验到自己在学习和发展中的内在力量。

• 自我成长

卢梭在《爱弥儿》的原序中指出,教师要好好的研究儿童,这样对教师有利。我们相信,儿童研究的过程也是教师专业成长的过程,二者相辅相成、互相影响。发现儿童内在发展力量的过程,也是发现教师自身发展力量的过程。在儿童研究的过程中,我们在教育教学中感受惊喜的能力越来越强,我们会乐此不疲地讨论、交流、分享,当我们在观察、回应、梳理、分享这些儿童研究故事时,我们感到了自身的收获和转变,专业素养也伴随着儿童研究的深入而获得进一步的发展。

我们在一个个现场对幼儿进行观察、与幼儿进行对话,研究儿童的想法和观念,不管他是否直接地表述出来。我们认为,每位儿童都对自己面对的事物以及所学的内容有自己的态度,这种看法或者说逐步形成的想法是儿童学习过程中必须经历的,也是儿童真正理解或者说学会的根本标志。所以我们不断地为儿童创设可以尝试、探究、互动交往的情境,基于观察、对话以及在教学现场对儿童进行研究,并使自身获得专业成长。

1.2.1 基于观察的儿童研究

开展"儿童研究"除了需要专业的理论基础还需要专业技能的支持。学前教育实践反复证明,对于幼儿教师来说,观察儿童行为、读懂儿童行为、明白儿童行为背后的意义是非常重要的技能。我们积累的大量基于观察的儿童研究案例,让我们尝试学习从儿童的行为表现和变化中,把握儿童的发展和内在需要,将儿童发展的心理学知识和规律运用到幼儿教育的实际活动中。

基于观察的儿童研究,让我们明白了观察的价值,同时也获得了有效观察的策略。观察——让我们学习静待幼儿的精彩。角色游戏中幼儿围绕游戏情境展开的大量的行为表现,因为专业的观察解读让我们看到了孩子的智慧并为这些智慧的表现惊叹。观察——让我们逐渐明了幼儿的困惑。个别化学习中幼儿的探究行为时而停滞不前,静静地观察,幼儿的内心困惑与纠结尽收眼底,让我们既看到了幼儿发展中的顺也看到了他们发展中的坎,准确的分析为指导策略的选择指明了方向。观察——能让我们细读出了幼儿的需要。一个好的教师更多的时候是个欣赏者、支持者。例如,桂花盛开的季节,教师的有心观察与对教育的敏感,看到了在这个季节幼儿发展的需要,"制作糖桂花"让幼儿的搜集、制作、交流、探究等能力都获得了发展。一个个观察故事让我们越来越清晰读懂幼儿的需要不仅指当下的需要也指他们发展的需要。基于观察的儿童研究过程我们学会了等待、学会了分析也学会了支持。

1.2.2 基于对话的儿童研究

"对话"是你来我往的言语互动的过程,是在幼儿园生活中幼儿与教师出现的频率最高的交往行为,任何环节任何场景都有可能出现"对话"的互动。师幼对话的过程也是教师进行儿童研究及干预的过程。基于对话的儿童研究对儿童及教师的发展皆意义重大。对话——促进幼儿认知发展。对话情境下孩子会通过语言表现出认知能力水平,对话情境下也是教师示范幼儿模仿的过程。通过对话,教师能对幼儿的常识认知、语言表达能力有一定的了解并分析,然后进行有针对性的指导和影响,最终实现幼儿的认知发展。对话——培养了幼儿的思考能力。与成人对话的过程有时候也是幼儿进行思辨活动的过程,教师能在对话中发现幼儿思维的最近发展区,在对话中对幼儿的思维方式进行分析与回应,并促进幼儿思考问题解决问题的能力。对话——促进幼儿情感的发展,情感也是需要学习的每个孩子的情感体验及表达的能力因为其生活环境及生活经验而不一样。对话是教师研究幼儿情感非常好的方式,积极的情感对孩子一生的发展都有影响。对话——促进师幼关系融洽。我们都知道,儿童更愿意跟着自己喜欢的教师学习,所以,我们就要努力做一个让孩子喜欢的好老师。良好的"对话"就能让儿童和教师彼此走近互相了解,所以,在寻找话题和儿童对话的时候教师需要研究儿童的喜好,努力使对话达到融洽师幼关系的目的。

1.2.3 基于教学现场的儿童研究

在幼儿园的日常教育教学中,每天有一个集体教学活动,因此,基于教学现场的儿童研究能让我们站在更为理性的角度看待孩子的发展。集体活动是教师根据儿童的兴趣及发展需要预设的活动,了解儿童是教师设计和实施集体教学活动的前提。实践中我们也发现,在即时的教学现场对儿童语言及行为的正确解读能更好地促使教学活动的高效完成。因此,我们在研究中,不断调整自己的教育理念,关注教学活动中的细节,反思并优化自己的教学策略。这些在本书中我们大量呈现的教学现场案例中能清晰地感受到。教学现场的儿童研究给了我们更有目的和针对性开展教学的基础,儿童能力与教师的专业发展形成了良性循环。

在本书中开展的儿童研究分别基于"观察""对话""教学现场",我们认为不管是哪一个途径,都无非是运用了观察、倾听和反思。我们在研究儿童时是用心和愉悦的,在那种自然、轻松的状态下开展的研究保证了结果的真实性。我们用心倾听,这是一种走进儿童心灵的态度和方式,以充分的信任为基础,这个互动的经历使教师拥有了发现儿童向上生长的力量的能力。反思的过程是对所有的这些研究案例的再一次回顾,让我们努力尝试从儿童的立场和视角出发进行思考。倾听和反思反复地交织在我们所有的案例中,使我们的观察、对话与教学现场的互动越来越从容。

(执笔:陆益　李洁　钱月红)

2.基于观察的儿童研究与教师成长

2.1 关于观察

何为"观察"？观察一词的字面解释是"仔细地察看事物或现象"。观察是人类认识周围世界的一个最基本的方法，也是从事科学研究的一个重要手段。观察不仅是人的感觉器官直接感知事物这一过程，而且是人的大脑积极思维的过程。由此可知，观察不仅仅是日常生活中所理解的简单的"看"，还要包括大脑的深层次加工，是大脑与感觉器官共同获取信息、加工信息的过程。

专业观察是指：研究者有目的、有计划的一种活动。观察者运用感觉器官，能动地对自然或社会现象进行感知的描述，从而获得有关的事实资料。[①]

谈心认为教师观察有两层意义。其一是从教育思想的角度来理解。幼儿教师观察幼儿内含着尊重儿童、理解儿童，尊重幼儿需要和个别差异，内含着幼儿教师只有在充分观察、了解幼儿的基础上，才能设计出符合幼儿发展特点与学习需要的教育活动，并通过及时的调整保证教育活动的适宜性和有效性的幼儿教育思想。其二从教育技术的角度来理解。即把观察幼儿作为一种幼儿教育技术，它是通过叙事、表格、图解等各种方法搜集幼儿资料，并严格按照观察的程序进行观察的策略。[②]

林正范将教师观察定义为：教师在一个意义单元内收集有意义的信息的过程。意义单元是教师对某一教育目标的设定，教师观察幼儿行为，实际上是基于对幼儿行为发展目标的某种设想与期待的基础上作出的行为；"有意义"是指所搜集的信息对于后续行为和意义实现的价值而言。其特征是：以意义单元为单位，搜集有意义信息的过程，能动地建构过程、变化性、单向性、理论自觉性、反思性、发展性。[③]

综上所述，我们认为教师观察是指在常态下，教师确定观察目标，选择观察对象（可个别、可小组、可全体），运用观察方法（连续观察、对比观察等），筛选观察内容，根据观察内容进行判断、分析与评价的过程。

---

① 刘佳丽.教师运用《指南》观察幼儿的策略研究 2015 四川师范大学硕士学位论文

② 谈心.观察幼儿:幼儿教师专业发展的关键[J].当代学前教育,2009(2):22

③ 刘婷.幼儿园教育活动中教师观察行为的研究 2013 东北师范大学硕士学位论文

2.2 教师观察存在的问题

有研究显示"从某种程度上说,观察是一直被高调提及,却较少被真正实践的重要能力"。我们发现在多处文献中研究者们都纷纷呈现出实施教师观察时所存在的各种问题。张向军提出教师在进行观察时存在的四个问题是:观察受主观性影响,观察不够仔细,观察目的不明确,观察只注重结果。徐行对幼儿教师的观察能力做了问卷调查,调查结果显示每一个教师都认为自己在教学过程中会观察幼儿,但是面对"你是否观察过班中每一个孩子","一日活动中是否都会细心观察幼儿"等问题时,教师们的答案几乎都是否定的。王艳云也指出"许多教师还不太会观察幼儿,观察的意识不强,观察目标不明确,往往捕捉不到有教育价值的关键信息,也不太会对观察到的信息进行分析,因而很难根据观察到的信息制定教育计划组织教育活动"……①

根据大量的文献阅读,我们将先前研究者们关于教师在实施观察行为时存在的问题概括为:缺乏目的性,缺乏过程性,缺乏递进性,缺乏客观性和缺乏有效性。现在,我们尝试用几个关键词和相关案例来进一步阐述。

一、缺乏观察的意识(关键词:一马当先)

镜头:角色游戏开始了,老刘老师变得异常忙碌起来,她来到"大吃店",指挥着孩子们有序地拿出各种"小吃"摆在相应的位置上;看到两个孩子在争抢警察的帽子,刘老师自作主张,叫"老好人天天谦让一下";"钓鱼店"的鱼竿坏了,刘老师又急着寻找各种材料,边修鱼竿边提醒孩子"好好爱护"……

我们经常会发现很多老师实在太负责,不管是游戏活动,还是教学活动。一日带班的过程中她们忙碌地穿插于孩子的活动空间中,较多介入幼儿的游戏之中,像一个指挥者不停地发号施令,她清楚地知道对多少孩子进行了"指导和启发",却不知道孩子在活动中各种小故事、小问题或是小惊喜。有的老师将观察仅限于安全隐患的,着眼于不出事故,至于孩子在活动中的情绪体验、语言、思维发展水平如何则一概不管。出现这两种情况,我们认为其根本原因就在于教师缺乏观察者的角色意识。

二、不明观察的目的(关键词:云里雾里)

镜头:户外活动结束,孩子们有序地走进教室,洗手小便再洗手,而后开始吃点心了。张老师站在盥洗台边上,认真地看着孩子,嘴里不停地提醒"记得先

① 刘佳丽.教师运用《指南》观察幼儿的策略研究 2015 四川师范大学硕士学位论文

洗手再小便再洗手哦,要记得把长袖变成短袖哦"……可是,好多孩子的长袖还是湿掉了,再问问张老师"哪些小朋友小便了? 孩子背后的垫背巾拿出来了吗"……张老师一脸的迷茫。

很多教师在观察的过程中缺乏目的性,主要停留在随意性观察水平上,经常不是带着问题去观察,不知道在各个环节中,教师到底要观察些什么? 这是由于教师活动前没有制订周密的观察计划,缺乏明确的观察目的,不能完整和清晰地反映观察对象,因此也难以透过纷繁复杂的现象去分析、了解幼儿行为背后的原因,造成观察的效果不佳。

三、欠缺观察的深度(关键词:蜻蜓点水)

镜头:陆老师清晰地提出个别化学习的要求,孩子们自主地拿出各种材料尝试探究。陆老师没有说话,她在教室里来回走动,她发现:圆圆很喜欢创意美工,好像要用瓶子做一只漂亮的蝴蝶;好几个女孩子在研究舞蹈图符;丁丁用一次性杯子在尝试垒高;很多男孩子在教室外面玩水枪玩得很开心……陆老师好像知道全班每一个孩子都在研究什么? 但是,她想不通:为什么圆圆最后的作品是吉他! 她没看到圆圆在瓶子两边装上蝴蝶翅膀后,同伴的建议和皮筋的出现,让圆圆最终改变了最初的想法,而将蝴蝶变成了吉他。

当我们反复强调观察的重要性后,很多老师试着退后,试着幼儿在前,教师在后,她们开始静静地看,看看孩子们到底在干吗? 但是,她们只是在看,并不是观察。或者说,她们的观察过于笼统,缺少恒心和耐心,只是大致看到某一时间段的某一浅显的现象,有时还会把解释和推理当作观察,缺少对某一事件的深度和持续的观察。

四、失去观察的耐心(关键词:指手画脚)

镜头:户外运动中,教师们投放了大量器械和材料鼓励孩子一物多玩。邱老师发现很多孩子只是把飞盘不断往上扔,尽量让飞盘飞得更高,可是小倪却很聪明,他一会儿把飞盘放在头顶上平衡走,一会儿又把飞盘放在背上,自己变成一只小乌龟。邱老师饶有兴趣地看着小倪,她发现小倪把飞盘放在地上,激动地问:"哎哟,小倪,地上有个圆圆的飞盘,你又把它变成什么了? 圆圆的,是不是地上有个洞? 是池塘吧! 来,孩子们,我们一起把飞盘放到地上,一起来跳池塘啦!"

当老师们尝试观察后,她们果然能看到很多来自于孩子世界的精彩或是问题。可是,很多老师就会像哥伦布发现新大陆一样兴奋起来,她们总是会忍不住,忍不住向孩子提问,忍不住为孩子出谋划策,忍不住将自己的发现告诉孩子,或是忍不住让孩子按着自己的思路继续游戏……忽然之间,观察的过程和结果似乎变成意料之中。因此,观察绝对不可操之过急,耐心等待也是观察的一种品德。

五、缺失观察的梳理(关键词:销声匿迹)

镜头:在音乐活动中,孩子们还不善于创造鸵鸟的舞步,沈老师试着播放音乐,让孩子们在欢快热情的音乐声中激发灵感。猛然,沈老师发现浩浩舞得很尽兴,舞步的变化也多了起来,她试着让浩浩为同伴示范。示范后,夕夕自信的笑容让沈老师有点期待,果然,夕夕看着浩浩的舞步作出的记录既形象有趣又简洁明了。如此一来,两个优秀的孩子瞬间打开所有孩子的思路,整个活动变得热烈丰富起来。活动结束,沈老师感慨孩子的各种表现,可在记录中却一笔带过,丝毫看不到教师观察的细致和活动的精彩。

随着教师教学经验的逐渐丰富,也随着各种培训活动的展开,可能很多教师不仅具有观察意识,也具有一定的观察能力。在观察中,她们会发现有价值的信息,也会及时根据信息推进相应的活动,但是可能由于观察记录格式的问题,或是撰写能力的高低,也或是反思能力等各种因素,很多教师不善于做观察记录,也不善于梳理各自观察的经验,给分享和发扬造成了一定困难。

我们以形象简单的"镜头"和简明扼要的分析为大家呈现出"教师观察幼儿"行为存在的各种问题,可能还不够详尽,可能还有所遗漏,但我们力图围绕着这几个问题,尝试以一些理论和实践指引教师如何观察幼儿。

2.3 教师观察的价值

意大利著名幼儿教育家蒙台梭利说过,"唯有通过观察和分析,才能真正了解孩子的内在需要和个别差异,以决定如何协调环境,并采取应有的态度来配合幼儿成长的需要。"只有用心观察了,才能有所感受,从而给以反应,最终予以表现。由此,我们认为教师观察的价值主要体现在:有利于客观评价孩子的发展;有助于提高幼儿教育质量;能切实有效地提升幼儿教师专业素质。

2.3.1 教师观察能静待幼儿的精彩

幼儿的思维是具体形象的,就是主要依靠事物在头脑中的形象来思维。幼儿的头脑中充满着颜色、形状、声音等生动的形象,这也决定了幼儿在各项活动中可能并不事先计划好,而是边思考边开展活动,因此,教师一定要小心却耐心地观察,才能逐渐了解幼儿的兴趣,与同伴、环境之间的互动,独特的学习特点,初步显露的个性特点……才能看到属于孩童世界的天真烂漫。

案例故事：

2.3.1.1 我以为是这样的，其实是那样的

最近，孩子们疯狂地爱上了角色游戏！他们称角色游戏为"星期八小镇"，在"星期八小镇"中，他们天马行空的想象力让整个游戏变得灵动起来。灵动首先表现在有很多稀奇古怪的角色，孩子们有时会变成一条孤独的流浪狗；有时会变成一个了不起的宇航员，神气地大喊一声"发射"，就头顶着火箭，把自己也发射出去了；有时是变成广播台的播音员，很简单，他拿着管子的一头说话，你拿着管子的另一头听，笑话、天气预报、汽车、歌曲，爱听什么就点什么，他会热情服务。灵动的第二点表现在有超级变变变的本领，就比如一个用PVC管做成的框框，两个孩子站进去就变成一辆能开动的出租车，给警察就变成警车，给医生就变成救护车，框框下装两根亮亮纸就是洒水车，一头装根歪管子、一头装个大桶就是油罐车……老师只要为孩子创设一个百宝架，上面收集各种废旧材料，孩子们自会将废旧材料超级变变变，变成自己游戏中需要的东西。

最近，游客中出现了一个"大明星"，他就是小麦变身的"钟汉良"。"钟汉良"很有明星的派头，一会儿帮烧烤店代言，一会儿帮大家签名，一会儿唱歌……大家都挺喜欢这个"大明星"。

潇潇是一个古灵精怪的孩子，几乎每一次游戏，他都会做游客，当然，今天，他也是游客。可是当他面对"大明星钟汉良"时，忽然有了新想法，潇潇竟然拉来阳阳，和阳阳摇身一变，变成了小记者。

我以为是这样的：

第一次：小记者的热情应该是短暂的

潇潇和阳阳？这两个"皮大王"竟然能做记者？我觉得肯定不长久，以我平时的经验来看，恐怕只是三分钟热度。

• **他们喜欢变化：**回忆潇潇和阳阳平时在"星期八小镇"中的表现，我发现，他们两个虽然是"皮大王"，但也是很快乐的男生，他们不喜欢待在一个地方做老板，他们就喜欢到处去玩，一会儿兴致高涨地"打地鼠"，一会儿奔来奔去地帮助别人"发宣传单"，一会儿在烧烤店尽情吃喝……总之，他们从来没有在哪次游戏中能专注地做某一个角色，能认真持久地研究一样东西。

• **他们只做游客：**我继续回忆，我是从大班的时候带这个班级的。在整整一年中，潇潇好像从来没有做过任何部门的老板，他永远都是游客。虽然今天突发奇想的记者也算"游客"中的一种身份，但是，我相信他只是说说而已，应该不会有任何行动。

其实是那样的：

没想到，潇潇倒挺聪明的，煞有其事地跑到小舞台，找到了一个小沙球，于是小话筒出现了。他拿着小话筒来到"大明星钟汉良"面前，有模有样地开始提问："请问，你今年几岁了？你最喜欢什么颜色？你觉得烧烤店的东西好在哪里？……"非常老练又非常有礼貌！哎哟，不错哦！超过三分钟了，这次记者的角色模仿得挺到位。采访好"大明星"，潇潇和阳阳还不过瘾，他们开始采访各个老板，潇潇还细心地拿出一张纸，每采访一个老板就用图符记下问题和答案。比如"手机店今天生意太火爆，怎么办？"手机店老板想出了"叫号排队"的方法。虽然记得很乱，但是潇潇却能清晰地说出自己和阳阳采访的内容。

真心没想到，潇潇和阳阳竟能如此专注地做着小记者，还能用纸记录下他们采访的内容，今天，老师判断失误！

我以为是这样的：
第二次：今天他不会再做记者

第二天，游戏又要开始了，潇潇和阳阳还会再做小记者吗？肯定不会，原因很简单：

• **已有玩过的体验**：在昨天的游戏中，潇潇和阳阳已经采访了很多老板，今天如果再做记者，还是采访，这多不好玩呀，"打地鼠""钓龙虾""爆爆米花"……这对喜欢野趣玩耍的潇潇来说更有吸引了。昨天只是一时好奇，体验一下做小记者的感觉，今天既然已经做过了，肯定没有兴趣。再说，潇潇和阳阳真的只喜欢做"游客"。

• **少有拓展的经验**：我感觉记者的角色可能离孩子生活经验有点远，现在他们有了小话筒，记录纸，他们还能想到什么呢？最多多一架摄影机。不过，平时超级懒的潇潇肯定不愿意用废旧材料做一架摄影机，阳阳什么都听潇潇的，自己是绝对想不到做摄影机的。所以嘛，今天游戏，他们又和往常一样，变成超级快乐的游客了。

其实是那样的：

没想到，今天还是做小记者。只见潇潇带着阳阳来到百宝架，在里面找了很久，找到了一个沐浴露的瓶子、绳子和彩纸等，然后他们花了 20 分钟在那儿捣鼓，最后竟然成功做出了一架摄像机，上面还有"关"和"开"的标记，看上去真的很像。潇潇快乐地和我说："李老师，我们是东方电视台，我还想在小话筒上写上我们电视台的名字，可是这几个字不会写呀。"在我的建议下，他们决定等自由活动时再画台标,潇潇让阳阳背着摄像机,还找来丁丁,让丁丁采访,他自己在一旁看着,觉得甚是满意!

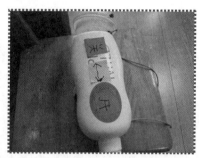

真心没想到,潇潇和阳阳竟能再做小记者,并真的用废旧材料做出了摄像机,还能想到电视台标记,今天,老师再次判断失误!

我以为是这样的:

第三次:他会挖一个洞让摄像机有真正的镜头

在游戏分享时,我让潇潇的团队为我们演示了采访的过程,还让他们详细地介绍了他们的摄像机。想不到,孩子们要求很高,觉得潇潇的摄像机一般般,他们提出新的问题:"摄像机能从洞洞里看到对方,潇潇的摄像机只是装装样子,都看不到对方,还摄像呢,什么也看不到!"于是,小伙伴们开始为潇潇出谋划策,他们发现只要将沐浴露盖子打开,一个洞就出现了,另一个洞就是将沐浴露瓶子下面剪开,这样不就通了吗?摄像机就真的有镜头了,潇潇肯定会干劲十足地开洞哦。原因在于:

•**有成功的曙光:**同伴的建议具有可操作性,将沐浴露瓶子打开是一件很方便的事,关键就是在瓶子下面开个洞,不过有了主意,做起来应该不难吧。

•**会适当地求助:**不过要在沐浴露瓶子下面开个洞还是挺困难的,因为小朋友力气小,而且开洞要用刀,估计潇潇要向老师求助。这种情况下求助,我肯定会帮助他哦,毕竟这次他那么努力!

其实是那样的:

没想到,我等呀等,就是没等到潇潇的求助,难道他自己会用刀?难道他放弃?难道他不想做小记者,又去快乐地做游客了?怀着满心的疑惑,我只能主动去看看潇潇到底在干吗?哎呀,他竟然已经改装好摄像机了。他没有打开沐浴露的盖子,也没有在底部艰辛地挖一个洞,所以他没来找我。他竟然找了一根两头通的管子,简单地装在沐浴露的瓶子上,就满足了同伴们的要求,两头通,能从一头看到对方!太巧妙啦!原来很多事情可以做得如此简单!

真心没想到,潇潇竟然能用如此简单的方法解决了同伴的问题,今天,老师又一次判断失误!

虽然我三次判断失误,但心中却是满满的惊喜,从孩子的行为中我发现:

• **随时都可以变化**:虽然潇潇前面的游戏中不愿定下心来尝试做一个除了"游客"以外的角色,但并不说明他是真的不喜欢尝试,可能只是时机不对;或是没有他感兴趣的角色;甚至以前没有这种念头想尝试其他角色……但这些都不是永远不变的。所以,潇潇让我知道:任何一个孩子都会变化,多一份等待,也许我们就可以看到。

• **随时都充满创意**:虽然我已经预测到孩子可能会用废旧材料做一架摄像机,但是我一直觉得摄像机是比较复杂的一样东西,就算让我做,我可能先要看看真的摄像机是怎样的,才能动手。想不到潇潇和阳阳,仅仅凭着对摄像机的点滴了解就完成了对摄像机的制作,有开有关,有摄像头,有把手,整体造型和手感非常相似,得到大部分孩子的认可。所以,潇潇让我知道:不要太在意,有想法就行动,大胆创造,把握重点,你的努力就会得到认可。

• **随时都敢于突破**:一般我们会觉得老师可能比较会权威,再说由老师和同伴提出的建议,我们大多会支持。实在没有想到,潇潇竟然能跳出我们已有的思维,没有按照我们的要求,让摄像机出现一个洞来实现摄像机镜头的作用,而是找到背后的关键(就是需要镜头),自己找到了一段两头通的管子简单巧妙地贴在摄像机上!他的这种突破是有根有据并且充满智慧的。所以,潇潇让我知道:找到背后的需求才是最重要的,可以按照自己的理解将复杂的问题简单化。

虽然我以为是这样的,但其实并不是这样的。在这件事情中,让我知道:教师的耐心很重要,教师的观察很重要,不要在没搞清具体事情前就自以为是地"帮助孩子"。耐心地观察才能让我们真正知道孩子行为背后的内心世界。我庆幸我只是在看,没有用自己自以为是的行为阻碍了孩子的发展。

（大班,案例提供:李洁）

2.3.1.2 挖陷阱

最近,孩子们爱上了玩沙,在沙坑里挖井、建造布达拉宫……聊天的话题也总和"沙"有关。一天,赵宝神秘地告诉我:"李老师,你觉得沙坑里能挖陷阱吗?"顺着赵宝,我把问题抛给孩子,孩子们兴奋起来,叽叽喳喳说个不停,总之,不管行不行,我们要试试看。于是,他们请爸爸妈妈下载了关于陷阱的照片,收集了很多报纸、枝条、落叶,为挖陷阱而积极筹备着。

带着满满的材料,我们来到沙坑,孩子们两个一组、三个一堆,迫不及待地跳进沙池,开始挖陷阱。

蕾蕾一组人最多,他们立志要挖一个最大的陷阱。只见他们排成一排,面对面蹲着,你一勺我一勺开始挖起来,几个小助手拿着小水壶来回跑着,往沙坑旁边倒水,巩固沙土,防止沙土滑下来。才一会儿工夫,一条长长的隧道初见成效。旁边的孩子笑起来:"这哪里是陷阱呀,明明是一条隧道。"蕾蕾不屑地反击:"看看你们挖的小坑,只能是一个小陷阱,我们可是一个超级大陷阱呢!"说完,蕾蕾指挥着小朋友开始拿报纸。

尤利娅和小黄黄摊开报纸,但是她们马上发现——报纸太小了,根本盖不住陷阱。激烈地讨论了一番,她们决定用三张报纸,首尾相接,终于勉强盖住了陷阱。可按住报纸的手刚一松,报纸就被风吹了起来,淘淘着急地喊起来:"不行,找点东西压一压。"可是手头又没什么东西呀,淘淘灵机一动:"我们用沙压住报纸的边,这样不就把报纸压住了吗?"小伙伴们兴致勃勃地用小铲子铲了沙倒上去,果真成功压住了报纸。

蕾蕾似乎很满意这个"报纸式的陷阱",她本想向老师炫耀一下,不过她还是决定先兜一圈,看看别的陷阱。她一边走一边嘀咕:"这个这么小,这个这么浅,还叫陷阱?……"当她看到贝贝的陷阱时,心中一动,开始提问:"贝贝,为什么你的陷阱上有树叶?"贝贝神气地说:"陷阱就是不能让别人发现的,你说沙坑上这么明显的一张报纸,谁会踩到陷阱?放点树叶,铺点沙,要和周围的东西融为一体才是真正的陷阱,我妈妈告诉我的,厉害吧!"蕾蕾认真地想了想,觉得挺有道理!她跑到自己的大陷阱前,再次指挥小朋友:"快去找些和沙子颜色差不多的叶子,盖在报纸上,这样陷阱就不容易被发现啦!"接到命令的孩子们又一次兴奋起来,大家在草丛中寻寻觅觅,找到了很多落叶,纷纷投向报纸!

报纸上的叶子越来越多,沙子也越来越多,陷阱就越来越有感觉了……可是,孩子们丝毫没有停下的意思,终于报纸承受不住沙子和叶子的重量,瘫了!陷阱白做了!蕾蕾似乎没料到会变成这个样子,她呆了半晌,悠悠地说:"没事,再做一个。"于是,她和小黄黄又努力开始摊报纸……

虽然,蕾蕾一组并没有成功做出陷阱,但是其中处处可见孩子的精彩:

• 随机应变的能力:在挖陷阱的过程中,孩子们遇到了很多困难,挖一个怎样的陷阱?挖好陷阱怎么做?报纸太明显怎么办?报纸被风吹掉怎么办?……每次遇到问题时,孩子们都能及时地随机应变,巧妙地解决一个个问题,处处可见孩子的智慧和互相合作的能力。

• 相互学习的智慧:蕾蕾一组先想出用报纸摊在陷阱上面,她的这个方法马上被小伙伴们竞相模仿,而贝贝想出的在陷阱上撒上树叶同样深受同伴的欢迎,他们再一次互相学习。虽然蕾蕾一组由于太大而失败,但是很多孩子成功做出了陷阱。

• **重头再来的勇气**:当我看到报纸陷下去的一刹那,我也很担心,我担心孩子们会哭泣、会放弃、会生气。蕾蕾的"再做一个"令我感慨万分,面对失败,这种坦然的态度令我们情不自禁为她喝彩!

每次走到大自然,孩子们总能全身心地投入其中。因此让孩子做主吧,让他们出主意,让他们亲自动手,让他们解决问题……虽然其中有痛苦、有快乐、有纠结、有激动……但这些都是孩子最真实、最宝贵的财富!

(大班,案例提供:李洁)

2.3.1.3 小小建筑师

游戏的时间到了,如同往常一样,每个幼儿都按自己的意愿找到了自己游戏的伙伴,进入游戏区域开始了游戏活动。在不经意间,我发现丁丁一个人又来到了"建筑小天地",自主的戴上了建筑师的黄色帽子,像模像样地当起了"小小建筑师",独自玩起了拼搭游戏。

进入活动场地时,他先对"建筑小天地"的周围环境环顾了一周,对游戏区域中,所提供的游戏材料、创设的环境,看了又看,大约过了 2 分钟左右,他才走进游戏区域。当他看到入口处显眼的三筐积木时,则停住了脚步,选择了其中的一筐软泡沫积木,开始了拼搭。

当游戏时间过半,豪豪也进入了这个游戏活动区域,丁丁看见后,只是抬了抬头,看了他一眼后,并没有排斥他的加入,而后就开始自言自语了起来,"这是公园,这是公园。"先后重复了两遍,似乎他在介绍自己的成果,用这种特别的交流方式,希望能够赢得小伙伴的赞扬。可是,豪豪并没有注意到丁丁的这一行为表现。而后,丁丁又继续了自己的拼搭,很投入地沉浸于他自己的游戏之中,直到游戏结束,都没有更换过游戏的场地。

游戏对幼儿来说,就是一种学习,它包括已有经验的练习和新经验的获得。在游戏中,幼儿主要是通过操作游戏材料来实现游戏的娱乐功能和教育功能。"建筑小天地"的创设,满足了幼儿能够尝试运用多种材料,来表达表现自己在生活中的发现,巧妙的为幼儿提供了整合性的学习途径和工具,将操作性、艺术性、创造性、探究性融为一体。

实践中发现,无论幼儿进入新游戏,还是进入熟悉的游戏区,他们都会先寻找可以玩的或是自己最想玩的材料。就如:丁丁他的理想就是做"建筑师",所以,他觉得在活动中最快乐的事,就是"造房子"。因此,游戏材料对幼儿发展的意义和价值,需要教师能够在日常的各项活动中,引起重视,更多地去关注幼儿在与游戏材料互动过程中的行为表现,发现更多游戏材料在幼儿游戏中,投放方式的不同,对幼儿游戏行为的影响的差异。

的确,从"建筑小天地"这一游戏区域材料的投放中,我们还发现,泡沫玩具、乐高、动物拼搭玩具,材料投放的数量、内容都符合小班幼儿的年龄特点,将其摆放至幼儿活动区域明显位置,则更便于小班幼儿的操作。游戏中,其余玩具则可以依据幼儿的游戏需求,先收放至方便幼儿自主取放的玩具橱内,幼儿可以依据自己的喜好、兴趣、游戏的情况,适时的进行调整,增减玩具,有效推进游戏活动的开展。

· 幼儿与游戏材料相互作用的双向关系

"游戏材料和幼儿发展之间存在一种双向关系。"也就是说,游戏材料会直接影响幼儿的行为表现方式,而在游戏中,幼儿也会根据自己的需要决定对材料的操作方式,在这个过程中,游戏材料的外在特征决定着游戏材料对幼儿行为及发展的显性功能。

其实,与游戏材料的特征相关的指标有两个:一是形象性,二是结构性。前者是指材料与实物之间的逼真性,后者是指材料使用方法的规定性。

· 游戏材料在幼儿的活动中凸显的作用

1. 游戏材料的情境性

游戏是幼儿自发、自主地与空间、材料、玩伴相互作用的情境性活动。为幼儿提供他们感兴趣的、富有情境性的游戏操作材料,更容易激发幼儿能够主动摆弄操作材料的意愿,使他们主动的在游戏情景中操作,在合作中学习、探索,在玩中成长。

"建筑小天地"中所提供的泡沫玩具、乐高、动物拼搭玩具,三种游戏材料色彩鲜艳,能够让幼儿在动手操作中,通过不同形状的材料组合,结合自己的生活经验,创造性地拼搭出造型各异的独立的实物、动物、情境,并可以将独立的物体在组合的过程中,创造出各种不同"主题"游戏场景。即游戏中,丁丁用那些易于操作的拼搭积木,创造性地拼搭出——造型奇特的房子、色彩鲜艳的花和树,形态各异的假山、小桥流水,而后将其进行组合、摆放,变成一个有创意的"主题公园"。这些都源于丁丁的生活经验,是在教师结合幼儿的年龄特点、兴趣点,提供了适宜幼儿操作的游戏材料后,才有了"主题公园"的呈现,让幼儿能够置身于公园之中,在游戏中乐此不疲,体现了游戏所特有的情境性和创造性。

可见,游戏材料所赋予的一定的情境性指向,促使幼儿的游戏兴趣更浓,在参与游戏的过程中,更投入、更愉快、更轻松,使幼儿的学习也变得更有趣味性。

2. 游戏材料的体验性

游戏材料不仅能使幼儿游戏行为与思维发生变化,同时,还能让幼儿保持游戏情节的连续性,大大吸引了幼儿继续游戏的兴趣。通过对游戏材料的操作,幼儿可以从中体验到成就感,树立起自信心,有利于幼儿能够保持良好的社会性情绪情感的发展。

在"建筑小天地"这个主题游戏中,我们还可以发现,教师依据幼儿游戏情节的需要,后续为幼儿提供各种动态的人物拼搭玩具,让幼儿能够在游戏中,再现生活中的情景,体验到生活中的情节,丰富幼儿更多的生活经验表现。

正如皮亚杰所说的:"幼儿的智慧源于材料。"游戏材料对幼儿来说是开启他们智慧大门的"金钥匙"。在主题游戏的开展中,我们要让材料为幼儿的游戏添砖加瓦,让幼儿在游戏中真正获得积极、愉快的情绪体验,让他们尽情的在游戏王国驰骋。

(小班,案例提供:钱月红)

2.3.1.4 警察局的故事

赵宝、乐乐和一航是警察,只见他们三个小伙伴腰间别了一把小手枪,耀武扬威地巡视着各个部门的情况。忽然,他们听到小馨大喊:"警察,快来抓小偷,贝贝乱拿银行的钱!"赵宝马上冲到贝贝面前,二话不说,抓着贝贝就要回警察局。贝贝冤枉地哭起来:"没有,我没有乱拿银行的钱。"一边的黄黄悠悠地说:"哎,又搞不清了,老师说过,警察要以自己的眼睛来判断,不能随便听别人的话乱抓人。"听着小黄黄的话,赵宝看了我一眼,虽然我没有做任何表示,但是赵宝还是放了贝贝,带着自己的团队到警察局。

他们小声嘀咕着:"哎,哪有每件事正好被我们看见呀?"乐乐提议:"不如,我们定一个规定,确定哪些事情是违法的,大家看到了就可以光明正大的抓坏蛋嘛!"于是,他们开始制定新的警局法规。

警察们总是别着手枪到处乱抓人。在上次游戏中,我们达成共识:亲眼所见才能抓,不能随便听别人的话乱抓人。于是,就出现了今天一幕,从孩子的行为中,我发现:

• **没有引发矛盾冲突**:以往出现这种情况,孩子们肯定又要吵起来,小馨坚持自己观点,贝贝死不承认,警察反正闲着也没事,就是抓人。今天大家竟然没有吵架,各自消化,各自回去出谋划策。可见,前一次的游戏分享很有效,孩子们已经在思想上达成一致。

• **开始拓展警察游戏**:赵宝是个绝对聪明且古灵精怪的男孩子,很有头脑、很会玩,在孩子心目中是很有权威的。今天他看我一眼颇有深意,虽然我不发表任何意见,但是他在看我的同时也就想到了昨天游戏分享中大家达成共识的公约,他只好控制住自己的情绪和行为,有些冤枉地回到警察局。他的一声叹气和一句"哎,哪有每件事正好被我们看见呀",正是道出了无尽的无奈。幸好乐天派的天天提出了一个很有意思的想法,这个提议很有价值,赵宝的无奈马上被兴奋所代替,他顿时两眼放光,和伙伴们开始在警察局里研究制定法规。

1. 乱拿别人的东西要抓起来
2. 躺在地板上要抓起来
3. 两个人打架都抓起来
4. 把东西推倒在地上不捡起来要抓起来
5. 欺负别人就抓那个欺负人的人

制定完"警察局新法规",赵宝神气地在记录纸上画了一颗五角星表示警察局的警徽。接着,三个人好忙碌,在这次游戏和下次游戏之间的任何自由活动中向同伴们讲述这个新规定,可喜的是很多孩子都同意、认可了他们的新法规,表示会一起找到犯这些错误的小朋友,同伴的认可使他们信心倍增。同时,同伴们还补充了更多的法规,看来,警察局终于步入正轨。

(大班,案例提供:李洁)

2.3.1.5 创意美工室

美工室活动中,源源和冰冰准备给瓷盘上色。刚开始时,两个孩子都选择给盘子最外面的一圈上色,慢慢地,她们的涂色开始有所区别。冰冰用不同的颜料为盆子一圈圈涂色,盘子变得五颜六色起来,冰冰不仅喜欢这样的五彩缤纷,而且她也开始发现,两种未干的颜料中间出现了第三种颜色,冰冰很欣喜,旁边很多孩子都开始模仿起来。

没有想到,源源并不为所动。源源只使用使用红色,她把整个盆子涂上红色,然后想在中间画上自己的头像,但是她感觉毛笔有点粗,她看到前面的盘子里有棉签棒,于是她就用棉签沾了一点颜料在盘子中间画上了自己的头像。

今天孩子们玩颜料,我主要观察孩子们在画画时能否创意涂色,我发现:

•**互相模仿**：孩子们在玩色时习惯互相模仿，有一个人在盘子上一圈一圈画，其他幼儿都会模仿这个幼儿也一圈一圈地画。

•**善于运用现有的工具**：我没有想到，源源今天会坚持己见，不学冰冰的样，坚持要画自己的头像。而且，源源也开始发现，美工室里有很多画画工具，她开始尝试使用，而用棉签画出来的头像是有一种特殊的味道，受到同伴的喜爱。

冰冰的作品中出现了渐变色，幼儿们对两种不同颜色变出的新颜色充满了好奇；源源的作品很大气，大面积的红色很震撼，棉签绘画的头像有点糊糊的感觉，很有味道。源源的创意使孩子们开始关注美工室里的各种工具、材料，他们饶有兴趣地在美工室好好逛了一圈，被各种稀奇古怪的材料所吸引，猜测这些东西"怎样使用"，可能，在下次活动中，孩子会给予我们更多惊喜！

果真，下次美工室活动中，曦曦和浩文选择了一个奇怪的盆子和颜料进行创意。曦曦第一次玩的时候用了两种颜料，挤的时候也挤了一点点，经过他的不停旋转后，出现了这样的图案，他说这个是两座"小山"。皓文发现好多颜料都挤不出来，于是他便仔细研究，发现原来颜料的孔被堵住了，他就把堵住的东西剥掉，颜料就可以挤出来了。曦曦玩了一次以后发现很有趣，于是又加了几种颜料，继续旋转，打开了以后他说："又多了好多小山，绿色的山把黄色的山挡住了。"

这三张照片反映了孩子逐渐成熟使用色拉机的过程。刚开始时，曦曦小心翼翼地放了一点颜料，旋转后的效果让曦曦兴奋起来，他想尝试更多不同颜色的颜料，可是很多颜料罐竟然挤不出颜料，于是，聪明的皓文及时帮助了他，从孩子的行为中可以看到：

•**互相帮助**：随着孩子年龄渐长，越来越需要互相之间的合作。我发现美工室很多地方都是大件的创意，都需要孩子互相之间的合作，今天这个小小的合作行为正好是一个契机，放大其精彩，可以让孩子感受到合作的快乐和价值。

•**创意拓展**：用色拉机创意绘画其实并不需要很多技能，孩子要做的只是挤颜料和旋转，但是色拉机让孩子们猛然发现绘画并不只是用各种笔，有些很奇怪的东西也可以画出不同风格的画来。且曦曦看到绘画后,竟然能马上进行联想,可见这样抽象的图形给了孩子更多想象的空间。

我发现,到了大班,同伴的作用越来越大,他们会互相学习,互相质疑,互相帮助,互相合作……因此,老师需要退后,静静地观察既能让我们看到真实的孩子,孩子的需要、兴趣、问题和精彩,同时,也让同伴作用发挥更大的价值!

(大班,案例提供:李洁)

2.3.1.6 玩水啦

第一天——

一群男孩飞奔到玩水区,忽然,他们发现玩水区多了几筐新玩具。面对众多材料,他们倒有点不知所措了。一旁的小凡叫了起来:"啊,这里有水枪,我要玩水枪。"小马、连宝也连忙抢到一把水枪。他们急着跑到水龙头前,咦,怎么把水灌到水枪里呢?三个小伙伴商量了一阵,小凡先把水池的洞洞填好,然后把水积在水池里;接着,小凡把水枪往装满水的水池一吸,水枪就吸满了水。小马和连宝学着小凡拿起水枪往水池中吸水,吸满水他们快乐地开始打怪兽、浇水等。

这是孩子们第一次玩水,玩水区也新投放了很多水枪和管子,虽然没有老师的介绍,但孩子们还是驾轻就熟地玩起来:

• **有吸水的经验**:我们投放的并不是有一个注水孔,让孩子们灌水的那种水枪,而是要靠不断吸水才能灌满水。孩子们看到水枪后竟能马上发现灌水的方法,可见孩子有这方面的经验。

• **有学习的意识**:小马和连宝并不了解吸水,但是他们不吵不闹,也没有向老师求救,而是在观察同伴的做法中了解了玩法。

没有老师的引导,孩子们还是很成功地发现了贴在远处树木上的"怪兽",他们激动地用水枪打怪兽,他们也饶有兴趣地用水枪浇花。不过,虽然今天的水枪强烈地吸引了孩子的眼球,但是孩子们对地上大大小小、粗细不一的管子毫无兴趣,几乎没有一个人去尝试一下这些水管。

第二天——

瞧,贝贝、乐乐、小馨等把管子接起来,蓝蓝的管子接到了草坪上,可是另一端还缺一段管子,乐乐用一根白白细细的管子接上,又拿了一个水瓶,灌了水,水从水瓶中进到管子中。

糖宝和小馨不断移动管子,使管子中的水流向草坪的各个方向,成功为草坪浇水。

几个玩水枪的小朋友看到接得长长的管子,管子中充满了水,他们也忍不住拿着水枪到管子里来吸水,他们快乐地告诉小朋友"这管子可真棒"!

可能,昨天孩子们尽情玩了水枪,今天对水枪的兴趣稍稍减弱些了。所以,他们开始研究这些昨天被忽略的大大小小的管子,他们愿意尝试用管子来接水、运水。孩子的精彩在于:

• **合作的魅力**:这条充满水的"管子小路"可是众多孩子合作的结果。小馨、贝贝负责将管子接起来;乐乐接上了最前面的管子;糖宝负责转动管子方向;很多小朋友则拿了水瓶、水桶等往管子中灌水。最终,管子变成"一条小河",不仅灌溉了草坪,还让玩水枪的小朋友吸水!

孩子们似乎总是想到用不同的容器来装水,但就是想不到可以把管子直接套在水龙头上。看看乐乐,他的管子差不多已经可以够到水龙头了,但乐乐还是忙着拿着水瓶来灌水、倒水……也许明天孩子们可能发现其中的问题,让我们慢慢等待玩水也能逐渐开放、多变起来了。

（大班,案例提供:李洁）

2.3.2 教师观察能渐明幼儿的困惑

幼儿年龄较小,适应性较弱,当他遇到困难时可能并不善于用语言表达,甚至可能会发脾气、哭闹等,幼儿的心理变化往往能通过身体动作、语言、表情等方式表露出来。因此教师可通过幼儿外部行为特征和表现进行观察和分析,及时发现幼儿在活动或交往中即将出现的问题,深入了解幼儿的心理需求和存在的困难。当然,如果教师能顺应着幼儿给予恰当的指导和帮助,采取应有的态度来配合幼儿成长的需要,这才是真正的因材施教。

案例故事:

2.3.2.1 琳

琳是个秀气又文静的小女孩,早上来园的时候,别的孩子会大声的跟我打招呼,而她会走到我旁边笑着轻轻地碰碰我,然后说:"陆老师早!"上学期有很长一段时间去了外地没有上幼儿园,可是开学的时候一点也不和我们陌生,看着心情似乎一直很好。

可是这次的十一长假上来,不知为什么,觉得琳似乎胆子小了很多(以前的琳是文静的但绝不是胆小的),上课的时候举手了叫到她,她会紧张地扭着衣服欲言又止。于是,开始在日常的活动中关注琳的表现:在自由活动的时候,琳会一个人坐在旁边或者是看别的孩子玩;吃饭的时候,一个桌上别的孩子会小声说话,琳总是一声也不参与;仔细地观察还是会发现,琳和别的孩子还是有隔阂的。

是因为不来园和别的孩子接触比较少吗?是因为别的孩子在琳不来幼儿园的时候已经有了自己的小团体吗?要不要和琳的妈妈做一些沟通呢?在我犹豫的时候,发生了这两件事:

一天的午饭前,孩子们在洗手,听到有孩子在卫生间哭起来,走过去一看,是琳。忙问是什么情况?旁边的晗晗指着晴晴说:"晴晴说,叫我们不和琳做好朋友!"一听明白了,哈哈,看来中班的孩子关系也蛮复杂呢。走过去,帮琳擦掉眼泪,蹲下来搂着她,说给琳听也是说给别的孩子听:"陆老师一定会是琳的好朋友!"接着问别的小朋友:"你们谁是琳的好朋友?"一只只小手都举了起来。"看,我们琳有那么多的朋友呢!晴晴,你和琳做好朋友吗?"晴晴也点点头。接着对琳说:"你看,晴晴是开玩笑的呢!"接着我对晴晴说:"晴晴,你刚才这样说让琳多难过呀!中三班的孩子都是好朋友哦!"两个孩子都安心地去吃饭了。

午饭吃到一半的时候,阿姨在巡视,正好走到琳旁边的时候,惊讶地说了一句:"怎么把汤都倒到饭里面去了啊!"因为幼儿园不让孩子吃汤泡饭,孩子们也知道不把汤倒到饭里面去。没想到,这句话让脆弱的琳又一次哭了起来,一边哭一边说不是她倒的。我走过去,小声对阿姨说:"阿姨,琳已经胆子很小了,你要小声一点对她说话。"这时,在引导别的孩子吃饭的实习生听见了连忙说是她倒的,她不知道不可以让孩子吃汤泡饭。原来是这么回事,阿姨连忙向琳道歉,接下来为表示自己的歉意喂琳吃好了这顿午饭。接着,吃完饭又一次跟阿姨交代了态度问题,然后,齐老师吃好饭来接班,也跟她作了沟通,让她关注琳的情绪。

但是似乎又觉得一定要有一些方法让琳和别的孩子真正亲近起来,应该要让她有自己的朋友。

于是,在接下来的几天里,自由活动时间,刻意去把琳的小椅子搬到别的孩子一起,告诉没有带玩具的琳"可以跟她们一起玩哦"!也告诉别的孩子"带上琳一起玩哦"!空下来的时候,也会刻意地去抱抱她亲亲她,让琳感受到陆老师是很喜欢她的。也悄悄地告诉琳:"如果你带一个很好玩的玩具来的话,大家一定会和你交换玩,你们会玩得很开心的!"今天,琳果然带来了她的魔仙棒,和朋友们坐在一起玩了。而且,这几天发现上课时的琳,胆子也一点点地大起来了。真为琳感到高兴呢!

孩子的心很敏感,孩子的心也很简单。一直都希望在班级里营造有爱的、感恩的氛围,不止是琳,希望每一个孩子都能在这样的氛围中快乐成长!

(中班,案例提供:陆益)

2.3.2.2 米老鼠的脚受伤了

游戏开始,阳阳来到了"小司机"旁,和司机"嘀咕"了一小会儿,而后来回的在小汽车周围跑了三圈,又来到他最喜欢的"娃娃家",无意间发现"米老鼠"的脚受伤了,马上找到了在一旁的葱葱说:"你看,你看,我的米老鼠的脚受伤了,它会哭哇?"葱葱说:"是吗?那让我来帮你,看看它会不会不哭。"于是,葱葱开始忙碌了起来,拿来了一块布,帮助他包扎米老鼠受伤的脚。

之后,阳阳又立刻对着来到娃娃家的好好说:"米老鼠的脚受伤了,它会哭哇?"同样的一句话,重复了好几遍,直到葱葱帮助米老鼠用布包扎好它的脚后,还是不放心的追问了一句:"米老鼠不会哭了,对哇?"

当阳阳对于某一事件产生质疑时,往往会有一种非常执着的表现,直到事件解决为止,可以说是好事。但任何事情发生后,类似于阳阳的这种行为表现,有其利与弊的存在,也就引发了我的思考:阳阳的行为是否属于有偏执倾向?又该如何看待这个行为?

随着当代社会日新月异的进步,人们的观念也在不断更新。由于幼儿在家中都是"小公主""小皇帝",这些都源于家长对于孩子"过度的溺爱",表现在家中对幼儿提出的任何要求都极力地给予满足,对他们的错误行为也不给予正确的引导,长此以往,会导致幼儿在性格上长有一些偏执,造就了不少幼儿有问题行为的产生。

　　作为教师,也希望幼儿能够在周围"爱"的环境中健康地成长。我们更多的是要在幼儿园一日活动中,注重观察幼儿的行为表现,针对幼儿所产生的问题行为给予正确的指导和纠正,帮助幼儿能够更加健康茁壮成长。针对阳阳的一些行为表现,在活动开展的过程中,要有效地进行行为诊断,开展有效的教育实施,逐步调整其行为。

行为诊断　对问题的行为进行分析

　　1.了解幼儿行为表现

　　即发现并确定主要的问题行为,分析具体条件和表现的现象,了解问题行为出现的频率与持续的时间,把握其他有关人员的态度。我们努力地观察阳阳的行为表现,不难看出,阳阳会对于"米老鼠脚受伤"的担心一直挂在嘴边,逢人便说,即使葱葱已经在努力帮他,在他没有看到任何结果之前,他还是会求得同伴的帮助和理解。

　　2.查明问题行为原因

　　这包括幼儿产生的问题行为所持续时间及变化、教育情况等。当阳阳在与葱葱交流的时候,虽然葱葱已经在想办法帮助阳阳的"米老鼠"能够恢复原样,但是,始终没有看到恢复的迹象,故担忧仍然伴随着他,因而逢人便说,且不断重复。除了这一原因外,也是因为家庭教育的原因,由于父母在家中视他为"宝",在日常的生活中,父母对于阳阳的过度呵护,怕这怕那,或多或少对于阳阳的心理发展等,都是有影响的。

　　3.制定教育管理方案

　　这是行为诊断的一种合乎逻辑的反应,正如医生的临床诊断,包括开处方一样。制定教育、管理方案要充分考虑到幼儿问题行为的具体表现及成因,尽量利用现有条件,在有需要的时候,也要得到家长的配合。

教育实施　依据诊断结果进行管理

　　1.行为强化。幼儿的行为是后天环境下形成的,是通过"强化"这样一种训练机制或途径逐步塑造的。更多的可以引发幼儿能够尝试讨论其解决的方法与途径,拓展幼儿解决方法的思路,使其解决问题的能力同步提高。

　　2.行为惩罚。行为惩罚的目的在于禁止幼儿某些不良消极行为的出现与形成。

　　3.树立榜样。不同的人就有不同的行为,幼儿的行为主要是靠模仿别人而产生的。树立榜样是对幼儿进行行为管理的一种有效方法。幼儿会身不由己的接受;并把它作为一种楷模来奉行和仿效。在此,需要家园双方共同配合,得到阳阳爸爸、妈妈的积极配合,共同对阳阳进行正面的示范与引导,尝试让阳阳了解自己再次遇到这一现象时,知道如何解决、又该怎么做。

结果评估　正确的评价教育的效果

结果评估也可称之为总结经验,即教育者依据幼儿行为管理的目的,对教育的效果进行正确的、实事求是的评价。矫正幼儿问题行为是一项细致的、严谨的工作,在具体实施时,这三个环节不是机械的分开的,后一个环节既是前一个环节的延续,同时又反馈和调解前一个环节。每个幼儿在不同的环境、活动中的具体情况的不同,三个环节的偏重也不同。

我们之前提到的"阳阳"是个特别好动的孩子,而且非常的好强、好胜,什么事都想以自我为中心。当没有得到满足的时候,他就显得特别执拗。类似于这样的现象,在日常生活中经常的出现,如果当某些事情,没有得到满足,或是同伴不能顺从他的意愿时,他就会动手,甚至还会表现出特别的逆反,我深有体会。

当然,不同的情况,也需要有不同的策略,有时,也需要根据现状,适时、适度采用一些惩罚的手段,它包括制止、约束、说理批评、警告、冷淡、孤立,暂时取消孩子的某些权利,以及要求幼儿用自己的行为来补偿过失造成的后果等。同时,也需要帮助幼儿分辨是非,理解行为后果,认识错误行为给别人造成的痛苦和困扰,引发后悔之心。惩罚的过程中要准确、适时、适度,注重其艺术和效果。

作为教师,我们只有不断地丰富自己的知识经验,更新教育观念,才能让身边的每一个孩子健康、茁壮的成长!

（中班,案例提供:钱月红）

2.3.2.3 新来的小班

今年带中班,按照惯例,中大班老师空班时间支援小班,辅助小班老师带班,一起缓解小班孩子的分离焦虑。

12 时 10 分,走进丫丫班的教室,孩子们已经都进入午睡室了。不是很嘈杂,零星的有孩子在哭。

只见两个小男孩都爬在一张床上,"你们两个打算睡一张床吗?"我笑着问。带班的陈老师指了指个子小一点的男孩说,"是他爬到人家床上了。"我翻过这个孩子的胸卡,小男孩名字叫喻之旭,我说:"小喻,你的床在哪里?!"小家伙知道我叫他,一点也不怯,告诉我:"这是我的床!"陈老师指了指小喻的床,在靠近门口的一个下铺。

我看了看说,"小喻,我是陆老师,我抱抱你好吧?"伸出手马上要我抱。我把他抱到他的床边,我说:"要么你躺下来好哦? 我在旁边拍拍你吧!""不要不要!"显然小家伙不接受。"那好吧,你把眼睛闭起来,陆老师就抱着你睡了!"我坐下来把他横抱过来拍拍他的小屁股。小家伙还真的把眼睛闭起来了,一会闭一会睁开来看看我。我一边拍一边说:"哦哟,我的手臂好像要断掉了!"小家伙睁眼看看不理会。我接着说:"要是我手臂断掉了么,小喻肯定要啪嗒一下掉到地上了!"一听这话,这家伙马上一个翻身站到了地板上。我假装惊讶:"怎么不要我抱了?""手臂要断掉了!"真是个精怪的小家伙,接着,再怎么说要抱他他也不肯了。

怎么办呢? 我也不理他,鞋子一脱,我直接躺到了他的小床上,"嗯,这个小床没人要,那么我睡吧!"小家伙无所谓。"呀,还有好看的枕头和被子,也是我的了!"小家伙还是不理会。席子上有小喻的之前帮他摘下的姓名牌,我拿起来:"嗯,这个也是我的了!"这下,小喻急了,"这个是我的!"原来这个姓名的胸卡才是他最在乎的。"你要么躺上来我就全部还给你!"小喻同意了,我把他抱到床上躺下来。

一边拍拍他的屁股一边要他闭眼睛,闭了一会,两只小脚不安分了,开始蹬来蹬去,一脚蹬到了我身上。"喂,你怎么可以踢我的啦!"我叫起来。"哼,我不理你了!"小喻生气地往里转身。"你不理我我就不拍你了!"我也假装生气了,手也停了下来。他连忙转过来,拿起我的手拍他的屁股。"那你眼睛闭起来!"小喻闭起眼睛,我轻轻地拍着他,一会,小喻睡着了。

14 时 00 多的时候,三三两两地有孩子醒来了。"你是谁?"一个叫何郁歆的小女孩问我。"我是陆老师,就是长颈鹿的鹿的陆老师!"小家伙记住了。再经过小何的时候,小何说:"我想妈妈了!"我说:"哦,我知道了!"接着小何指指旁边也已经睡醒的男孩子问我:"他想妈妈吗?"我说:"我不知道啊!"于是,我问那个男孩子:"你想妈妈吗?"男孩愣了一下,摇摇头。我转头告诉小何:"他说不想!"小何说:"他为什么不想?"我说:"因为他知道不管想不想,妈妈都会来接他的。"小何不说话了。

14 时 10 分的时候,快起床了。小女孩李学烨要小便了,她小床在最里面,穿好鞋子经过别的小床,一边走一边对躺着的孩子们说:"我去小便了,你们要不要小便?"听她一起哄,好几个孩子,陆续跟在她后面穿鞋上厕所,晕～～～

14 时 40 分,吃点心了,小喻坐下来就叫,"我要喝水啊!"我说,"好的,你去倒吧!""我要你给我拿过来给我喝啊!"唉,看来家里习惯了,要调教的方面还有很多呀!

半天的小班生活真是很多欢乐啊!

(小班,案例提供:陆益)

2.3.2.4 爸爸好"凶"啊

角色游戏开始了,伴随着一小阵吵闹声,我转头走近一看,原来是"妈妈"和"爸爸"吵起来了。我走过去问道:"怎么了? 发生什么事了?"

"妈妈"伤心地说:"爸爸太凶了,我不喜欢他。"这时,响亮的吵架声,还惊动到了他身边的朋友。

于是,我来到了娃娃家,以玩伴的身份参与到幼儿的游戏中,用聊天的形式,来尽力劝解他们,虽然两个孩子感觉还有些似懂非懂,但还是停止了争吵,又愉快的开始了游戏。

可是,没过多久,娃娃家爸爸、妈妈的争吵又开始了,而且比上次更严重,引起了身边同伴的关注……

分享交流的时候,谈到娃娃家的爸爸、妈妈吵架的事,竟然成了孩子们的热门话题。

圆圆说:"我爸爸也很凶的,而且他自己的臭袜子让我妈妈洗。"

乐乐说:"我爸爸的脾气可大了,爸爸和妈妈一吵架,爸爸就摔东西,谁和他说话都不听。"

……

争吵,是幼儿一日活动中非常常见的现象之一。当幼儿有这一现象的产生的时候,其实,就是间接的告诉我们,中班的幼儿已经开始有了自己的想法和主见。但是,由于中班幼儿的年龄特点,导致他们不能够了解他人和自己有不一样的需要和感觉,不懂得去体谅别人和站在他人的角度思考问题,故而在与同伴相处的过程中,常常会以自我为中心,认为别人就应该顺应自己的需求。当在不能如愿的情况下,就容易发生同伴间产生争执吵架的行为。在幼儿园生活中,尤其是在游戏情境活动中出现幼儿之间不时伴有吵嘴、打架等冲突的发生。

角色游戏是幼儿反映社会、反映成人的一种游戏活动,它更多地也是幼儿生活情境与经验的再现。从幼儿在游戏中的表现来看,"凶爸爸"的现象比较普遍,反映了个别家长在家庭教育方式上存在一定的问题。

幼儿很容易将自己在社会、家庭中体验到的经验,反映在角色游戏中,今天幼儿在角色游戏中"爸爸"和"妈妈"之间产生的争吵,并不是故意捣蛋,而是家庭生活的真实再现,或许也是他们在日常的家庭生活中的真实经历。

在教育过程中,家庭环境因素对幼儿的影响是非常大的,对幼儿的教育起到了潜移默化的作用。《指南》指出:"家庭是幼儿园重要的合作伙伴。应本着尊重、平等、合作的原则,争取家长的理解、支持和主动参与,并积极支持、帮助家长提高教育能力。"通过不断地更新家长的教育观念,从而有效的提高了家长的教育水平。同时,当我们的家长能够积极的参与到幼儿园的各类活动中来,更全面的关注幼儿、了解幼儿、走进幼儿,会达到意想不到的效果,只有家园同步共同努力,我们才能更好地促进幼儿身心健康的发展。

父母是孩子最好的老师,孩子天生模仿能力就很强,咿呀学语到和大家正常沟通就能说明一切。父母吵架,肯定会在性格上有所影响,极有可能养成坏脾气。如果在生活中,当爸爸、妈妈有不愉快产生时,如果心中有孩子,想到自己的孩子有好奇、好模仿的特点,想到自己的过激行为会影响到孩子的身心健康,相信也一定会调节自己过激的行为。

反之,如果父母遇到问题,经常吵架,幼儿在这样的环境和条件下成长,长此以往,他们会认为吵架就是解决问题的办法,对于以后如果遇见问题,也不会理智的思考,而是采用吵架打架,严重的话会采用极端方式来解决问题,或许,在娃娃家中今天爸爸、妈妈之间的吵架只是一种偶然。

当然,在幼儿游戏的过程中,教师的有针对性的直接和间接指导也显得十分的重要。或许,今天当幼儿这一行为在萌芽阶段,我更多的是考虑能够不影响同伴游戏,与我提出的游戏要求能够相匹配。在幼儿游戏的过程中,我以玩伴的游戏身份,参与到幼儿的游戏中,看似是游戏的玩伴,可是,细细看来,这一行为已经间接的限制了幼儿在游戏过程中,游戏情节的发展,使幼儿的情感,没有能够在游戏的过程中,得到很好地寄托,导致了幼儿会在日常的活动中,还会有这一现象的产生。这其实也告诫了我,在幼儿游戏的过程中,不能过早地介入幼儿的游戏,且在指导过程中针对性不强,阻止了幼儿自己探索在生活中如何解决家庭中的矛盾,寻求其中的有效解决问题的方法。

瑞吉欧有句名言:"接过孩子抛来的球!"幼儿的世界是一个充满可能性的世界,我们更应关注偶发事件隐含的教育价值,关注儿童日常生活中的每一个疑惑、困难与问题,关注幼儿在日常生活中的每一个发展历程,学会倾听孩子的声音,解读孩子的所思所想所为,成为他们成长的有力支持者。

游戏是对幼儿现实生活的放映。在现实生活中,有积极的,也有消极的因素。幼儿在游戏中,当有消极现象产生的时候,会强化其负面效应,教师也应该予以介入。我们要做的是消除一些不必要的限制教育。在幼儿的游戏中,更多的是在互动的过程中,让中班幼儿能够感知、了解一些交往的方法,知道遇到困难或者问题时,应该如何自主地通过与同伴协商,想办法解决,从而推进、丰富游戏的情节和内容。

让幼儿能够学会在游戏中友好的与同伴交往和交流,学会与人沟通的方法,使游戏情节也能变得更丰富有趣,吸引幼儿。增加幼儿在游戏过程中的交往和语言表达能力,真正地让幼儿能够在游戏的过程中,更加自由、快乐、自主的游戏。

(大班,案例提供:钱月红)

2.3.2.5 我不和你做朋友了

早上的分散运动结束后是常规的集体游戏,今天的游戏是"机器人"。老师在前面发指令"机器人"或者是"木头人",孩子按照指令做相应的动作,老师说到"木头人"的时候马上回头,孩子要静止摆一个造型,动的孩子就会被罚停游戏一次。齐老师带着孩子们玩了几遍后,说:"我请一个孩子来代替我发命令!"孩子们纷纷举手,齐老师请了苗,苗在前面按照齐老师之前的方法发指令,孩子们跟着一起开心游戏。说到"木头人"回头的时候,有几个孩子被苗看出来动了,点到名字被叫到旁边罚停一次,其中就有苗的好朋友女孩子敏。敏被罚下去的时候表情有点尴尬,但还是遵守游戏规则站到了旁边。剩下的孩子游戏继续。

游戏中孩子们的表现可以看出,孩子们对于游戏规则的理解较好,敏和苗都是很遵守游戏规则的孩子。虽然是好朋友,苗还是按照游戏规则指出了敏的犯规,敏虽然心中有不悦但是还是按照游戏的要求暂时淘汰。对于大班的孩子来说,已经开始学会控制自己的情绪且按规则来要求自己,所以游戏进行得非常顺利。

游戏结束,搭班齐老师在发之前运动时孩子脱下来的衣服,敏在拿衣服的时候,很生气地说:"我再也不和苗做好朋友了!"我一听,问她:"为什么呀? 你们不是一直是好朋友吗?"敏没有回答我。

敏的语言及语气让我体会到她还是对之前的游戏被淘汰耿耿于怀,但是因为毕竟在游戏中苗没有过错,所以,敏这时候的情绪没有很直接地对着苗发出来。在班级里,敏算是一个各方面发展得比较好的孩子,也是一个情感表露很直接地孩子,看来,今天的表现不会仅限于此,她应该还会发泄出来。

果然,拿好衣服,孩子们排队进教室。在路上,我正好走在敏的旁边,敏说:"我再也不和苗做好朋友了,苗是个大骗子!"苗走在很前面,没有听到这句话。我问敏:"为什么这么说呢?"敏说:"她骗了我三次。"我好奇地说:"连次数都记得那么清楚,是哪三次呢?"敏说:"一次是她说去海南岛了,其实没去,还有一次是答应我带玩具给我玩的,没有带,还有一次是说穿新买的衣服来,也没有穿!"原来都是小女孩子之间的小事啊,我用轻描淡写的语气说:"哦,这样啊,这些可能也不是苗故意的,敏很大方的就原谅她了吧!"敏看看我没有回答。我心里盘算着一会回教室和这个女孩聊一聊。

转弯上楼梯的时候,又听到敏在对她身边的孩子说:"苗是个骗子,我再也不和苗做好朋友了!"旁边的孩子看着她,敏要接着往下说。这时,我忙在敏的耳朵边说,"敏,再这样说就不好了哦!再说的话,可能别人就会以为,敏是个喜欢说别人坏话的小朋友!可能别人也要不和你做好朋友了呢!"话有点长,但是聪明如敏一定能听懂。敏看着我,我接着说:"苗要是听到你这么说多难过啊!苗和敏是好朋友,敏是很大方的,就算好朋友有错一定也会原谅对吗?"敏看着我点点头。

孩子们回教室了,我回办公室。等我再次回到教室的时候,两个孩子——苗和敏,已经在很亲密地聊天看同一本书了。

有时候,孩子们的相处就像是一个小社会,孩子们也会有自己的一些小心机。比如就像今天的敏,她所有对苗的不满皆来自于游戏时苗将她淘汰了。在跟敏作对话的时候,我一直在犹豫要不要将她背后真实的想法点出来,但是最后我还是没有那么做,不知道原因,只是觉得不想拆穿。甚至在之前她在表达自己对苗的情绪的时候我也不想作过多的谴责,也理解她将自己的情绪发泄一下。可是,到她对周围的孩子继续说苗,我觉得可能她的这些情绪会导致别的孩子对苗的认识有偏时,我出面阻止了。甚至我认为,这样的表达对敏自身对一件事情的认识和处理来说是更不利的。但是,也可能对孩子来说,这真的只是一种情绪的发泄,再一次回教室看到的情景证明了这一点。

孩子的品格的形成需要老师的一种敏感,可能这样说有点夸大今天的事件,但是,我们绝对都相信幼儿园养成的习惯以及形成的认识会影响孩子的一生。所以,营造一个好的班级文化氛围,关注孩子们在其中的心理需要及变化还是很有必要的。只是,对老师来说,最大的考验就是如何把握这个度的问题,我会继续摸索。

(大班,案例提供:陆益)

2.3.2.6 从"四季拼图"看孩子们的自主学习

随着大班主题活动"春夏秋冬"的不断深入开展,在个别化学习的活动区域,为幼儿准备了"春夏秋冬"的四幅拼图。考虑到每个孩子的能力发展水平不一,在材料的提供上我进行了精心的设计:

1.把"春"划分 7—8 块,背面写上数字,意在提示其位置所在。

2.把"夏"划分不规则图块,背面运用加法、减法提示。

3."秋"——连续的加法和连续的减法其相对应的超过 10 以外的两位数。

4."冬"没有任何的数字提示。看看幼儿是如何和这些材料产生互动,幼儿在自主学习的过程中,还需要教师提供一些什么支持和帮助……

婉琳看到了这些拼图材料之后,立刻首选了这个区域的学习,一看就有欲望去尝试、体验一下。当她进入这个区域的时候,先是站着观察了一会儿,将一盒拼板中的拼图摆弄了一下,似乎觉得很有趣,就坐了下来,开始了拼图。她琢磨了一下,感觉好像有点摸不着边际,无从下手。有很多次,拼了三分之一了,又不知道怎么办了,再次重新开始。当她失败了几次后,突然间,发现了在这一学习区域的墙面上,有图示板提醒着她,她试着问身边与她一起选择这一区域的天天:"这个是不是按照数字拼的,对吗?"天天也有些不确定的回答说:"好像是的吧,你要不试试看吧,我也在拼呢!"

在日常的个别化学习的开展过程中,教师更多的是结合主题活动开展的内容,依据教育目标和幼儿的发展水平,根据幼儿的学习的特点来创设适宜的环境与材料,使幼儿能够按照自己的意愿和能力在与材料的互动的过程中,所展开的个别化、自主性、探究性的活动形式,是一种相对开放的、低结构的活动。作为一种独特的活动样式,个别化学习活动对幼儿有着不可替代的教育作用和发展价值,而材料是发挥个别化学习活动价值的重要保障。因此,如何设计个别化学习材料、投放怎样的材料,是值得我认真思考和研究的问题。

材料设计要基于幼儿的年龄特点。幼儿的年龄特点决定其身心发展水平。因此,在个别化学习活动中,教师应根据不同年龄段幼儿的身心特点设计不同层次的材料,做到有的放矢,使材料符合幼儿当前的发展水平。拼图对于各年龄段的幼儿来说,都是非常喜欢的。而今天教师所提供的拼图,依据大班幼儿的年龄、学习的特点,由易到难,分成了几个不同的层次,让幼儿能够在自主的操作、探究中获得成功的体验。婉琳小朋友在日常生活中,思路清晰,一般来说,拼图对于她来说,或许是根本谈不上有多大的困难,或许,是因为兴趣爱好,所以她一下子就选择了这一区域。也正是因为她的轻视,导致了她拼第一幅图的失败,而后当她发现秘密以后,带着疑惑与思考,继续尝试体验,在与同班的生生互动中,大胆的尝试,激发幼儿再次操作,获得成功,富有一定的挑战性。

材料设计要满足幼儿的发展需要。在个别化学习活动中,教师所设计的材料要能够满足幼儿的发展需要。一方面,材料要体现探究性,能引发幼儿根据自己的兴趣动手操作和动脑思考;另一方面,设计好的材料不应该是一成不变的,第一次投放材料后,教师要观察、记录幼儿对材料的操作情况,仔细分析幼儿的行为和不断产生的新需求,思考所设计的材料还可以怎样调整和完善,以引导幼儿进一步探索。如:在"春夏秋冬"的拼图材料提供中,教师将这四季与数字、数的加减法、连加连减有机地整合在一起。同时,也有留白的拼图(即:无任何提示的拼图),还有同幅图片可以有不同的形式、不同数量的呈现方式,让幼儿能够按需选择。可以发现,不同层次的幼儿在自主选择的前提下,在幼儿自主探究学习中,获得自己的所需,明显能够看到在这一学习过程中,婉琳和天天玩的彼此不亦乐乎。

可见,个别化学习材料的设计与调整并不是随意的,教师也不应盲目调整与更换材料,只有基于幼儿在活动中不断产生的新需要,适时调整与改变材料,才能推动幼儿的个别化学习走向深入,不断激发幼儿的灵感和创造性。

材料设计要符合幼儿的学习特点。《3—6岁儿童学习与发展指南》强调,在把握幼儿的学习方式和特点时一定要珍视游戏的独特价值,通过创设丰富的教育环境和材料,最大限度地满足与支持幼儿通过感知、实际操作和亲身体验获取经验的需要。个别化学习活动虽然是幼儿按自己的意愿和能力与材料互动的学习过程,但教师也应牢牢把握幼儿的学习特点,凸显幼儿学习的游戏性。因此,教师在设计材料时要考虑幼儿可能感兴趣的内容与呈现方式,使提供的材料能激发幼儿的操作兴趣,吸引幼儿主动投入到活动中,进行自主探索和学习。如:在"春夏秋冬"拼图的过程中,考虑到大班幼儿学习的特点,提供了原图的提示,让幼儿能够依据自己操作的需要,来取阅,帮助不同层次的幼儿能够获得成功的体验。幼儿在与材料、同伴的互动中,不断使其去尝试、探索,创造出新的游戏玩法,获得成功。可见,一份符合幼儿学习特点的材料设计,能够赋予幼儿更多的探索空间,激发幼儿反复游戏的兴趣,让幼儿在游戏中积累相关的学习经验。

个别化学习活动倡导让幼儿在自主、轻松、愉快的环境中自由、主动地学习,教师只有以推动幼儿的发展为出发点,精心设计和投放适宜的个别化学习材料,注重个别化学习的差异性、选择性和过程性特点,才能有效发挥个别化学习活动对幼儿发展的促进作用。

(大班,案例提供:钱月红)

2.3.2.7 支招哭宝宝

新的学期开始了,送走一届大班又迎来一拨小班的娃,今年我带喜鹊班。每带小班,我的内心总有一丝小小的恐慌:第一个月应该要在哭声中度过吧!

第一天,家长陪同下的小班宝宝甚是可爱,第二天没有家长陪同的小班宝宝开始浅浅的哭,第三天哭声大合唱终于唱响……若干天过去,这群"喜鹊宝宝"丝毫没有任何妥协,每天上演一场又一场令人胆战心惊的"哭戏"!因为,在喜鹊班,聚集了这样一批高手:

主角一：翻江倒海、翻山越岭的"孙悟空"

一姐并不瘦，是我班最胖的小姐，之所以称她"孙悟空"是因为她会翻跟头，跑得快得就像孙悟空踩了筋斗云。一早，一阵凄厉的哭声传来，我马上进入备战状态，只见一姐吊在奶奶的脖子上，硬由奶奶拉拉扯扯地送到教室门口，奶奶表示"把娃带走"，我费了九牛二虎之力逐个将一姐的小手从奶奶的脖子、衣服、包带上移开，无奈一姐以更大的力气抓向奶奶的一切……好久，奶奶挣脱，迅速撤离！顿时，一姐在地上打滚，捶胸顿足，张牙舞爪地扑向身边任何人，我紧张地一退，急忙保护身边的孩子。

一姐竟马上爬起，像一道闪电一样冲下楼……哦，天哪，快追！

☞教师支招：抢过来＋钟

一姐随着奶奶进教室时，没有任何办法能够妥协。我们只能和家长事先沟通"该放手时就放手"，然后使出全身的劲儿"抢下"一姐，当然同时又要防备她弄伤自己或别人。等奶奶一走，我就抱着胖胖的一姐来到钟前，我告诉她："这个钟会带你去找奶奶，不过现在它很忙，你等着，看到这根针跑到这个地方时就是带你去找奶奶的时候。李老师很忙，要忘记的，你自己看好！"我边说边在钟上认真清晰地比划着，并不时和一姐眼神沟通。（实际上，这个时间就是户外活动的时候）这么一说，一姐的注意力马上转移到钟上，虽然还会哭哭闹闹，但还是会很认真地来问你："老师，到了哇？"而时间一到，到了操场，我一边让别的孩子玩，一边牵着她到处找奶奶（其实是关注其他孩子的安全），慢慢地她就接受事实，奶奶要吃好饭睡好觉才来，也就适应后面的活动。不过，到明天还得从头来一遍！

主角二：人见人爱、人人头大的"唐僧"

尧尧看上去白白嫩嫩，有点潮男有点暖男的样子，戴顶莲花帽倒还有点像唐僧。奶奶送进来的时候，虽然一副悲痛欲绝的样子，但他低低地哭泣着，使人忍不住想抱在怀里安慰一番。慢慢地，情况不对了，你只能有他，不能关心别的小朋友，我和别的孩子一打招呼，他的哭声就响起来……而且你的耳边始终回荡着他的各种呼喊，一句呼喊可以像念经一样重复几千遍。比如："我要去睡觉""我要妈妈"……名副其实的"唐僧"呀！我忍不住说了一句"老师不喜欢这样的尧尧，头都要裂开了"，他竟瞬间"抛弃"我，转向陆老师，陆老师中招,不过也马上被尧尧"抛弃",尧尧又转向康阿姨……不多久,随着我们到操场上玩耍,尧尧又转向楼下天鹅班的杨老师,成功带动天鹅班小朋友哭成一片。无奈之下,保教主任、工会主席纷纷带了尧尧在幼儿园转圈,不过好景不长!

☞ 教师支招:团结起来一起批评

尧尧的问题的确使我们非常头疼,不仅是因为他的念叨,他的随意跟着别人乱走,更是因为他开始学一姐,也开始在地上打滚和嚎啕大哭! 一天,我们两个老师和一个阿姨实在忍无可忍,三个人一排站好,很严肃地告诉他:"我们不喜欢这样的尧尧。"接着,我们一个个走到他面前,很明确地告诉他,大家不喜欢他的哪些做法,比如"天天大呼小叫,小朋友头都痛了,没人和尧尧玩";"所有爸爸妈妈都知道尧尧天天哭,大人们也不喜欢尧尧"……

没想到,被我们轮番"攻击"后,尧尧竟安静了,他乖乖地吃完点心,而后竟帮助我们整理教室。哎,可能感到孤立了,想要讨好我们? 噢! 这古灵精怪的孩子,不过,至少教室里没有鬼哭狼嚎的声音了!

主角三:呼"爷"喊"奶"、泪流满面的"童子"

暄暄个儿小小,皮肤白白,看上去非常瘦弱,感觉走路都是跌跌撞撞的。不过,暄暄哭起来可是非常强劲,声音洪亮,时间持久,气势非凡,鼻涕眼泪口水一大把,必须时刻准备好大把餐巾纸。暄暄认识门卫的一位保安爷爷,她叫他"阿毛爷爷",一个小时后,喜鹊班人人都知道"阿毛爷爷"! 吃点心了,暄暄安静下来,我们松了一口气,没想到补充好能量,暄暄的战斗力更强了,整个喜鹊班的孩子要么也想念起自己可爱的爷爷,要么完全被这个哭的气势压倒,表情呆呆的,眼眶红红的,叫了几遍,没有一个孩子有反应!

☞ 教师支招:故事大王

暄暄哭得太响太投入,没能听进我们的话。我只能顺着她的思路,大吼一声:"啊,阿毛爷爷来了!"女孩被我一惊,停止了哭声,顺着我手指的方向看向窗外。当然,两楼的窗外怎么可能有阿毛爷爷,我面不改色,遥望远方,让暄暄看到远处的"启智半岛"

（里面种满了植物，还有假山、小动物等，很美），我开始有声有色地说："哎呀，阿毛爷爷可是一个大英雄呢！你看到了吗？他在那个岛上救蚂蚁呢！一群小蚂蚁遇到一个大怪物，打电话向阿毛爷爷求助，阿毛爷爷正在努力救蚂蚁……"我夸张地向暄暄描述了阿毛爷爷的英雄壮举！暄暄一动不动，听得很认真，她泪眼婆婆的抬起头，认真地说："我也要去救蚂蚁。""嗯，蚂蚁很喜欢暄暄，不过我们还没有魔法，快来跟李老师学魔法，学好魔法就去救蚂蚁！"终于，暄暄随着我们开始上课、做游戏！

群众演员：说变就变，说哭就哭的"小妖们"

喜鹊班其他宝宝也是一群爱哭的娃！明明有礼貌地和老师打着招呼，拿着玩具快乐进教室，听到妈妈说"睡觉"两个字，忽然转回去，哭叫着"我不要睡觉"，赖在妈妈身上，不愿进教室了；明明搭积木搭得兴高采烈，听到门口一阵哭声，马上会有宝宝"积极响应"，哭声此起彼伏呀；玩玩具时稍有不顺马上伸出拳头，出手太快，随之而来又是"哇"的哭声；喝牛奶时，喝得一快，觉得好像有点恶心，马上吐得满地都是，哭声又响起；到午饭时间，看着饭菜，几乎全班都哭了，那么色香味俱全的饭菜呀……

☞教师支招：小精灵＋魔法石

幸好孩子们还是喜欢听故事。一天，我拿着一个超大的放大镜，让宝宝们坐坐好，而我很仔细地对着小朋友的小脑袋照了一番，一边还念念有词："嗯，这里还有些小精灵"；"哎呀，问题严重了，怎么没了"……孩子们饶有兴趣地看着我，不解地问："老师，怎么了？"我无奈地告诉他们："这是一个有魔法的放大镜，它能照出我们身上的小精灵。小精灵可厉害啦，它能让我们开心，让我们变得有力气，还能让我们看到、听到很多好玩的事呢！不过，小精灵最害怕哭声，一听到小主人的哭声，它就会逃掉，小精灵逃掉了会怎么样呀？""会生病"；"会不开心"；"要到医院去打针针"……孩子们用本地话回应着我，看来，能听懂！"对呀，那些到医院去的小朋友就是因为小精灵跑掉了，这样没有小精灵保护的身体就会很虚弱呀！"（事实上，一直哭闹的孩子的确会生病）"我要小精灵！"一个聪明伶俐的孩子叫起来。"嗯嗯，不哭，小精灵就不会跑掉，有时候忍不住要哭了，就想到小精灵，这样就屏住了，笑会吸引小精灵，小精灵一多，李老师的魔法石就会变出好吃、好玩的东西呢！"我举起我的手镯，上面有一块"魔法石"哦，不过魔法石到底会变出什么东西呢？这只有小精灵知道了……以后,我就以"魔法石"和小精灵的口气变出彩虹糖、五角星、红石榴、小花等东西奖励孩子,孩子们觉得非常神奇哦!

和这群哭鼻子大王们接触了快一个月了,虽然有时是会觉得脑袋都要被哭声炸开了,但还是会情不自禁地喜欢他们,Q版的小身材,萌萌的眼神,深信不疑的样子,惟妙惟肖的模仿……这是一群3—4岁的娃娃呀,在他们身上有:

• 对"真"的表达:每一个孩子的哭都有不同的理由,虽然有的孩子天天哭,但是哭的理由却不尽相同,可能喜欢的朋友生病没来幼儿园(登登);可能家里的小姐姐等着和他一起玩(尧尧);可能早上不小心在幼儿园摔了一跤(沂萱);可能忘了拿心爱的哨子玩具(恒恒);可能昨天的饭菜不合胃口(轩轩);可能只是一点你从没在意的小事,但在孩子的心中却是至高无上的! 和孩子好好聊聊,真的会发现他们的小世界很真实,很具体,可能只要我们稍稍用心,就容易抓住,就能走近他……

• 对善的传递:虽然哭闹的孩子很多,但是在哭闹孩子的中间,我们也会看到很多宝宝拿着纸巾为同伴擦眼泪,有的宝宝虽然小眼睛还红肿着,但还假装淡定地告诉我:"老师,你让我奶奶第一个来,让他妈妈第二个来接,好吗?"而看到那些唠唠叨叨的同伴,他们也会很认真地回答:"你妈妈就来了,不要哭了!"说着,还会摸摸同伴的小脑袋,小大人的样子让人动容!

• 对"美"的想象:每个成人,当你听到"小精灵"的时候会想到什么呢? 也许我们会将书中、电影中的小精灵对应起来,也许我们会不置可否地笑一下"那都是假的"。可是,我们的孩子却是那么相信小精灵的存在,孩子们用稚趣的语言说出对小精灵的想象:"瞎取(上海方言:很漂亮);有魔法;小小的;笑眯眯……"虽然,他们还不善于用优美、充满想象的语言形容小精灵,但是表情很专注,眼神很明亮,有着一种认可和期盼! 是呀,孩子的世界充满想象。这些纯真的想象给予我们更多美好和感动!

这一群娃呀! 接下来,老师要和你们生活三年,三年中,你们会带给我们什么呢? 老师也充满期待哦! 不过,首先,请不要哭了……我们还有好多好玩的事呢!

(小班,案例提供:李洁)

2.3.3 教师观察能细读幼儿的需要

著名教育家陶行知先生说"教育为本,观察先行"。教师在细心用心的观察中关注幼儿已有的经验、未习得的经验、学习需求、学习风格、兴趣倾向等,才能逐渐明了幼儿的已有经验、活动意图、思维方式等,较准确地了解幼儿在活动中的需要。教师从观察的信息中挖掘有价值的活动线索,结合幼儿年龄特征与幼儿需求设计出有吸引力、有针对性的活动,保证活动的适宜性和有效性。当然,在实施过程中,还需不断观察,不断调整。总之,教师根据观察所得,才能考虑在哪些方面给予帮助,可向幼儿提出哪些有效的建议,由此才能因势利导,帮助幼儿实现自己的构想。

案例故事:

2.3.3.1 桂花真香

清晨,漫步在幼儿园的桂花林中,看着一团团金黄的桂花簇拥在枝头,闻着肆意弥漫的香味,突然想,是否可以让孩子一起来感受桂花丰收的快乐呢? 是否可以让孩子一起来参与制作糖桂花呢?

说桂花

马上从网上搜了各种桂花食品:桂花糖藕、桂花糕、桂花茶、桂花年糕……看得直流口水,也似乎又一次闻到了桂花的香味。将网上下载的图片制作成PPT,在下午孩子们起床后来到了大三班,坐下来和孩子们一起来分享桂花做的美味。

打开PPT前,我说:"这几天走在幼儿园里总会闻到一阵阵香香的味道,是什么花的香味啊?"孩子们异口同声:"桂花。"也有孩子说:"我们小区里也都是桂花的香味呢!"我说:"嗯,看来秋天就是桂花开放的季节呢,那么你们知道桂花有什么用吗?"妞妞说:"我知道可以做桂花糖藕的。"嘉瑞说:"我还吃过桂花小圆子呢!"看得出孩子们对于桂花还是有一定的经验的。

| 图 2 | 图 3 | 图 4 |

接着,我打开PPT,让孩子一同来欣赏。桂花糕(图 2)、桂花茶(图 3)、桂花糖藕(图 4)……神奇的桂花可以做那么多好吃的,孩子们不禁赞叹着。

我接着问:"那么你知道做小圆子和糖藕的糖桂花是怎么制作出来的吗?"有孩子问:"是直接摘了桂花放上去吗?"我说:"既然说是糖桂花呢,你觉得还需要什么呢?"马上有孩子接话:"当然要有糖啊!"旁边的孩子说:"一定很美味啊!""糖桂花可以自己做吗?""好吧,那么我们一起来做一瓶糖桂花吧!"我跟孩子们建议。大家都开心地欢呼起来。

摘桂花

制作糖桂花的第一步就是摘桂花,取出事先让阿姨洗干净消毒好的白色小筐,跟孩子们交流注意事项:

1.桂花树的枝杈较多,摘桂花的时候小心一点,不让桂花树受伤也不让自己受伤。

2.3人一组合作摘桂花,想想可以怎么分工合作才能让自己小组的桂花摘得更多。

接着,孩子们自由结伴分组,浩浩荡荡地下楼摘桂花。

桂花林中,孩子们的唧唧喳喳声此起彼伏,让人不禁感受到他们的快乐,"这里桂花好多啊!""陆老师你摘的桂花放到我们的筐里吧!""我可以钻到里面去摘吗?""啊呀,你不要到我们的筐里拿啊!"

平时特别顽皮的博儒一反常态地投入,小心地端着自己小组的筐在接同伴递来的桂花。一直做事很专心的艺航更是投入得不得了,一手拿筐一手在不停地摘桂花(图6)。

图5　　　　　　　　图6　　　　　　　　图7

小冰冰一组已经摘了好多了,这时候,同伴建议他摘高处的桂花,可是不够高啊,怎么办呢? 伙伴们出主意:"你跳起来啊!"小冰冰一听有道理,往上重重地跳起来,可是,花没摘到,筐里的桂花翻到了草地上。三个小伙伴连忙蹲下来捡草地上的桂花,可是捡比摘难多了,只好从头再来。

圣铭是负责端筐的,可是左看右看都是自己的筐里桂花最少,小手不停地搓来搓去地看,黄黄的桂花渐渐地变成了咖啡色,旁边的小伙伴叫起来:"你把桂花都弄烂了,不能做糖桂花了!"这时,妞妞一组从边上走过,圣铭快速地从妞妞的筐里抓了一把,妞妞叫起来:"你抢我们桂花,陆老师,他抢我们的桂花!"圣铭抬头见我看着他,慢慢地又抓了一把还回去了。

千千、仡仡是老师的小尾巴,老师走到哪儿她们就跟到哪儿,端了一个筐候在老师的手下,一会筐里的桂花就明显增多了。旁边的孩子一看都纷纷过来效仿(图7)。

20分钟过后,每一组孩子的筐里都铺满了桂花,孩子们满载而归。

洗桂花

桂花摘回来了,要做成糖桂花的第二步就是洗桂花。可是,怎么洗呢? 如果是直接将水放到筐里桂花肯定马上就被冲走了。孩子们想到了可以用有洞洞的筐,可是洞洞又不可以太大的。于是,我们从厨房借来了6个淘米的大筐。阿姨拿来了洗干净的大周转箱。

图 8

洗桂花开始了,孩子们有了很多发现:篮子放下提起的过程也是桂花上下漂洗的过程,水里面出现了细小的桂花茎;手放到水里去桂花会跟着手一起上来,甩也甩不掉;用手在水里转的时候桂花会跟着一起转……(图8)

洗干净的桂花被晾在了娃娃家消毒过的圆桌上,孩子们不时地忍不住去闻一闻桂花的香味,嘉瑞说:"陆老师,我觉得教室里有桂花的味道真好啊!"莫言说:"我们明天还去摘桂花吗?"看来孩子们很喜欢这个活动啊!(图9)

图 9

那么,糖桂花到底该怎么做呢? 在孩子们离园前,发了小纸条,布置了任务,明天带一个洗干净的小玻璃瓶来,并且晚上和爸爸妈妈一起讨论一下糖桂花的制作方法,也可以到网上去查一查,明天我们一起来分享。

糖桂花怎么做

第二天,孩子们带来了各自记录的"糖桂花制作方法说明书"。不一样的记录方式看得出孩子们找到的糖桂花的制作方法也是很不一样的。有的是图片记录(图11),有的是图符记录(图10),有的是图画记录(图12)。

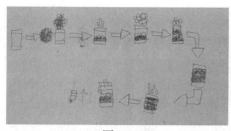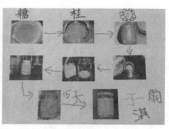

| 图 10 | 图 11 |

孩子们轮流介绍了自己的"糖桂花制作说明书"。在介绍的过程中,孩子们发现,不同渠道来的制作方法都大同小异,唯一出现有争议的是存放时间上。当不同的孩子介绍到一个月、两周、半个月、15 天的时候,有孩子问:为什么时间不一样呢? 于是,关于一个月、两周、半个月分别是多少天大家展开了讨论。

图 12

同时,在孩子们依次上前介绍的过程中,大家也发现,有的记录很清晰、有的记录理解起来很困难,有的孩子介绍的时候条理很清楚,有的还有些混乱。这些方面的能力还需要持续的培养。

一起来做糖桂花

终于到了最激动人心的时刻,制作糖桂花活动正式进入操作环节。每个孩子都带来了有盖子的玻璃小瓶,阿姨也帮忙把昨天晾晒的桂花放入了小盒子,白白的糖也已经在每个桌上放好。

图 13   图 14   图 15

一层糖一层桂花、一层糖一层桂花……孩子们小心翼翼地用调羹将糖和桂花分别放到小瓶子里(图 13)。碎碎的糖被抖到了桌上,天天快速地抓起来放到舌头上舔:"哇,好甜!"小馋猫的样子让人莞尔。桂花摘得比较少的小组最后的小瓶子只能白茫茫一片全是糖,但是丝毫不影响孩子欢乐的心情。最后,每个孩子都收获了一瓶糖桂花(图 14、15)。耐心等待 15 天后的成果吧,我想大家收获的一定不仅仅是一瓶糖桂花。

(大班,案例提供:陆益)

2.3.3.2 明星来了

第一天——

在一次角色游戏中,小麦变身成"大明星钟汉良",他为烧烤店代言,在"我是歌手"栏目中唱歌……最近,他一心想要拍电影,可是两次都没有成功,女主角忙着"住宾馆",就他一个人,于是,他开始淡定地画剧本。瞧,这是小麦画的剧本:

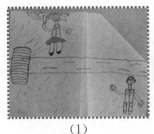  

(1)   (2)   (3)

剧本情节 1:男主角和女主角在雨中漫步,隔着一座桥,他们看见了彼此,热情地打着招呼。

剧本情节 2：晚上，男主角在看书，看着看着，他想到了远在外国留学的老婆，心中涌起了无限的思念，希望老婆快点回来。

老婆回来了，他们幸福地生活在一起，还生下了一个可爱的大胖儿子，他们一人牵着儿子的一只手，快乐地走在公园里。

最近的新闻影响了小麦，他变成"钟汉良"后，受到同伴的支持，孩子们还会请他签名呢。于是，他也有滋有味地做起大明星了，从今天的表现中看出：

• **已有经验的延续**：记录对于孩子来说并不是第一次。以前，孩子们在"小舞台"跳舞，他们创编各种舞蹈动作，并能具体形象地记录下来；他们也扮演过各种动物，还模仿动物表演杂技，也用节目单的形式记录下来。因此，小麦的剧本也是延续了孩子一贯的做事风格，不同的是在电影中这个叫剧本。

• **未知领域的探索**：拍电影对于成人来说似乎是一件难度系数很高的事情，但是看到小麦的表现，我猛然发现好像变得简单了。不知有了剧本以后，孩子们会怎样拍电影呢？我和孩子们都很好奇，分享时大家也提出了很多意见，比如要增加摄像机、音乐、各种表演的道具、布景……大家共同期待着下次的表现。

第二天——

小麦今天显得异常兴奋，他还带来了一个袋子，里面竟然装了伞、书等道具。游戏还没开始，他就拉着小方给她看剧本、看道具，果真这些东西引起了"女主角"方方的兴趣，小方乐滋滋地随着小麦去拍电影了。金宇为小麦带来了《何以爱情》的音乐，随着音乐，两个孩子开始进入状态，相会、求婚、结婚、女主角出国留学，男主角苦闷地思念，最后又生活在一起，生下了儿子……整个过程倒有模有样的，不过一会儿，他们的兴趣转移了，开始拿着"娃娃"玩抛娃娃的游戏了。

今天的电影终于拍摄成功，之所以成功，关键在于：

• **准备到位**：为了拍摄电影，除了小麦自己画了剧本，带来了道具，很多孩子也帮了忙，"小记者"提供了摄像机，金宇带来了音乐，小宋帮忙用破布做出了布景，女主角帮男主角换上了表演的服装……看来，这是大家共同努力的结果。

• **情节连贯**:其实小麦的绘本并不是完全自己想出来的,中间还有其父母的灵感和帮助。我们再仔细看看剧本,虽然情节简单,但是适合表演,也具有一定的连贯性,便于孩子接受、理解和表演。

孩子们看完"电影",觉得男主角为了漂亮,不小心穿了维吾尔族的服装,这和故事情节有点不般配。看来,还要关注细节。同时,这场电影结束了,孩子们看得意犹未尽,他们提出了更多要求,希望男、女主角像拍电视剧那样可以一集集拍下去,这样更有吸引力。

用心地观察才能真正走进孩子的世界。在这个事件中,不同的孩子让我看到了他们不同的一面,斯文的小麦竟然有一颗当明星的心,并真能如此大胆执着地追求自己的梦想;小心谨慎的金宇平时不善言辞,竟能用心地为同伴下载音乐;潇潇一向懒散,还能设计制作出如此形象的摄影机,并能大方地借给小麦;

方方一点儿也不起眼,小麦竟会邀请她做"女主角",而方方不仅配合小麦,而且动作优美,表情到位,实在演得太好了;厚霖一针见血地提出小麦的服装有问题,看来平时糊涂的他一切都看得很明白呀……观察得用心,才能发现得深刻,才能让我们真正读懂不同的孩子。

(大班,案例提供:李洁)

2.3.3.3 蜡烛花

子聿在研究蜡烛,少了好朋友子丰的参与,子聿明显不在状态。一会儿铁盘的枝条上画满了"蜡烛花",子聿开始无所事事,一会儿,聪明的子聿忽然想到些什么,他快乐地跑到美工区,找来一个贝壳,用贝壳刮掉了一部分蜡烛花。子聿向星宇展示成果,还得意地说:"瞧,蜡烛花不仅可以画,画满了还可以刮掉呢,这样又可以画了。"星宇看了说:"有什么了不起,这个都是用烛油在玩,你说还有什么好玩的? 画蜡烛花都画了好久了,不好玩。"子聿拿着一支笔无聊地在蜡烛花上划来划去,猛然之间,子聿大喊一声:"有了!"他竟然拿着木头铅笔,用火烧成炭,开始在纸上画起来。

子聿今天的表现有精彩也有不足,主要体现在:

• **蜡烛的拓展**:"蜡烛花"的材料是蜡烛、火柴、铁盘等。面对这些材料,孩子们聪明地发现了蜡烛花的制作。但随着游戏的发展,孩子们已经不满足于做蜡烛花。今天子聿的表现有了新的拓展,除了做蜡烛花,我们还可以刮花。怎么刮花呢？子聿马上去寻找贝壳来刮花，说明子聿已有刮蜡烛花的经验，他知道用手弄蜡烛花很累，而且效果不好，所以他想到用一样硬硬的东西来刮花。有了刮花，很有可能在后续行为中，孩子们还会自制创意蜡烛呢。

• **火的拓展**：刚开始游戏时，我发现孩子们对火也充满了浓厚的兴趣，一方面我要求他们要注意安全，一方面也可进一步拓展孩子对火的研究，今天用火和木头发现了炭。

子聿的行为激发了孩子探索的兴趣，相信孩子们在以后的游戏中会有更多发现哦。

◎虽然子聿自制炭笔，但是画画一直是子聿的软肋，子聿最终没有用炭笔画出些什么东西，有点可惜。

教师投放的个别化学习材料较开放，孩子们在探索的过程中会有很多自己的想法，很多发现，很多创新之举。细心的观察才能让我们找到孩子目前需要什么？才能在后续行为中真正落地，从孩子的需求中提供进一步适合孩子探索的材料。

（大班，案例提供：李洁）

2.3.3.4 我想演……

对于小班的幼儿来说，"幼儿喜欢模仿，且善于模仿"，在日常的生活中，他们不仅喜欢聆听故事，更喜欢学着故事里各种动物的模样来进行表演。

在一次自由活动中，看到幼儿自发的聚在一起，表演一些故事中的人物形象或是故事情节，如："嗷嗷，我是大灰狼，我要拿小兔子当点心吃。""我是小蝌蚪，我们的妈妈在哪儿呢？"一场生动有趣的动物表演活动开演了……

师："你们都听过哪些与动物有关的故事？你们最想表演故事里哪只小动物呢？"

幼1："小兔乖乖。"

幼2：我喜欢"小蝌蚪找妈妈"。

幼3：我喜欢"小蝴蝶借尾巴"。

幼4：我最最喜欢"龟兔赛跑"的故事，我喜欢里面的小乌龟。

师：有那么多的故事你们喜欢，相信你们也有自己喜欢的动物哦！能来和大家分享一下吗？

天天："我喜欢小白兔，小白兔很可爱的，我想扮演小白兔。"

源源："小松鼠有个大尾巴，哈哈，我想演小松鼠。"

钧钧："我最喜欢演大灰狼，嗷嗷，你们害怕吗？"

丁丁："我想演《小蝌蚪找妈妈》故事里的大乌龟。"

轩轩说："大乌龟脖子一伸一缩,我也想演大乌龟。"

"我演……"丁丁说。

轩轩迫不及待的争着说："我来演大乌龟……我就是喜欢大乌龟。"

两个孩子竟然为了扮演同一个角色还争吵了起来……

模仿是幼儿的天性,幼儿热衷于表演的时候,我们看得出幼儿对于新鲜的事物颇感兴趣,由此我们也可以了解和发现幼儿的兴趣点。

在"小舞台"的表演过程中,幼儿参与活动的积极性很高,情绪愉悦,而且想象力很丰富,幼儿也能够主动、积极的把自己的想法告诉大家。幼儿所表演的故事情节中有可爱的小动物的形象,更多的能吸引、激发同伴共同参与到表演的游戏中来,共同感受到游戏的快乐。

但是,幼儿在"小舞台"角色扮演时,也出现争抢的想象,对于小班幼儿来说,还需要教师进一步进行正面引导,尝试让幼儿学着谦让,学着让别人快乐,也让自己快乐。

这其中也引发了教师的思考,教师又该在幼儿的"小舞台"游戏开展中做些什么,才能更好地推动其有序的开展呢?

表演的空间需灵活。幼儿游戏的过程中,规则的强化对孩子良好习惯的养成十分重要。"小舞台"游戏中,幼儿是以歌舞表演为主,很难做到安静、独立地玩。因此,不能用千篇一律的要求去引导"小舞台"的幼儿游戏,应该寻找适合他们的规则。如:创设装扮区、表演区等,便于幼儿更换服装和表演,避免拥挤的现象产生。装扮区与表演区分离,让幼儿有了小的后台,供幼儿装扮、换服装,又有宽敞的表演舞台,更好地引发幼儿能够在大舞台上,展现自己的风采。

组织形式需有序。在"小舞台"表演前,面对幼儿经常会出现混乱、吵闹的现象,老师又该如何进行有针对性的有效地指导呢?面对幼儿表演前会因为表演出场的次序争吵、互不相让,为头饰和服装产生纠纷等普遍的现象,我们可以通过让幼儿自主讨论,得出一些解决问题的简单方法,如:石头剪刀布、抽签等不同的形式,让幼儿以此来决定表演的先后顺序,让幼儿心服口服的遵守游戏规则,使"小舞台"的表演更有序,让演员能够更大胆、自信的在"小舞台"上表演。

有效指导是关键。

1.适时介入,有效指导

教师也可以参与幼儿的表演,与幼儿同台演出,这也是教师对表演游戏进行间接指导的重要方式。教师在与幼儿共同表演的过程中,更多扮演的是能把整个表演组织起来的角色,或者是幼儿尚不熟悉、扮演有困难的角色,和幼儿一起商讨演出过程,选择、使用道具,布置环境等一系列活动给幼儿以一定的启示,使他们进一步理解作品内容,塑造出各种生动活泼的艺术形象。诸如上述案例中,幼儿说要表演"小蝌蚪找妈妈"里面的小乌龟,如何将小乌龟想要迫切告诉小蝌蚪它们的妈妈眼睛圆鼓鼓的特征表现出来,则需要借助于形象的肢体动作,或是有图片的提示,这样才能有效地帮助幼儿很好的去扮演故事中的角色。

2. 适时帮助,满足需求

幼儿的兴趣和需要在哪里? 哪些节目是幼儿感兴趣的? 哪些不适宜放到"小舞台"上表演? 这就需要教师能够在幼儿"小舞台"表演的过程中,努力的去观察、发现幼儿的兴趣点,聆听他们的需求,以玩伴的身份与幼儿共同讨论,需要哪些音乐? 删除哪些不需要的内容,而后可以分工进行自娱自乐的表演。由此,也可以让材料的提供和恰当的节目表演瞬间变得妙趣横生。

3. 适时鼓励,支持表演

教师更多的要鼓励幼儿能够在艺术创造中,表现出首创性、互异性和多样性,让幼儿能够在轻松、自由、愉快的环境中,充分的展现自我的才艺。"小舞台"是一个幼儿展示、交流、互动的平台。在这一舞台中,多样的材料、优美的音乐、多元的道具等互动材料,都可以让幼儿能够结合自己的生活经验,进行创意的想象、积累,再通过自己喜欢的方式,表达表现出来。在教师的鼓励、支持与帮助下,则更有助于幼儿能够在快乐的情感体验中,乐于在"小舞台"中充分的进行表达。

幼儿热衷于"小舞台"的游戏,并且在不断学习、实践中充实着、愉悦着……然而,我们还需要对照《指南》的精神,更好地使"小舞台"能够真正的与科学、文学甚至是各种教育契机有机整合,更好的促进幼儿多元能力的发展和提高。

(小班,案例提供:钱月红)

2.3.3.5 趣味造房子

孩子们想要给小动物造房子,他们在建构区用各种积木造了不一样的房子,但是他们觉得不满足。一次偶然的机会,孩子们看到黄莺班的孩子能用纸和吸管造房子,于是,他们跃跃欲试,尝试造出不一样的房子来。

根据黄莺班孩子搭出的房子,孩子们觉得我们需要的材料是牛皮纸(剪成一样大小的长方形);粗的和细的吸管,要一样长短,两头各剪一刀,这样就可以像雪花片一样将纸插进去了。孩子们自己收集了这些材料,我整理并将材料摆放在一个盒子中。

第一天——

涛涛规规矩矩地造了一幢正方形的房子，他似乎计算得非常精确，整幢房子不歪不偏，真的是一个标准的正方形，而且在涛涛的努力下，房子已经有三层楼高了。涛涛造好房子还不忘作好记录，这是涛涛的记录，他发现了两个秘密：一个是吸管两头的口子要剪得深一点才插得牢；另一个是一块块搭成一层层方便，搭好一层，直接将一层往上搭很困难。

这个好玩的科学游戏来源于孩子的兴趣和需要，从中可以看出：

• **从成品倒拍所需材料具有挑战**：以往游戏材料都是教师提供，这次是黄莺班孩子的成品激发了孩子探索的需求，因此我们尝试让孩子根据成品再来收集材料，我们发现这个过程也充满了挑战，需要孩子细致周到的观察。

• **从各种因素发现搭建要点具有挑战**：涛涛真的很聪明，在搭建房子的过程中，我发现他考虑的非常周到。首先他发现吸管两头剪得深度不一样，深的能插得更牢；接着他先是搭好一层，再搭一层，试图将一层一起造上去，但是难度太大，因此尝试了一遍后他放弃了，还是一块块慢慢搭，也能一层层往上搭。最后的记录能给予同伴很多启发，说明他不仅能用心探索，还能及时提升成功经验。

第二天——

丁丁是一个动手能力强且喜欢探究的孩子。今天他以迅雷不及掩耳之势"抢到"了造房子。他选择了粗的吸管，只见他灵活地将吸管的一头插入纸片中，然后再选择一张纸片，插插好……不知不觉，插的纸片围起来了，丁丁干脆用吸管围起来，这样一层就搭好了。他放在桌上发现很稳，他笑着自言自语：

"没问题，地基很稳固，可以往上造了。"接着，他很随意地这边插插，那边插插，哪边不稳就插插牢，摆摆正，不知不觉中，房子已到六层啦！

丁丁的搭房子和涛涛的搭房子有很大的不同，涛涛是精心设计，因此房子也显

得很正规,而丁丁则是随心所欲。但是,我发现在丁丁的随心所欲中他关注两点:

• **稳定的把握**:丁丁将第一层放在桌子上后,他心中就明确了一个目标,那就是稳定,因此虽然他看上去乱搭,但是只要哪里出现不稳,他一定想方设法让它稳定,因此,房子虽然造型奇异,但却稳。

• **高度的挑战**:随着房子造得越来越高,丁丁的激情被点燃了。他饶有兴趣地往上搭,高度刺激着他不断搭建,游戏结束时还恋恋不舍,可见今天的造房子给予他各种体验!

丁丁在玩的时候发现,吸管被剪的口子有问题。如果是平的造房子,吸管可以用,如果要弯曲着造房子,吸管的剪口好像有问题,老师提供的都是平的剪口,没有竖的剪口,看来还需要一些竖的剪口的吸管。因此,我们准备投放一些没有剪口的吸管,让孩子根据自己的需要来剪吸管的剪口,相信下次定能有新造型的房子出现哦。

(大班,案例提供:李洁)

2.3.3.6 **怪兽来啦**

教室里有一个大箱子,以前的小朋友喜欢把它变成小银行。喜鹊班的小朋友面对这么大的箱子竟有些不知所措,总是让它孤零零地"站"在教室一角。

今天,我把大箱子搬出来,放在教室的中间。一会儿恒恒小心翼翼地走到箱子边,问我:"李老师,我可以玩箱子吗?""当然可以。"我笑着鼓励恒恒。

恒恒快乐地钻到箱子里面……咦,怎么这个孩子不出来了?我饶有兴趣地关注着箱子,5分钟后,浩宇蹦蹦跳跳跑过来,对着箱盖乱拍一顿:"里面有什么?快出来!"拍了1分钟后,恒恒慢悠悠地打开箱盖,大喊一声:"我是怪兽,啊呜!"他张牙舞爪地叫着,浩宇呆了一下,他默默地看着恒恒,笑了笑,走了。恒恒满意地笑了笑,打打哈欠:"哎,我累了,我要睡觉去了。"然后关好箱盖,又躲到箱子里去了。

浩宇好像突然明白了什么,他开始在教室里大肆宣传:"哎呀,箱子里有个大怪兽,大家快去看看!"在浩宇的努力下,一群人兴奋地跑到箱子前,开心地用双手拍箱盖。一会儿,果真见到恒恒笃定地站起来,变成怪兽,对着每一个小朋友怪叫。也就奇怪了,被怪兽怪叫后的小朋友竟开心地一个个跑掉了,等所有人都跑了,恒恒又心满意足地去"睡觉"了!

孩子们终于明白:箱子里藏着一个爱睡觉的怪兽。辰风拿着圈圈要去抓怪兽,警察也煞有其事地要去抓怪兽,当然还有一群爱凑热闹的"小巴辣子"也要去抓怪兽,教室里好热闹呀!

• **从默默无闻到家喻户晓**:一直觉得大箱子是一样特别好玩的玩具,可以让孩子尽情畅想,没想到当它被放在角落里时,还是被忽略了。但它毕竟也是有魅力的,这么一样大件被突兀地摆在教室中间时果然吸引了很多孩子。在恒恒之前有很多孩子也驻足研究过,不过可能由于胆小最终放弃。而恒恒终于迈出了这一步,并利用箱子的特点将它变成怪兽的家,如此形象贴切,使同伴们欣然接受,达成共识,教室里出现了"怪兽的家",孩子们逐渐接受这一事实。

• **从独乐乐到众乐乐**:当然,对于恒恒来说,他就是"怪兽",大箱子就是"怪兽的家",他只想在家里好好休息。可惜,这一愿望被热情的浩宇破坏了,浩宇不仅将这个秘密广而告之,而且还呼朋引伴,找了很多小朋友来唤醒"怪兽"……可是,恒恒也突然之间发现:这样的游戏比在"家里睡觉"好玩多了,经过了一次"唤醒",恒恒和伙伴们非常喜欢这种简单、热闹却快乐的互动,他们认可这样的游戏方式,心中形成简单可行的规则:怪兽睡觉——小朋友唤醒怪兽——怪兽吓跑小朋友——怪兽又睡觉……如此循环,其乐无穷!

"星期八小镇开始了!"恒恒快乐地寻找着箱子,看到我就问:"李老师,大箱子呢?我要做去怪兽啦!"于是,我帮着他把大箱子搬到教室空旷的地方。

恒恒马上钻进箱子,浩宇连忙跟过来:"我是奥特曼,我来抓怪兽啦!"恒恒笑嘻嘻地钻出头来,不甘示弱,奶声奶气地喊:"我是喷火龙!"说着,嘴巴"呼哈呼哈"地,好似在喷火。浩宇投入地时而将双手交叉在胸前,时而摆出各种造型,这是在打怪兽吗?可是——他一点也没碰到恒恒呀。

哈哈,原来他们并不真的打起来,而是在对招式,我禁不住笑了起来。

恒恒似乎有点不过瘾,他悄悄地移动起来,移到了娃娃家,娃娃家的一群女孩子正围着桌子享受美食。恒恒对着多多怪叫一声,开始"喷火",多多尖叫一声,顺势推了恒恒,恒恒非常满意,偷笑着。接着,他对着欣言、蓓蓓怪叫、喷火,女孩们毫不留情地推恒恒,恒恒笑嘻嘻地,不以为然,似乎很喜欢……整个过程中,恒恒被娃娃家的女孩推了4下,而浩宇竟一直跟在他后面,用心地打着各种招式,虽然恒恒并不理睬他,但他却非常投入,好似真的把怪兽打败了。

游戏分享时,我请恒恒演示动作,让同伴们猜测"他是什么怪兽",接着请孩子们回忆:电视中奥特曼和怪兽打起来会发生什么事?孩子们用心回忆,发现真正打架时好像很恐怖,房子倒塌了,很多东西都被破坏了!是呀,那我们在教室里如果也想玩奥特曼大战怪兽,可以怎么玩呢?我邀请浩宇和恒恒,让孩子们看看他们是怎么打架的!随着我"奥特曼大战怪兽"叫声响起,恒恒开始喷火,浩宇开始各种反击,但是两人自始至终都没碰到对方身体。看着看着,孩子们似乎有点明白了,他们笑了起来,哈哈哈哈,然后将小手变成手枪,对着怪兽也"砰砰砰"地打起来,我们打架只对招式,不碰身体!

• "怪兽变身"需告知:恒恒第一次做了怪兽,到底是什么怪兽,可能他当时也没想明白。在这次游戏中,恒恒清楚地表示自己是"喷火龙",并只做喷火的动作,说明他的"怪兽"逐渐成熟起来,因此,在分享时我通过演示和猜测的方法让孩子们进行互动,逐渐感知并拓展可以通过动作使怪兽变身更形象。

• "招式对打"需推广:奥特曼和怪兽,似乎像警察和小偷一样既是对立的双方,同时也是有联系的一对。一般在幼儿园,教师们似乎并不赞成孩子们玩奥特曼,因为总是会不小心引发孩子的攻击性行为,记得我也经常暗示孩子"不要带奥特曼来园",可不知为什么,孩子们就是喜欢奥特曼。浩宇这个低调的奥特曼让我看到了曙光,相对娃娃家女孩子粗鲁的"推",我更欣赏浩宇的"招式对打"。当孩子的游戏情节需要出现攻击性行为时,这种"招式对打"是一种不错的选择哦!

又一次游戏,游戏分享时,我请孩子们说说"今天在玩什么"?小劭一本正经地站起来:"我是警察,我在抓坏蛋。""坏蛋?"我饶有兴趣地继续问:"你抓的坏蛋是谁呢?"一旁的昊昊激动地站起来补充:"是辕辕。"小劭用力地点点头,表示同意。

"哦,一口咬定辕辕是坏蛋,辕辕做了什么坏事?"我问。

"他,他在'啊啊啊'的怪叫,在吓唬小朋友。"昊昊正义凛然地回答。

顿时,所有怨恨的目光转向辕辕,辕辕一下子紧张起来:"我,我,我不是在吓小朋友,我是一条喷火龙,我在喷火呀。"辕辕担心地辩解。

"喷火龙?"有点意思,我请辕辕出来表现一下。

辕辕投入地演起来,他张牙舞爪地挥舞着手臂,嘴巴里发出可怕的怪叫,小朋友被辕辕夸张的表演逗笑了。我笑着问孩子:"咦,刚才他乱叫,你们害怕了,现在乱叫,你们怎么笑了?"孩子们边笑边说:"他是'喷火龙'嘛!""辕辕,你看,当小朋友知道你是喷火龙时,就不会认为你在吓唬他们。要不我们一起想想,怎样让小朋友一看就知道辕辕是喷火龙?"我鼓励小朋友一起帮助辕辕想办法。

喷火龙当然需要火,火是红色、黄色的,孩子们开始头脑风暴。他们从"百宝架"中找到红色、黄色皱纸,撕下两条,绕在一起,"火"出现了,"喷火龙"将"火"放在嘴边,不停地挥舞,"火束"果然喷涌而出。

有了火,辕辕得意起来,我突然问他:"你是好龙还是坏龙?"辕辕不假思索地回答:"好龙。"

好龙可以用火干什么呢?我对辕辕提出新的要求。

果然,在下次游戏中我们看到辕辕"喷火龙"为娃娃家灶台点火,给大吃店烤蛋糕……看来,喷火龙在"星期八小镇"还是很有用的!

• 解决矛盾启发"怪兽"适时装扮:在前一次游戏中,恒恒已通过动作表现"怪兽",当然,那是不够的,该次游戏中出现的问题正好能推进怪兽的装扮。孩子之间的争吵自有孩子的道理,一边是正义凛然的"小警察",一边是呆呆萌萌的"喷火龙",因为彼此不了解,因此误会多多。想要减少摩擦就要增进相互间的了解,对孩子来说,可能增加一句话、一个道具、一个眼神就会读懂彼此。而作为教师,要善于抓住一次次争吵、一次次矛盾,让孩子正视并尝试解决存在的问题,一红一黄皱纸,如此简单的道具却巧妙地化解了该矛盾,深入推动游戏发展,相信怪兽的装扮会越来越成熟,期待孩子的精彩!

• 拓展提问引发"怪兽"何去何从:"怪兽"在游戏中到底可以做什么呢?可能,我们一般印象中,怪兽似乎总是举着爪子,到处吼叫,甚至捣乱。我想:这样的怪兽可能挺有趣,却不能丰富孩子生活经验!甚至会引发严重的攻击性行为。"好龙可以用火干什么"这是一个充满智慧的问题,可以让不同的怪兽根据怪兽的特点想象具体的事件,既能呼应,也能让"怪兽们"有事可做!

怪兽出现了,教室里并没有出现恐慌,相反,孩子的游戏变得生动起来,孩子的兴趣得以充分地发展,孩子的经验也在不断拓展……游戏是灵动的,作为教师一定要用心观察孩子,理解孩子,读懂孩子,相信拥有一颗自由平等的心能发现生动的孩童世界……

(小班,案例提供:李洁)

2.3.3.7 "气球火箭"

最近,孩子们为教室的"百宝架"收集了很多材料,其中有很多气球。整理材料时,孩子看着气球顿时兴奋起来,顺着孩子,我一边回应孩子"这么喜欢气球呀",一边提问:"如果李老师也给你一个气球的话,你会怎么玩?"

冯帆激动地手舞足蹈:"我要在气球后面套个袋子,看看气球里的气能不能让袋子飞出去。"

小汪淡定地说:"我要用打气筒打气,我看见我们班里有这样的打气筒哦。"

真厉害,老师藏在角角落落里的东西都被发现了!

昕妍站起来一本正经地介绍:"要让气球充满气。"我连忙提问:"用什么方法充满气?"

昕妍进一步解释:"用嘴吹满气呀,然后用绳子把气球扎起来,用手拍气球。"

屠屠表示这样的气球还能像篮球那样转球。

小方也有一个新的玩法:"用嘴巴把气球吹大,把手一放,气球就会乱飞哦。"

金宇表示怀疑:"这样放掉,气球会不会真的自己飞出去呢?"

创设"百宝架"的过程是一个全民参与的过程,孩子们一起收集材料、全班共同整理材料,只是当我们整理到气球时,整个教室顿时沸腾起来,这些五颜六色的气球激发了孩子们玩的热情,在和孩子们"闲聊"的过程中,我发现:

• 有趣、好操作:这是一次愉快的对话,在倾听孩子们的话语时,我们都觉得很轻松、很快乐,我似乎都已经看到孩子们自由、无拘无束地吹着气球、玩着气球,奔跑着、欢笑着的情景。我相信这是一个极其有趣却又简单易操作的游戏,因为,我想让孩子们尝试一下。

• 有经验、有价值:从孩子的对话中,我看到很多孩子都有玩气球的经验,而且不同的孩子玩气球的方法是不同的,这样孩子们既有一定的经验来展开这个游戏,而且同伴间的差异还能使孩子的思维发生碰撞,可能会探讨出更多的游戏。

看来,孩子们有很多玩气球的方法,不急,先把气球吹起来吧。

孩子们开始吹气球,大多数孩子用嘴巴吹气球,有的一吹气球就鼓起来了,有的怎么用力,气球也纹丝不动。当然也有一小部分孩子,在无数次用嘴吹气球失败后,把教室角落里的打气筒找出来,开始为气球打气!

10分钟后,昕妍精疲力竭地求救:"老师,我再怎么用力,也没有把气球吹起来。"

没把气球吹出来的孩子挺多的,于是,我们开始讨论:怎样把气球吹起来?

涛涛表示:"气球有一个吹气的洞洞,如果不小心就会把气吹漏了,所以吹气时捏着这个洞洞,要又用力又小心。"

一晴有一个好办法:"吹气前先要把气球拉拉松,这样容易吹气球。"

悠悠说:"先用力吹,吹了一下,没气了就休息一会儿,不过不能让吹的气漏掉。"

厚霖补充:"休息时一定要用力捏住气球的吹气口。"

子棋同意他们的想法,并提出一些细节,比如吹气时一定要用力,气也要长一些,这样气球才会鼓起来,休息时用嘴巴堵住吹气口不能让气漏出去,然后再吹。

翔翔则无奈地表示:"实在不行还是用打气筒吧。"

当昕妍向我求救时,我环视了一下教室,有一半的孩子能成功吹出气球,玩得很开心,也有一半的孩子吹得满头大汗,但始终没有把气球吹起来,这是一个需要互相学习、讨论借鉴的过程呀。讨论分享气球的吹法不愧是一个好方法,从孩子的讨论中,我发现:

• 吹气球的诀窍:我惊叹孩子们能如此清晰地表达出吹气球的诀窍。根据孩子的经验,最后我们提升吹气球的诀窍是:吹气前先将球球以及吹气口拉拉松——对着吹气口吹气,一只手托着气球,一只手拿着吹气口边缘——用力吹——稍稍休息,用嘴巴堵住吹气口——再吸气用力吹,如此反复。

• 打气筒的需要:当然,给气球吹气最重要的还是用力吹,可能孩子还小,有部分孩子照着我们的"小诀窍"吹气,气球还是没有任何反应,这样的孩子只能借助打气筒了。不过使用打气筒也有诀窍,一定要将气球紧紧套在打气筒的出气口上,一丝漏缝也不能有。

为了让孩子们玩得尽兴,我帮助几位孩子用打气筒打气,孩子们开始玩起来。刚开始的时候,孩子们有较多玩法,有些孩子吹出一个小气球,用小脸、小手等感受着气球的光滑;有的孩子吹满气后小心翼翼地把气放掉;有些孩子寻找绳子扎气球;有的孩子比谁吹的气球大……但当孩子们发现涛涛将吹大的气球往上一扔,气球发着"噗噗"的声音,在教室上空乱飞乱舞时,孩子们的热情瞬间被点燃,他们大笑着,欢呼着,也照着涛涛的样吹着、扔着气球,又不停叫着、笑着,教室成了欢声笑语的海洋!

我请孩子们休息一下,而后我拿出气球,开始学着孩子的样子把气球拉拉松,吹气口拉拉松,用孩子们的方法吹气球,气球一下子鼓起来,孩子们快乐地鼓掌,气球越吹越大,然后我用手捏住气球的吹气口,问孩子:"如果我把气球往上一扔,气球会怎么样?"

"气球会乱飞,乱跑,还会发出像放臭屁一样的声音……"所有的孩子都无比兴奋!

我暗示孩子们看仔细了,然后将手中的气球往上一抛,果然,气球像战斗机一样,在教室上空随意飞舞着,而后又一头栽进"娃娃家"!

"气球这样乱飞像什么呢?"我提出新的问题,可能由于前段时间正好在研究火箭,很多孩子们都觉得像火箭,不过还要将气球加工一下,变成真正的火箭。

孩子们太快乐啦!教室里充满了笑声和欢呼声。

• **快乐开始传递**：这个游戏一出现，我发现每一个孩子都变得快乐起来。当一个孩子的气球越吹越大，马上就会被很多孩子关注，大家静静地等待着他最后的"放手"，而当他手一放，气球飞出去的一刹那，孩子们一下子激动地跳起来、叫起来、笑起来！就连前面有些吹不起气球的孩子也笑得特别开心，他们开始追寻那些特别会吹气球的孩子，就等着他吹大气球、往上抛气球，而后随着气球的飞舞而手舞足蹈。如果哪个气球不小心飞到哪个孩子身上，那样的快乐更是无法用语言表达！

• **游戏开始深入**：仔细想一下，其实，每一个孩子兴奋点都是一样的，那就是手放掉气球的一刹那。因为在这以后，气球就开始乱飞啦，而气球乱飞的过程既富有动感（有声音，有速度），又充满未知，孩子们很喜欢这个过程。这个过程又给予孩子新的想象力，他们想把气球变成"气球火箭"，看来，我们随意的玩变得深刻起来。

把气球变成"气球火箭"！怎么变呢？我也充满了兴趣，静等孩子们天马行空的想象。在孩子的提议下，我提供了剪刀、双面胶和彩色纸，孩子们开始"超级变变变"，饶有兴趣地创作"气球火箭"。

不一会儿，超超的"气球火箭"出现了，他在黄色的气球顶端贴了一个小小的红色三角形，这是一个减少空气阻力的火箭头哦；小周的绿气球下出现了三个紫色的三角形，原来是气球升空时的气流；雨彤红红的气球上"长"出了一对橙色的翅膀，这是雨彤心中的火箭哦；小方的红气球下有一小段绿纸卷成的小筒，这样火箭可以在宇宙中完成对接……

也有一些男孩子试图将火箭变得更复杂，但是由于双面胶太多，最终反而把气球全部粘起来，连吹都不能吹了。这些爱哭、抗挫能力超级弱的男孩子竟然没有哭，信誓旦旦地向我保证："李老师，再给我一个气球，我一定能设计一个更棒的火箭出来！""气球火箭"让孩子们斗志昂扬呀！

到此时，从一个气球引起——"气球火箭"，不知不觉，我们已经玩了1个多小时，前面一大部分的时间，孩子们只是玩气球，似乎也没有明确的目的，他们不断地吹气、打气，为的是让气球变大，待会儿就有足够的气让气球在空中飞舞。而把气球变成"气球火箭"后，孩子们突然之间有想法了，他们的创作让我发现：

• **巧妙运用已有经验**：前期活动中我们研究了火箭，其实对于火箭的研究也并不是很深刻，只是在"了不起的中国人"中讲到了宇航员，顺便了解了一下火箭，但孩子们还是收集到了很多信息，比如对接、尖尖的火箭头等，他们竟能将这些粗浅的火箭知识通过彩色纸和双面胶制作于气球上，着实给我很大惊喜，原本只是瞎玩玩，现在倒生成了一个有趣、有深度、孩子超级喜欢的科学探索活动。

• **借机发扬科学精神**:虽然孩子们创作出很多了不起的"气球火箭",但也有一小部分孩子由于双面胶的使用以及设计有误导致失败。爱落泪的男孩竟然没有哭泣,也没有放弃,可见"气球火箭"的魅力,因此我大大支持他们,鼓励他们继续开展各种设计,让他们逐步感知"失败是成功之母",这也是一种值得发扬的科学态度和科学精神嘛!

在孩子们的巧手下,气球像火箭了,不过只是样子上有点像,真正的火箭可不能这样乱飞!能否让"气球火箭"听从我们的指挥呢?孩子们表示很有难度,因为空气、气球没有方向盘、没有自动控制、没有路线、没有轨道、没人驾驶……怎样才能才能让"气球火箭"按方向飞行呢?权衡了各个要素,他们觉得还是设计一条轨道,才有可能让"火箭"朝一定方向、一定路线发射。不过,这条轨道可不是一条普通的轨道,怎么设计呢?还要孩子们在个别化学习中不断探索哦!

(大班,案例提供:李洁)

2.4 教师观察与教师成长

可能,长久以来,人们认为幼儿教师的专业技能主要表现在唱歌、跳舞、画画等。但是,在实践中,我们逐渐发现:会观察幼儿,能读懂幼儿对幼儿教师来说也尤为重要。有研究者指出,新手教师和专家型教师的一个重要区别就在于是否具有观察意识和观察能力。专家型教师在面对教育情境时不会冲动地作出教学决策,而是客观冷静、全面深入地观察和倾听幼儿,然后依据观察到的信息理性地作出判断与行动。

前面章节我们提到了教师观察中存在的问题和教师观察的价值,特别详细地通过丰富的案例说明教师观察对幼儿发展的价值。本章,我们要重点论述,教师观察对教师专业成长的作用。

2.4.1 教师观察,树立尊重幼儿的儿童观,学会等待

儿童观是指成人对孩子本身的看法和态度。科学的儿童观,就是对孩子身体发育、心理特征、学习活动、能力发展等各个方面有一个正确的看法。可是,在教育过程中,我们会发现很多教师会认为:幼儿园阶段的孩子什么都不懂,太弱,需要我们保护和引导。在这样儿童观的驱使下,教师们总把自己看的太重要,处处"一马当先",处处体现出明显的"教"的痕迹。

教师观察的提出则给教师们注入一股清新的凉风,教师们猛然发现观察幼儿,读懂幼儿的重要性,幼儿园教育活动的合理开展起始于对幼儿的观察。于是,教师们终于开始试着退后,很多时候只是默默地静心地观察幼儿。在这个过程中,教师们猛然发现:每个幼儿都是一个有独立存在价值的实体,他们有自

己的思想、情感、需要,幼儿真的具有一种"内在生命力",它具有无穷无尽的力量,是一种积极的、活动的、发展着的状态。教育的任务就是激发和促进幼儿"内在潜力"的发挥,使其按自身规律获得自然的和自由的发挥。①

因此,教师不能将幼儿作为蜡泥或木块进行任意塑造和刻画,而应该将之作为人来对待,仔细观察和研究儿童,了解儿童的内心世界,发现幼儿的秘密。当教师们会耐心静心地观察幼儿,坦然接受幼儿的各种行为,淡定等待幼儿的各种变化时,可能教师们学会了真正尊重幼儿。

2.4.2 教师观察,明确组织活动的教育目标,提高效率

观察是有目的,有计划的,比较持久的知觉活动。可能对于幼儿教师而言,有些观察是预设的,有些观察是生成的。但不管是预设的观察还是生成的观察都必须要有明确的观察目标。

比如有些预设的观察目标:舞蹈教学中,观察幼儿能否合作创编"菊花"的舞蹈动作;角色游戏中观察幼儿能否使用替代物;个别化学习中观察幼儿能否物归原处;生活活动中观察妹妹小朋友能否正确使用卫生纸;自由活动中幼儿能否友好地交换玩具……比如有些生成的观察目标:两个孩子为了一个玩具吵起来,观察他们最终会用什么方法来解决问题;娃娃家的"妈妈"需要一把勺子,观察她会怎么做;一个孩子在"鼹鼠弹弹球"游戏中创造了新的玩法,观察新玩法到底怎么玩……我们发现:一个个观察的目标就像一个个手电筒,让幼儿教师有方向感,明确具体的任务,当然也便于教师细致地观察幼儿,解读幼儿,从而成功地解决来自幼儿一日生活中的种种问题,让幼儿逐渐适应集体生活。

如果教师没有根据观察目的确定合适的观察目标,而只是笼统、简单、流于形式地进行观察,那么教师的观察也就失去了意义。教师只有带有目的性的进行观察,才能有针对性地解决不同的问题。教师每次定位的观察目标不宜过大、过多,这样才能发现问题、解决问题,提高教育的实效。

2.4.3 教师观察,提升观察幼儿的方法策略,尝试探究

教师观察其实是一个很大的概念,包括:观察的目的,观察的要素,观察对象(物,事,人等),观察分类,观察方法,观察过程……幼儿教师在观察的过程中会逐渐明了观察的点点滴滴,也会逐渐使用这种科学严谨的方法来深入了解幼儿,这两者的结合能有效提升幼儿教师的专业素质。

---

① 刘佳丽.教师运用《指南》观察幼儿的策略研究 2015 四川师范大学硕士学位论文

比如在观察不同的对象时会有不同的角度,对物(外形、结构、功能等),对事(事件的发生变化、相互影响及因果关系等),对人(变化的发展、成长、外显行为和内心心理活动等),专业的观察会让幼儿教师尝试全面深入地理解幼儿。再如根据不同的对象和事件会有不同的观察方法,比如叙事性描述,事件抽样法等。总之,幼儿教师在运用"观察"的方方面面来观察和分析幼儿时,才能真正深入细致地了解每个幼儿在成长过程中出现的纷繁复杂的情况,分析研究他们心理和个性特点形成的原因,才能逐渐掌握每个幼儿特有的兴趣、专长、性格与脾气。要了解幼儿,主要还是靠教师自己的观察。有方法,有内容,就可以让幼儿教师尝试像科学家那样尝试探究幼儿教育的真谛。

2.4.4 教师观察,反思事件发展的得失成败,梳理经验

蒙台梭利指出:"教师是儿童活动的观察者和指导者。"幼儿教师应是一位观察者,他必须以科学家的精神,运用科学的方法去观察和研究儿童,解释儿童的外显行为和内心世界。从这句话可以看出,教师观察后还要记录,还要分析。

比如当幼儿教师观察到一幼儿的外显行为时,她可以客观详细地进行记录,同时还会思考这些问题:"该幼儿当前达到什么发展阶段? 是否落后或超前? 该幼儿的独特之处是什么? 该幼儿的需要是否得到满足? 可以从哪些方面来解释该幼儿的行为……"教师观察帮助幼儿教师及时掌握幼儿在活动中的各种动态和动向。如:幼儿想玩什么? 需要什么? 针对这些问题,教师就可以有目的有计划地深入指导或随机引导,进行教育和培养,帮助、鼓励幼儿大胆创造,克服困难,使幼儿提出的内容不断发展,不断丰富,主题引向深入。观察幼儿可以帮助幼儿教师反思教育理念、教育行为,改进教学,使教师逐渐向专家型教师靠拢。

综上所述,观察是幼儿教师能够搜集幼儿资料、分析教育方法,从而有效地促进幼儿学习和改进教学效果的基本途径。通过观察,教师可以获得幼儿发展与教育的实践知识,优化自身的知识结构,促进自身的教学反思,从而推动自己的专业发展。

(本章执笔:李洁)

三人对谈:

小月:以前我也经常观察孩子,但是可能不会这么细致地记录下来。现在尝试观察、记录再加反思,觉得收获很大。用心感受孩子的世界,的确是回味无穷,而在反思的过程中,也的确是豁然开朗。

小益：嗯,我以前可能更多观察孩子,现在我发现观察的对象可以包括人、事、物,这里的物更多的可能是孩子的作品,细细地观察并解读孩子的作品,可以了解更多孩子内心世界的秘密。

小洁：观察不同的对象,观察的时间也是不同的。我记得大家推崇在角色游戏中教师一定要站稳15分钟,就是15分钟里能静静地观察某一个或某一群体孩子的游戏。我觉得不管是角色游戏或是个别化学习,或是结构游戏等,教师都应站稳15分钟,在这个时间里较全面地了解事件的起因等。游戏以外,教师观察的时间其实并不是绝对的,我记得我班曾经有个孩子一门心思要抓"一只耳",就这件事我还观察了三个星期呢。

小益：一般观察事件就是要随着事件的发展而定,可能一两天,可能一个学期,而观察人的话可能会一个一个阶段的,说不出具体的时间。

小月：可能就是观察物简单些,其他都不能定论,要根据孩子的变化和事件的发展决定观察的时间。在这里可能要说到有些观察我们是有目的的,我们做了具体的计划,而有些可能是随机的,正好在某个合适的阶段出现了。

小洁：对的。观察是有很大的随意性,孩子们都是鲜活的,在相互交往的过程中总会忽然发生很多事,而这些"临时发生的事"又很有意思。所以,平时我总是准备一本手掌本,就是记录那些随机观察到的或有意思或有价值的东西。

小益：说到这个有价值,我要提个问题。可能对我们三个人来说,我们的专业敏感性比较强,在一日带班过程中,会随机观察到很多有价值的信息。那么对于很多青年教师来说,观察什么? 哪些内容算是有价值的? 可能大家也并不是很清楚。

小洁：我曾经在哪里看到过,有人曾提出将《指南》作为观察幼儿的框架。从《指南》的结构来看,它包含了5个领域,11个子领域,32个目标,它可以帮助我们在观察中做到重点性和目的性。当然,随机的观察是比较灵动的,新手教师先可以以《指南》上的内容进行有目的的观察,慢慢地观察能力变强了,就能抓住随机的观察了。

小月：嗯。观察有不同的角度,并不能一概而论,可能在这个事件中,我对孩子解决问题印象深刻,你们可能对不同孩子在事件中发挥了不同的作用比较深刻,但不能说谁对谁错。虽然观察到的是同一件事,但是各自的经验不同,关注的内容也是不同,记录的角度和反思的方向也会不同。

小洁：同意。观察时时受到我们主观的影响,但我们一定要在观察中尽量做到客观,同时一定要有耐心观察到最后,不能用自己的主观判断来代替结果。

小益：这个主观性是我们要努力克服的。说到观察,可能很多老师主观上认为就是看,就是用心、耐心地看,其实不然。在我们幼儿园,观察是体现出一定的专业性的。我认为观察要包括确定观察对象、选择观察时机、拟定观察计划、筛选观察方法、分析观察结果等。

小月:这是观察的一个过程,经过这样的观察,我们才有信心说这样的观察是有价值的。

小洁:但是,你们发现哇,有时一个非常年轻的教师,因为她特别喜爱孩子,她总能发现很多来自孩子的秘密。虽然,她可能还不善于将这些秘密运用起来,组织有效的活动,但至少她发现了。所以,我觉得只有热爱孩子的教师,才会发自内心地渴望了解孩子的内心体验,才会真正有耐心地去观察孩子,并把孩子的每一件小事都认真地当成一件大事,用心去做。

小月:对的,在观察孩子的时候,我们必须要有一颗观察的童心,才能从孩子的言行中读懂孩子心中的惊喜、快乐、失落、悲伤……

小益:这个可能就是一种观察的品质吧。观察的品质需要教师要有爱心、童心、耐心……

小月:还要有目的性、针对性、客观性、连续性和思辨性。

小益:知道了观察品质,我觉得观察的方法也很重要。一般有哪些观察的方法呢?

小洁:一说到观察的方法就想起,我们在教学活动中也会帮助孩子梳理观察的方法,比如从远到近的观察,先整体再到局部的观察,对比观察等。那么,作为教师,在观察幼儿的过程中,我可能较多运用到的观察有连续观察、重点观察。连续观察我会选择一个点,比如角色游戏中幼儿使用替代物的情况,然后我会在每一场游戏中都会重点关注。重点观察,我会根据孩子的实际情况制定具体的观察目标,比如洗手前能否卷起衣袖,在一段时间中我就会重点观察,并不断提醒,当我发现孩子都能做到时,我又会制定一个新的观察目标。

小月:我觉得比较观察也不错。同样在结构游戏中,我会观察不同的孩子面对相同的玩具会怎么玩?从孩子不同的行为中来分析不同的孩子,他的建构水平处于哪个阶段。

小益:我也会使用定期观察法。我在一个班级里设置了阅读区,我会定期投放绘本,定期观察孩子的阅读情况,也会定期对比平行班孩子与该班孩子阅读能力之间的差距等。

小洁:观察的方法很多,如果我们用百度搜索,也会发现有各种提法。我们要根据不同的情况采用相应的观察方法才能达到事半功倍的效果。总之,我们要善于从孩子的言语、行为、表情的观察中获得第一手资料,以此了解他们的性格、认知水平、心理水平和各种需要,为教师的教育教学提供依据。

达成共识:

☺观察的时间:一般在游戏或个别化学习中,我们建议要站稳 15 分钟。其他的观察可视具体的情况而定,根据孩子的变化和事件的发展决定观察的时间。

☺观察的对象:可以观察人、事和物。人就是孩子,可以是一个孩子,可以是一群孩子,可以观察一个孩子的变化,也可以观察不同孩子对待某一问题的不同态度。事就是幼儿园一件事件,要关注事件的发展过程,其中关键的转折点等。物就是孩子的作品,可以观察作品所表达的含义、创造性、表现手法等。

☺观察的过程:观察过程包括确定观察对象、选择观察时机、拟定观察计划、筛选观察计划、分析观察结果等。

☺观察的法宝:一本《指南》和一本手掌本。《指南》可以帮助教师确定观察目的、观察内容等。手掌本能方便教师随时记录下随机观察的内容。

☺观察的品质:教师在观察的过程中要做到有爱心、有耐心、有童心,也要有目的性、针对性、客观性、连续性和思辨性。

☺观察的方法:观察的方法很多,可能幼儿园老师比较适用的观察方法有对比观察、持续观察、重点观察、定期观察、随机观察等。

☺观察的快乐:童心是这个世界上最纯真、最可贵的东西。当我们每一位教师可以淡定从容地静静观察孩子时,我们真的会走进童心的世界,在那里,一切都变得很直接,我们可以从那里看到最简单的快乐,最纯粹的愤怒,最稚趣的交往,最淳朴的智慧……第一次觉得幼儿园教师是最幸福的职业,因为有孩子,因为爱孩子,因为懂孩子!

☺观察的改变:著名教育家陶行知先生说"教育为本,观察先行"。在一日生活中需用心观察孩子行为,才能真实地了解孩子群体或个体的特点,更加深入地了解孩子的兴趣和需要,掌握个别差异及"最近发展区"。观察不仅能帮助教师制定各项计划,也能使教师有的放矢地启发孩子。教师在一日活动中随机观察,关注孩子的每一个寻常时刻,通过"观察——思考——观察——思考"不断循环发展,全面了解孩子的特点和需要。

老师们,让我们站在孩子的旁边,静静地、静静地观察吧……

3. 基于对话的儿童研究与教师成长

3.1 关于对话

何为"对话"？幼儿园中的"对话"又是什么呢？从哲学的角度看，对话是指双方各自基于自己的前理解结构，通过沟通而达成的一种融合。我们这里所说的对话，指的是师幼对话，指在幼儿园内教师与幼儿之间的言语互动。目前，幼儿教育领域对于师幼对话的概念界定上存在一定差异，但是内涵大体一致。

叶平枝认为师幼对话分为日常活动和教育情境中的师幼对话，"教育情境中的师幼对话，指在教育情境中，教师和幼儿在互相尊重、接纳的基础上，通过语言和倾听，达到互动和分享的学习过程"。[①]

林小佩的界定相对比较全面。她认为，师幼对话指的是"在幼儿和教师之间以幼儿园的生活、游戏和教学为话题，共同建构意义的过程，同时是师幼之间叙述和倾听的过程，并且也是师幼之间的情感交流并达到共识的过程"。[②] 林老师更强调师幼对话的过程性。

因此，我们认为，师幼对话是教师与幼儿运用语言，在互相敞开、接纳的状态下，围绕一定的主题或者话题展开沟通，是一种彼此倾听、分享，共同建构经验，隐性地促进幼儿能力发展及情感达到共识的过程。幼儿园的对话过程，是激发双方智慧的过程，也是一个不断生成的互动过程，彼此倾听对方的想法和建议，更多的是一种理解性对话。

3.2 师幼对话存在的问题

《3—6岁儿童学习与发展指南》指出：幼儿的语言能力是在交流和运用的过程中发展起来的。应为幼儿创设自由、宽松的语言交往环境，鼓励和支持幼儿与成人、同伴交流，让幼儿想说、敢说、喜欢说并能得到积极回应。新《纲要》中提出："幼儿园教育要尊重幼儿的人格和权利，尊重幼儿身心发展的规律和学习特点，促进每个幼儿富有个性的发展。"

我们常常在与幼儿对话、交流中，可以知道幼儿在想什么？他们需要什么？

---

① 叶平枝.试论教育情境下的师幼对话[J].学前教育研究,2003(11):9
② 林小佩.师幼对话中关于教师角色定位的思考[J].沈阳教育学院学报,2010(1):22

从而,不断运用科学、有效的互动,拉近彼此间的距离,形成一种平等、信任的关系,促使幼儿在日常的活动中积极探索、敢于思考、勇于挑战。

当然,在与幼儿日常的对话中,我们经常发现幼儿是处于被动的位置,因此,往往会出现诸多的问题。

3.2.1 重教师主导　轻幼儿主体

在现实生活中,无论是在活动中,还是在与幼儿对话的过程中,都是教师占主导地位,幼儿的主体作用,没有很好的得到重视。或许,有的交流话题,更多的是表现为一种教育与被教育、指导与被指导、管理与被管理的方式。①

幼儿常常处于依赖、被动的地位。例如:在游戏活动中,教师往往会按照自己的活动计划实施,看似尊重幼儿的提问,却是教师引导式的交流方式。"今天,你们想玩什么游戏? 我们一起玩'小矮人'的游戏吧! 想玩吗?""我最喜欢玩小矮人的游戏了! 好的好的,好开心啊!"类似于这样的对话,我们明显的感到本应该是幼儿为活动的主体,却让教师成了整个活动的主角。在这个活动过程中,教师与幼儿之间只是一种回应性对话,几乎没有幼儿和教师的主动交流,更谈不上幼儿大胆地按意愿提出疑问了。教师和幼儿之间在活动中的对话,更多的应该是两个共同存在的主体之间的互动、沟通和交流,这样,才能真正地达成师幼之间的行为与想法的默契与一致,架起师幼之间沟通的桥梁。

现实生活中的师幼之间的对话中,我们不难发现,教师把持着两者之间对话的主动权,幼儿在这其中所扮演的角色更多的是被动的接受者。这其中,对话的时间长短、内容选择、方式采纳等几乎都不由自主地由教师自主决定。也有研究表明,幼儿的对话行为大多都是被动地对教师提出的话题进行响应性回答,幼儿的主体性没有充分显现出来。

3.2.2 重知识技能　轻情感体验

我们也时常会在活动开展的过程中发现,师幼之间的对话,更多的建立在顺利完成日常的教育教学的各类活动目标的基础之上。教师的提问、与幼儿之间的互动与交流,都不可避免的把知识与技能的传递作为教育活动的核心。对于幼儿的家长来说,或许,在幼儿园让幼儿获取更多的知识技能显得尤为重要,无形中将师将幼儿的知识技能的掌握放在了首位,而忽视了幼儿的情感体验②。

其实,任何一种行为都会伴随着一定的情感特征,这种人为的行为和情感

---

① 王海澜.师幼对话中教师的话语水平及面临的挑战[J].诊断与咨询.2005,(12)

② 赵莉.对话哲学视野下幼儿园师幼关系存在的问题及对策[J].早期教育.教科研,2014,(01).

的割裂,必然也会导致幼儿的不平衡发展。

3.2.3 重单向互动 轻交往尊重

在幼儿园的一日生活中,由于受到了传统教育观念的影响,教师在管理班级各项活动开展的过程中,更多的是教师会在各类活动中,成为活动的"主角",幼儿是"配角",师幼之间的互动更多呈现的是教师与幼儿之间的单向交流,且这其中显现出教师控制着与幼儿之间的互动行为,左右着幼儿的行为。

教师和幼儿之间,更多的是以"教育者"和"受教育者"的角色进行对话。有时候看似表面上的尊重幼儿,诸如:"孩子们,这会儿我们要玩角色游戏啦!想玩的孩子举举手。"这样的对话内容,在幼儿园的一日活动中,并不少见,而幼儿在活动的环节中有主动权吗?能够按照幼儿的意愿去进行调整吗?回答是否定的。因为,幼儿园中幼儿日常生活起居中,也有着严格的作息时间的安排,幼儿需要在教师的启发、引导下,按照幼儿园的合理安排,开展着各类的活动。

长此以往,单向性的交流不仅使幼儿的话语权受控于教师,也使各类活动中互动的氛围,幼儿的主体性、主动性等多方面,不同程度地受到了影响。

3.2.4 重对话形式 轻倾听行为

教师与幼儿之间如果需要真正的了解和相互的理解,教师就需要学会倾听。但是,我们不难发现,在教育教学的活动中,教师与幼儿的对话,有时会流于一种形式。表现为只是摆出了听的姿势,并没有进入到倾听。如:幼儿早上来园时,偶尔会出现情绪的不稳定,会与家长发脾气,对此,教师往往会以说教的方式,或是采取强势的方式,使其恢复平静,却没有真正地与幼儿沟通,了解其哭闹背后的原因。

教师的这一约束、幼儿的行为表现,使得幼儿内心深处隐藏着一种不情愿的但又不得不服从的无奈,师幼对话中出现了貌合神离的现象。这一切也使得我们的教育远离了幼儿,远离了幼儿的内心世界。

因此,真正的对话应该是基于双方双向的理解。从对话哲学的观点出发,只有在对话基础上建立平等的师幼关系,教师和幼儿才能相互走近、相互理解,从而促进幼儿的健康发展。

3.3 师幼对话的价值

师幼对话总的价值是促进对话双方的共同发展,其中更强调的是对幼儿个体的发展。所以,师幼对话最大的价值在于,培养幼儿的语言能力、表达能力、理解能力等。

3.3.1 师幼对话促进幼儿认知发展

师幼对话对幼儿的能力发展有重要作用。师幼对话强调是由双方的互动，幼儿通过倾听能获得更多的词汇和语句，以及更多的表达方式，提高语言的理解能力。师幼对话有时候让幼儿对不同的词汇有了自己更多的理解与表达，有时候也让幼儿学会不只是回答问题也开始愿意尝试着组织问题进行提问。在师幼对话中，幼儿也能对身边的事物有更多的认知，使自己的认识变得更加完善。

案例故事：

3.3.1.1 被摘掉的叶子

运动结束，孩子们一个接一个地回教室，在经过门口的小枫树时，有孩子不经意地去拍打一下，有孩子不经意地去拉一下，轮到昊俊和文轩的时候，由于过于用力有叶子被拉扯下来了，接着树叶就被这两个孩子随手扔在了地上。孩子们陆续进教室了，我走过去捡起了刚被拉扯下来的树叶。

其实，最近相同的现象时有发生，班级里的盆栽会有叶子被扯掉，凤梨花的花瓣被捏碎了。该用怎样的方式让孩子来产生爱护这些植物的情感呢？看来关于这个问题今天必须要和孩子们聊一聊了。

于是，我找到了教室里植物角的一盆绿萝，明显可以看出有叶子被扯掉的痕迹。又从抽屉里翻出了一片邦迪，裹在了绿萝的茎上。接着，我把绿萝又放回了植物角。

孩子们坐到了位置上，我在孩子们前面坐了下来。

我说："听！好像有哭的声音，你们有听到吗？"听我一说，孩子们马上安静下来，专注地开始倾听。接着，我就在教室里面"寻找"。

一边找一边说："让我看看到底是谁在哭呀？"走到植物角，我把绿萝捧了出来，放到孩子们面前的桌上。孩子们意外的发现了，绿萝上绑了邦迪。

我说："哦，原来是这棵绿萝在哭呀！谁知道它为什么要哭？"

"因为它很痛！"小何举手。

我问："你怎么知道它很痛？"

还是小何："因为它包了创可贴，我手受伤了妈妈也帮我这样包的！"灵呼应："对的，受伤了很痛就要哭的。"

我恍然大悟的样子："哦！原来是我们的植物宝宝受伤了。为什么会受伤呢？"

小谢说："因为它的叶子掉了，没有了！"我表示疑惑："这是怎么回事呀？"

马上有孩子互相指证，"是轩上次摘的！""是阳阳上次摘了树叶喂小鱼的！"

"而且小鱼是不吃这个叶子的!"

我说:"哦,我明白了,原来因为有小朋友把绿萝的叶子摘掉了,它很痛的才会哭的! 那现在怎么办呢?"

孩子们说,"包上邦迪就好了!""过几天就不痛了!"

"让我听听绿萝是怎么说的吧!"我假装侧过头去倾听。孩子们都认真地看着我。

"哦,绿萝说,只要以后小朋友好好爱护我,不摘我的叶子,我就会慢慢好起来的。"孩子们听着,一脸严肃。

我又问:"我们要怎么爱护绿萝呀?"

有孩子举手,"不可以摘掉叶子的!""要给它浇浇水的。""要让它晒晒太阳的!""我看到奶奶还会把叶子上的灰擦掉的。"……

我给予孩子们肯定:"是呀,绿萝是我们的植物朋友,它每天看着我们玩游戏,学本领。我要好好爱护它,不伤害它!"

接着,我拿出了之前在门口捡到的红色的枫叶。"你们看看这是什么?"我问大家。

"树叶!"马上有孩子认出来了,"是门口的树叶!"

我说:"门口的小树被摘掉了树叶,你觉得它心里会怎么想?"

孩子们认真地说,"也会哭的!""会有点痛的!""要对它说对不起的!"

我点点头:"就是呀,幼儿园里的大树小树也是我们的好朋友,夏天的时候会帮我们遮太阳,秋天的时候给我们吃好吃的果子(上次让孩子品尝过柿子树上的柿子),我们是很喜欢它们的呀!"

我接着问:"我们要怎么爱护它们呢?"

孩子们马上明白了,"不能摘它的叶子的!""小树会痛的!""不能欺侮它的!"

我笑着说:"看来咪咪班的孩子都是最有爱心的,你们真是植物宝宝的好朋友呢!"

果然,从这一天起,教室里植物角的叶子再也没有被摘下过,操场上走路经过小树的时候咪咪班的孩子也是尽量绕开走,不去碰到小树。经过这次的聊天,咪咪班的孩子都成了爱护植物的好宝宝了。

生活中会存在很多的契机,好好把握这些契机与孩子们对话会让孩子们的内心变得更加美好。最直观感受到绑了邦迪的绿萝的"痛"的时候,关于爱护植物的话题就很走心地展开了。这群小班的孩子开始关注植物宝宝的需要,开始思考自己的行为给植物宝宝带来的伤害。因为这次恰到好处的聊,让咪咪班的宝宝们努力地想要做一个爱护植物的孩子。生活中类似的契机还有很多,看老师是否能够敏感地关注到,并用这个年龄段孩子能理解的方式去交流。

(小班,案例提供:陆益)

3.3.1.2 陆老师泰国游的照片

昨天,离园前还有一点时间,正好同事给我拍的泰国的照片拷在了桌面上,于是,跟孩子们说:"暑假陆老师去泰国旅游了,想不想看看!"孩子们都很兴奋地说好。

在打开照片之前,跟孩子们交代:"今天,你们看照片的方式有一点点不一样,看着照片你可以问我问题,问关于这张照片你想知道的事情。"

照片一:泰国皇宫

我打开第一张照片,是一张泰国皇宫的照片。

马上小何举手:"你是怎么去的? 是坐大巴士吗?"马上表扬他,已经学会提问了。接着告诉他:"泰国是在很远的地方,我坐了一架好大的飞机过去的。"

接着,佳钰问我:"这是什么地方?""哦,这是泰国的皇宫!"我告诉她。

"那你们知道皇宫里面住着谁吗?"嘉禄说:"住着人!"我哑然失笑,孩子们也都笑了起来,皇宫的确住着人。接着周子杰举手:"住着穿盔甲的人!""哦,你说的是保卫皇宫的士兵,正好我有这张照片!"于是,把皇宫卫队的照片打开给他们看。

看来,对于皇宫里到底住着谁,孩子们还不是很清楚,于是打算进入下一张照片。这时候,元元还在执着的举手,于是我请他站起来,"元元,你想说什么?"元元用很轻的声音说:"皇宫里住着王子!"哦,终于有人找到方向了,旁边的孩子已经听到了,马上有孩子接,"还有公主!""还有国王,还有王后!"看来孩子们都知道呢,只是缺少了一点引子。

于是,告诉孩子们:"曾经的泰国皇宫里住着国王、王后、公主、王子等,可是现在的泰国皇宫只是一个旅游的景点。"

照片二:曼谷丛林里的大象

接着,第二张照片,是丛林里的一头大象。

看到大象有孩子叫起来,"野生动物园我也见过大象的!"我说:"在泰国,大象是很常见的一种动物,人们很喜欢大象,也很尊重大象。大象会帮助人们做很多事情。"

然后,我告诉孩子们,我在泰国还骑过大象呢。延霖问:"那你骑在大象的背上害怕吗?"我回答他:"你这个问题问得真好! 因为是第一次骑大象,大象走路的时候背又晃得很厉害,我坐在上面害怕极了,手紧紧抓着扶手,到最后下来的时候,手心都是～"我停顿了一下,铭铭接上来:"都是红印子!"哈哈,其实我说的是汗啦,但是铭铭接得很好呢,于是我对铭铭说:"嗯,被你猜对了,好多的红印子,还有好多的汗!"

刚说完,嘉禄举手了,他问:"你那么害怕为什么还要骑呢?"我一愣,还真是不能小看了这帮新中班的孩子。我整理了一下思路,回答他:"嗯～,那是因为我想挑战一下自己,说不定经过这一次,下次再做同样的事情的时候我就会勇敢起来了呢!"嘉禄笑了,笑容里有赞许。

照片三:芭提雅的水上市场

第三张照片是拍的水上市场的夜景,水面上的房子和水里的倒影互相辉映,房子的前面是双龙的雕塑也打着漂亮的灯光。

看到照片,若琳问:"为什么这个房子那么漂亮?"我问其他孩子,"你们认为呢?""因为有灯光!"孩子们说。

我引导孩子们关注房子造的位置:"你们有没有发现,这个房子是造在哪里的?"马上大家都注意到了,房子是造在水上的。梓祎说:"为什么他们要把房子造在水上啊?"我把他的问题给其余的孩子:"你们认为呢? 为什么他们要在水上造房子?"妞妞说:"因为这里的环境很好的!"菲菲说:"因为水里不脏,很干净的!"铭铭说:"因为水里会有房子的影子,很漂亮!"小家伙还观察得蛮仔细的呢。

诗云问大家:"你们知道为什么这些柱子都是方方的呢?"看着诗云得意的表情,有点觉得她是心里有答案的。没有马上让诗云公布,而是又一次把她的问题抛给其他孩子。

小何猜:"可能是方方的更加牢固吧!"文轩说:"也有可能是方方的建造起来更加方便!"东子说:"我觉得是因为好看!"听着伙伴们的回答,诗云只是摇头。

孩子们更加好奇了,我说:"我知道答案,但是不知道是不是和诗云想的一样,我们听她说一说吧!"诗云得意极了:"我爸爸他也去过泰国,我家里也有这个地方拍的照片,他告诉我说柱子做成方方的是为了防止蛇爬到屋子里来!"听诗云一说,有孩子更加糊涂了,文轩说:"这和蛇爬不爬上来有什么关系吗?"班级里的小博士葱葱恍然大悟了,补充诗云的回答:"我看过动物百科全书,书上说蛇对于圆形的柱子会更方便缠绕。"终于,大家都恍然大悟,并且也为泰国人的聪明赞叹。

准备看后面的照片时,接孩子的家长陆续地来了,孩子们的注意力一下子分散了。于是,和大家约好,下次再看再聊～～

在教学活动中,尤其是一些探究类的活动中,我们希望孩子有问题意识,我们也会偶尔埋怨我们的孩子不会提问。也许是因为孩子习惯了作为被提问的对象,也许是没有找到一个对孩子来说很愿意去参与提问的事件。今天"陆老师的泰国游照片"似乎为孩子们打开了一扇门,围绕照片展开的谈话过程,每个孩子都那么新奇,那么愿意参与。就像很久以前看过的应彩云老师的活动"老师的故事",她让孩子们看着老师的照片提问,也收到了很好的效果呢。因为毕竟,老师对他们来说就如这一张张来自泰国的照片一样,充满着神秘感呢。看来,如果想让我们的孩子"学会提问",我们就要试着从这些孩子可能感兴趣的小事情开始,让孩子真实地享受寻找答案、收获答案的快乐吧!

(中班,案例提供:陆益)

3.3.1.3 孤单

《树和喜鹊》的散文诗是这样描述的:

从前,这里有一棵树,树上只有一个鸟窝,鸟窝里只有一只喜鹊。

树很孤单孤单,喜鹊也很孤单。

后来,这里种了好多好多树,每棵树上都有鸟窝,每个鸟窝里都有喜鹊。

树有了邻居,喜鹊也有了邻居。

每天,天亮了,喜鹊们就叽叽喳喳地叫几声,打着招呼一起飞走了。天黑了,又叽叽喳喳地一起飞回鸟窝,安安静静地睡觉了。

树很快乐,喜鹊也很快乐。

散文诗有一条从孤单到热闹的线,于是就想是不是可以通过和孩子"聊"的过程让孩子去感悟。

刚坐下来,我对孩子们说:"今天,我要讲一个关于孤单的故事。你觉得什么是孤单?"

文轩第一个举手:"孤单就是一个人待着,没有朋友。"

有孩子说:"就是不开心,心里有点难过。"

小何说:"是很无聊的感觉。"

铭铭说:"就是一个人没有家,没有爸爸妈妈,没有朋友。"旁边的孩子补充:"就是无家可归的意思。"

琳说:"孤单就像三毛,三毛流浪记,三毛很孤单。"

我说:"看来,孤单就是一个人,没有朋友,可能会带给我们不开心、难过、无聊的感觉。"

接着我打开图片,图上是一棵树,树上有一只喜鹊。我说:"我们一起来看看这张图片里面有孤单吗?"

灵说:"这只鸟很孤单。"有认识字的孩子大声说:"这是喜鹊!"

灵接着说:"喜鹊很孤单的。"我问:"为什么觉得喜鹊很孤单?"

有孩子说:"因为喜鹊只有一只!""没有朋友!"

小谢说:"树也很孤单!"我问:"为什么呢?"小谢说:"你看,它看上去很伤心的!"我又问:"除了表情可以看出,还可以从哪里看出来它很孤单?"延霖说:"因为只有一棵树,旁边都没有别的树!"

小何说:"我觉得树比喜鹊更孤单,因为树没有脚,不可以走!"这句话简直催泪,把树的无奈一下子表述出来了。

我话题一转:"那么有没有办法让它们不孤单?"

嘉禄得意地说:"我觉得树可以和喜鹊做朋友嘛!"桐桐严肃地说:"我觉得不行,两个孤单的在一起会更加孤单的!"桐桐的说法让我不禁笑了出来。

小何:"可以让喜鹊飞出去找更多的喜鹊来,也让农民伯伯种出更多的树出来!"

灵说:"还有可能喜鹊会生很多很多的蛋,蛋会孵出很多可爱的小喜鹊,它们会笑嘻嘻地唱歌给树听,它们就会很开心了!"

听灵说的时候,心里就在赞叹她的表述,于是问孩子们:"刚才灵说的这段话里你们有没有听到好听的词?"希望孩子们能除了关注内容还关注同伴的语言表达方式。

延霖说:"她说了'可能',因为这是她猜想的。"

言言说:"她说了'笑嘻嘻'很好听!"我回答言言:"嗯,听她一说笑嘻嘻我就觉得好像看到了小鸟的表情呢!"

若琳说:"还有说了'可爱'!"我接她的话:"是啊! 小喜鹊那么惹人喜爱!灵用了这些好听的词一说,这段话就更加好听了!"

我接着说:"你们想了那么多让树和喜鹊不孤单的办法,那么结果到底是怎么样的呢?"我打开图片给孩子们看,图片上一大片的树林一大群的喜鹊。

小何叫了起来:"哇,真的被我猜对了!"我说:"嗯,其实刚才大家的想法也不错呢。不过这次它们用了你的办法!"(这样说是为了不打击刚才那些参与话题的孩子!)

我说:"那么它们用了什么办法呢? 我们一起来听一听吧!"

读完散文诗,我问孩子们:"你们有没有过孤单的时候?"

三两个孩子举起了手,别的孩子都大声说:"没有!"可能从孩子的角度认为说自己"孤单"是件不好的事情吧。

把手放在胸口,我看着孩子们说:"陆老师有过孤单的时候!"马上更多的孩子举起了手:"我也有!"

于是,请第一个举手的铭铭,铭铭的表情有点严肃:"我的哥哥聪聪和爸爸妈妈去加拿大了,我一个人留在上海的时候我很孤单!"是啊,曾经有蛮长的一段时间铭铭的双胞胎哥哥聪聪和爸爸妈妈去加拿大了,铭铭和外婆留在了上海,没想到这段经历对铭铭那么深刻。

正因为铭铭当时一个人,大家就给了铭铭很多的关爱,于是问铭铭:"那么后来是怎么让自己不孤单的呢?"

铭铭说:"后来,他们回来了我就不孤单了!"看来这段经历铭铭至今仍旧有点介意呢!我说:"所以,那时候陆老师齐老师会更加地爱铭铭啊!"一句话说得铭铭笑了起来。

小何接着我的话说:"齐老师不在的时候,陆老师就会很孤单!"小何的话把大家都逗笑了!我说:"对呀,因为陆老师和齐老师是好朋友嘛!"

有一个小她三岁的弟弟的若琳说:"我弟弟不在的时候我就会很孤单,他不在的时候我还觉得有点不习惯呢!"

我马上说:"虽然有时候会为一些小事和弟弟吵架,但是我们一听若琳说的这个话,就知道若琳真的是一个爱弟弟的好姐姐啊!"若琳不好意思地笑了!

嘉禄说:"我记得有一次,奶奶去买菜了,让我一个人在家看电视,我觉得有点孤单!""可能还会有一点点害怕,是吧?"我问嘉禄。嘉禄点点头。诗云说:"我也有过,后来想想开心的事情,就不会觉得孤单了呢!"我接上:"而且奶奶马上就会回来的啊!这份孤单马上就会消失了,是吧?"嘉禄笑着点点头。

……

最后,我说:"每个人都有孤单难过的时候。当你在孤单难过的时候一定要记得,你可不是一个人哦。你有爱你的爸爸妈妈,爱你的陆老师齐老师,还有大三班的小朋友,这么想了以后呢这种孤单的感觉就会慢慢地走掉了!而且还可以像树和喜鹊一样,想更多的办法让自己变得不孤单!"

每个孩子都有过消极的情感体验,"孤单"这个情绪相信孩子或多或少都有感受过。《树和喜鹊》中"孤单"的呈现是对孩子们关于"孤单"的经验唤醒的过程。所以,以本散文诗作为话题的引出,给孩子一个机会去换位思考:看似在说树、在说喜鹊,其实也是在说孩子们自己。孩子们在表达自己对"孤单"的理解的时候,可以看出他们对于这一感受的认识:没有朋友、很难过、一个人,这些都是平时的体验。同时,随着散文诗的展开,也让孩子们体会到,想一些办法,孤单的情绪也是可以调整和缓解的。在让孩子回顾自己孤单经历的过程中我们也能看出,有的时候家长的一些行为在孩子的心里会留下久久不能散去的印象;所以,这份聊天记录也是给成人看的,指引着我们该怎样小心呵护孩子的情感,让他们更乐观地面对生活。

(大班,案例提供:陆益)

3.3.1.4 小威向前冲

图画书《小威向前冲》用幽默诙谐又隐晦的方式讲述了生命形成的过程。小威就是生命形成之前的那个小精子。看应彩云老师组织过这个教学活动,当时深深地为应老师的设计点赞。于是,在今天午睡前的阅读时间,我准备和孩子们一起来聊一聊这个故事,给孩子们看封面的时候,我用了应老师的一个提问:"这个向前冲的小威你们觉得是一个怎样的小威?"

孩子们非常到位地表述了自己的观点:

蓓灵:一定是个威风的小威!

子晗:他是一个勇敢的孩子!

诗芸:他一定是一个可以面对所有挑战的小威!

梓祎:我觉得他是很有气势的小威!

大宝:这是一个爱探险的小威!

文轩:是一个很有霸气的小威!

仔仔:他是一个有点疯狂的冒险家!

……

大班孩子的词汇很丰富,表达也非常具体。肯定了孩子们的回答后,我开始连贯地将故事读给孩子们听。

在故事的最后,小威不见了,小娜出生了。看着最后小娜跳水的画面,我问孩子们:"你们知道自己是从哪儿来的呢?"

大多数孩子都说,自己是从妈妈的肚子里生出来的,而且是在医生开刀的帮助下生出来的。当然,也有不同的答案。有孩子说:"我是从商店里买来的!这是我爸爸说的。"听的孩子哈哈大笑,说的孩子也哈哈大笑。显然爸爸妈妈的这种敷衍的说法孩子也是在当玩笑话听呢。

接着,我请举手的孩子来说一说。

若琳说:"我是从天上来的。"旁边的诗云笑着调侃:"难道你是仙女吗?"说得大家又一次哈哈大笑。我也笑着说:"哦,对的,每个孩子都是天使哦!"

隽琳说:"我知道我是从一个很小很小的细胞变成的!"没想到隽琳说得这么专业,我有点好奇:"你怎么知道的?"隽琳羞涩地说:"是妈妈告诉我的!"嗯,这是一个不回避的妈妈。我接着问:"那么妈妈还说了什么呢?"隽琳说:"妈妈说,她吃各种好吃的东西的时候,我这个小细胞就会越变越大的。"

二宝已经迫不及待了:"我知道,是妈妈越长越胖,然后就把我生出来了!"二宝的话又一次把我们都逗笑了!我说:"那你的妈妈一定要特别胖呢,因为她同时要生大宝和二宝!"大宝和二宝是双胞胎。一旁的文轩很严肃地说:"只有妈妈是不行的,还要有爸爸的爱才可以!"延霖补充说:"对的,还要结婚!"

孩子们表达着自己对"自己从哪里来"这件事情的认识和理解,小谢听了欲言又止。于是请小谢来说一说自己是从哪儿来的。小谢很爽气,站起来说:"就是爸爸在妈妈的肚子里放了一粒种子,种子越长越大待不下了,我就生出来了!"他一说完,旁边的孩子马上表示了疑惑,桐桐说:"那么这粒种子是怎么放进去的呢?"悦和蓓灵相视而笑:"难道是从嘴巴里咽下去的?"嘉文说:"不行的,会被消化掉的!""呃——"确实是一件让人好奇的事情啊。听着孩子们的讨论,看着孩子们期待的眼神,我说:"这个话题嘛,可能要等你们长大了以后才能慢慢知道哦!"

关于"我从哪里来"这个话题,相信很多孩子都很好奇,爸爸妈妈也都给予过孩子一些答案,从孩子们的回答来看每位家长对这件事的态度还是不大一致的。图画书《小威向前冲》为孩子们揭示了一点点秘密,让孩子们又一次触及到了这个话题。在聊的过程中,孩子们在经验共享,其实答案无所谓,这个聊的过程是孩子们尝试探寻的过程,探寻的过程也是最有趣的过程。关于生命形成的类似的图画书还有很多,可以在今天开启话题的基础上让孩子们慢慢去理解。

（大班,案例提供:陆益）

3.3.1.5 谁和谁好

今天观摩了一个不错的活动,内容是《谁和谁好》,我把这个内容带到教室,和孩子们讨论起来。

我顺手拿起金宝制作的袜子马头,说:"李老师手里有什么?"

孩子们不明所以,奇怪地回答:"马。李老师你要干什么?"

我拿着马头,轻声说:"今天我们玩个好玩的游戏,名字叫'谁和谁好'。我手里拿着马,你们来想想、说说,马和谁好?为什么?"

"这么简单呀!"孩子们吁了一口气,紧接着,踊跃举手中……

李糖稳稳地说:"马和草好,因为马喜欢吃草。"

欣航淡定地说:"马和人好,因为人要骑马。"

我接道:"看来,你们说的都是和马密切相关的东西。你一说出马和谁好,我们都猜到理由了,能不能特别点。"

小黄黄说:"马和鹿好,因为它们都要吃草。"

我说:"你的理由也让我们一下就猜到了。"

西平说:"马和猫好,因为马不会吃猫。"

我笑了:"从糖和西平的话中我们知道马是食草动物。"

小顾说:"马和画好,我可以画一幅马的画。"

"嗯,生活中很多东西上都有马的图案,这个秘密被你发现了!"我说。

小馨站起来,有点不确定:"马和龙好,有一个叫什么……哎呀,我有点想不起了。"

一航猛拍膝盖,恍然大悟:"龙马精神。"

我夸奖:"谢谢一航的帮助,小馨这个有意思,奖一个。"

子聿自信地说:"马和祝福好,因为有很多马的祝福呢。"

"真的,欢迎子聿为我们说说马的祝福。"我拉起子聿。

子聿站到中间,中气十足:"马年吉祥,万马奔腾,马年幸福。"

孩子们情不自禁地鼓掌,一起接上:"马上开心。"

一航忽然想到些什么,念念有词:"马和羊是好朋友,在十二生肖中马和羊挨在一起。"

小圆圆马上接口:"马和蛇好,十二生肖中马和蛇也是邻居。"

我笑着说:"你倒很会现学现卖哦。"

辰辰有点纠结地站起来:"李老师,谁和谁好中可以说英文吗?"

"当然可以。"我以为辰辰会说到"HORSE"。

辰辰说:"马和 RUNNING 是好朋友,因为马会跑。"

我竖起大拇指:"又一个意外惊喜。"我转向萱萱:"萱萱最近一直给我惊喜,你来说说。"

萱萱强忍住笑说:"马和李老师好,因为现在李老师手里拿着马。"

全班再次爆笑起来。

看着小马笑得都要倒在地上了,我请了小马。

小马说:"马和我好,因为我姓马。"

"对呀,姓名中有一个姓就是马,我们班有马懿明。"小马脑子转得很快。

连宝说:"马和车好,它们加在一起就是马车。"

"嗯,马车既是一种交通工具,也是一个有马的词语。有马的词语可多了,河马,海马,斑马,哎呀,这些都被我说了,看你们还有什么发现。"我进一步拓展。

赵宝说:"马和皮好,因为马身上有皮。"

我否定:"这可不行,马皮属于马的一部分。"

一航笑起来:"肯定不对,赵衍存和赵衍存的皮好,多好笑。"

亦凡想了一会儿说:"有了,马和草地好,马累了可以躺在草地上休息。"

"咦?"我故意将"咦"拖得很长。

果然,孩子们叫起来:"不对,不对,马是站着睡觉的,你错了。"

金宝也附和着:"哎呀,马是站着睡觉的,我爸爸也行哦。"

大家绞尽脑汁,小周说:"马和小马好,因为它是小马的妈妈。"

东旭在一旁嘀咕:"还是马和屁好,加起来就是马屁。"

我听了,说:"东旭,你来说,很好笑哦。"

东旭扭扭怩怩地站起来:"我,我说个其他的。马和游乐场好,因为游乐场里有旋转木马。"又是一个很棒的想法。

卓然有点担心:"马和花好。如果我有一朵很香的花,好闻的花香也会传到马的鼻子里。"

我肯定着卓然的细腻:"嗯,不要以为只有人可以闻到花香,大自然中很多有生命的动植物都有感受的,所以要像卓然一样善待它们哦。"

子丰说:"马和人腿好,因为我们骑马时要用双腿紧紧夹着马。"

我说:"看,子丰还向我们传授了骑马的方法。"……

游戏玩了很久很久,孩子们惊奇地发现:其实万事万物之间都有联系。这就是我们的世界,只要能想到,一切都可以串起来,变成多姿多彩的世界!

（大班,案例提供:李洁）

3.3.1.6 一片"叶"

午睡前,孩子们就喜欢我给他们讲故事,躺在床上静静地听故事,可以让孩子们找到"家"的感觉,能够更快、更安静的入睡。

我开始了今天的故事讲述,轻轻的,有感情地为孩子们讲述着一个关于"树叶"的故事,无意间,发现这个故事让我将孩子们带入了好奇的世界,给他们带来了无限的遐想……此时的我心里想着:"要是这个故事中的情境能够进入孩子们美妙的梦乡,它们又会是什么感觉呢? 小松鼠指着松针叶说:"做一根针,穿花朵。"小兔子拿着香妃叶说:"绕个圈圈来套着玩。"……

午睡起床后,吃完点心,我和孩子们之间开始有了有关"叶"的交流。

"你看见过什么形状的叶子?"

健健说:"钱教师,我和妈妈一起来幼儿园的时候,在路上,我们看见过银杏叶,有点三角形的样子。"

豆豆说:"我也看到过银杏叶的,是在我姨妈家的小区里看到的,我发现银杏叶平平的,有点像我喜欢的手帕。"

秀秀不由自主的说:"我也看到过银杏叶,它像一把扇子,是扇子的形状。"

"是啊! 银杏叶是扇形的。"接着孩子们说的,我自然的将扇形告诉了大家。

子涵说:"我上次和妈妈到杭州去的时候,还看到过荷叶,钱教师,我发现荷叶是椭圆形的。

珈悦紧接着说:"我也看到过荷叶的,荷叶是圆圆的,头上尖尖的。"

子涵着急地也想把自己的发现告诉大家:"你们见过蒲公英吗? 只要用力一吹,它就会飞起来,蒲公英的树叶是方方的,长方形的。"

秀秀说:"我还认识一种树叶叫松针叶,像宝剑一样,直直的。"

悦蓉说:"我觉得松针叶也有点像橡皮筋,细细的椭圆形。"

霖霖说:"我还发现松柏叶像心形。"

子熠说:"松柏叶的样子有点像我们小朋友喜欢吃的蛋筒冰激凌上半部分。"

"那你觉得是什么形状的呢?"我追问。

韬韬急着补充说:"我觉得松柏叶也有点像扇形。"

连这种特别的树叶孩子们都知道,看来他们关于树叶知道得不少呢。

我忍不住夸了夸珈悦:"哇! 我可是第一次听到这样的树叶呢。好想真的能够见到,那就太好了。"孩子们也睁大眼睛,仔细的听着,似乎也觉得有些新奇。

我又将书中的叶子以绘画的形式呈现,提问:"如果你看到这些叶子,你觉得像什么?"

轩轩说:"梧桐树叶像我的手。"

乐乐立刻伸出了手,接着说:"和我的手一样大。"

紧接着,很多的孩子都伸出了自己的手,和梧桐树叶的形状比较了一番。

轩轩又说:"梧桐树叶我和妈妈来幼儿园的路上,经常会看到,我看上去更像一架飞机,从天空中飘落下来,就像飞机降落一样。"

萱萱说:"我看到桑叶就觉得像一把雨伞。"

天亦说:"我觉得松柏叶像一个爱心一样。"

我继续提问:"如果你真的有一片叶子,你能用叶子来干什么呢?"

玥玥说:"如果我把圆圆的荷叶卷起来,就像话筒,可以放到我们小剧院唱歌的时候用。"

正巧有家长为了配合我们的主题活动,有亲子画的荷叶,试着让悦蓉尝试变成话筒,还真的唱起了歌呢!

文允说:"如果我有一片荷叶的话,我会在荷叶的中间加上一根长长的松针叶,就变成了梨。"

苗苗说:"如果我有一片梧桐树叶的话,我会在树叶上加上一根绳子,把两片树叶用绳子连接起来,就能变成一副手套。"

圆圆说:"我最喜欢玩陀螺,如果把松针叶放在圆形的荷叶的中间,就能变成陀螺转盘了。"

我忍不住竖起大拇指夸了她:"好厉害,好厉害,原来还可以让两种不同形状的树叶做好朋友,变成自己喜欢玩的玩具。"

倩怡说:"天气好热啊!我觉得可以把银杏叶当成扇子来扇,反正它就像一把扇子一样的。这样的话,温度就会很快降下来,就会变得很凉快。"

豆豆说:"如果我有一片荞麦叶,我就想把它当作一把铲子,可以造房子的时候用上它。"

其实,在孩子们的眼中,一花一草都觉得是那么的新奇,他们会对所有的事物产生浓厚的兴趣。只要每个孩子睁大眼睛,看到外面的一切都是那么新的篇章,就连一片普通的树叶,他们都觉得是那么的可爱。这一片片树叶,就如同一个个不同的图形世界,生活里的方方圆圆,自然界中的长长短短,有趣的直线、好玩的曲线……帮助孩子们探寻着,寻找发现更多的圆,更多的方,更多的美……

书中没有讲完的故事,会在孩子们的心里、眼里不停地讲下去,孩子们更是在交流中,共同分享着同伴眼中的发现和世界。或许,这样的自由交流远比一节集体活动来的更愉悦,更放松,更能张开自己想象的翅膀,在想象的空间中自由的翱翔……

（大班,案例提供:钱月红）

3.3.2 师幼对话培养幼儿思考能力

教师经常与幼儿进行对话,在对话中产生疑问、怀疑、反思,有利于幼儿形成敢于辨析的思维模式。师幼对话是基于幼儿前期的经验和体会,让他们在真实的情境中进行思考,培养孩子敢于质疑的辨析性思维方式。幼儿在与成人的交往与对话中,能正确地认识和评价自己,对事物的看法也更为全面。

案例故事

3.3.2.1 英　雄

下午临放学前走进班级,男孩羽一脸不高兴,捂着手臂走到我面前:"陆老师,文轩打我!"我说:"哦,我知道了!"

羽坐回桌子前面,文轩坐在他隔壁,我走过去,问文轩:"怎么回事啊?"文轩说:"他说想当英雄!"

羽有点迫不及待地抢白:"我不想当英雄的!"

我接羽的话:"为什么不想当英雄?每个男孩都想当英雄的啊!"

看我们在说话,旁边的二宝、顺毅、皮皮都把耳朵凑过来了。因为教室里比较嘈杂,他们很想听清我们的对话。

于是,我转头顺口问:"二宝,你想当英雄吗?"

二宝点点头说:"想的!"

我又问:"顺毅,你呢?"

顺毅说:"我也想当英雄的!"

接着我转头问文轩:"你想当英雄哦!"文轩看着我点点头。

我又问羽:"你看,男孩都想当英雄的嘛!羽,你呢?"

羽看着大家小声说:"其实我也想的!"

"好的。"然后我问文轩:"那么刚才到底是怎么回事?会发生打人的事?"

文轩严肃地说:"英雄是要付出代价的!"

我惊讶了:"什么代价?"

文轩有点不屑:"无论什么代价!哼,他竟然还找陆老师搬救兵!"文轩的较真样让我差点笑出来,看来英雄要经得起打啊!

我说:"你的意思是羽要当英雄就要承担被你打的代价吗?"文轩竟然点点头。终于明白是怎么一回事了。

于是,我又问:"你们知道哪些英雄?"

孩子们说:"超人!""奥特曼!""警察!"……看来这些都是大家公认的英雄角色。这时候,顺毅说:"上次我看到新闻里说有一个小孩从楼上掉下来,后来楼下的叔叔用手托了他几个小时,最后终于得救了。妈妈说那个叔叔是英雄。"

我看着孩子们:"看来,英雄有的是很了不起的有超能力的人,有的是就在我们身边的普通人。但是他们都有一个共同点,你们知道是什么吗?"

孩子们互相看了看说:"好人!"

我说:"嗯,大家都觉得英雄是好人。那么你们知道一般英雄都做些什么事情吗?"

有孩子说:"英雄是打坏人的!"羽连忙补充说:"我又不是坏人咯!"

大家又说:"英雄是会救人的!""我看过英雄看到有人抢钱的话会帮人家把钱抢回来的!""英雄是保护好人的!"……

听孩子们说完,我看着文轩说:"那么,如果不分好坏随便打人的话应该肯定是不能成为英雄的吧!"

文轩没接我的话,而是问我:"那么我以后会不会有超能力?"

我笑着肯定地说:"应该一直做好事的话就会有的吧!而且一直做好事的人,即使没有超能力他也会是我们心目中的英雄。"接着我又在文轩耳边悄悄说:"不过以后你要是有超能力了可不能随便讲出去哦!"文轩点点头!

我回过去,看着旁边这几个男孩:"希望你们以后都成为英雄!"这五个男孩子都坚定地点点头。

在每个男孩子的心里应该都会有一个英雄梦,今天在这个小冲突后和孩子们的聊天中就能看出来。但是,随着孩子们的慢慢长大,有的时候将自己的梦想说出来会觉得有点羞涩,这可能也是羽一开始说出来后来又极力掩饰的原因。对于"英雄"的认识,在这个年龄段的孩子心中也是有一定的经验的,孩子们会将自己崇拜的一些人视为英雄,或者受大人价值观的影响拓展对英雄这个人群的认识范围。但是,也有孩子对于英雄行为的认识是比较单一的,比如文轩,他可能听说过"英雄是要付出代价的"这句话,但是在理解表现的过程中会有偏差,演变成了一种攻击行为。所以,今天老师和这几个孩子之间的聊的过程,既是认可和保护这群男孩的"英雄梦"的过程,也是让孩子之间对于"英雄"这个概念互相补充的过程,使孩子们对于英雄的认识趋于完整。

(大班,案例提供:陆益)

3.3.2.2 小学什么样?

孩子们马上就要毕业了,今天参观小学回来的路上,和孩子们慢慢地走着。妞妞对旁边的希希说:"小学的厕所怎么和幼儿园的不一样啊? 我觉得有点害怕呢!"幼儿园的厕所是小马桶,参观的那所小学的厕所是长长的水槽,可能对胆小的妞妞来说有点担心会掉下去吧。希希回应:"我觉得小学也太大了吧,我真担心到时候找不到我想去的地方。"听希希这么说,旁边的圣铭也接上话开始说自己的担心:"妞妞,我们以后不是读一个小学的啊!"两个孩子是好朋友,可能圣铭在舍不得和妞妞分开呢。

午餐后,孩子们围坐在我的身边。我说:"马上你们就要去读小学了,今天我们就来聊聊小学吧!"

话题一:小学会有很多的作业吗?

谦谦说:"我知道,小学会有很多很多的作业。"孩子们也给予呼应。

于是我问大家:"你们也这么认为吗?"阳阳说:"对,作业很多我感觉麻烦。"

东东补充:"对的。我今天参观的时候就看到哥哥姐姐桌上有很多的作业的。"我问:"那么你都看到哪些作业本呢?"东东说:"有拼音,听写,还有数学、汉字什么的。"

我说:"嗯,确实内容有点多的。那么为什么要学这么多的内容啊?"妞妞说:"为了让我们变得更加聪明呗!"我回应:"是哦,学得越多懂得越多。可是如果有很多作业可怎么办呢?"

文轩说:"我有一个办法的,就是再多也要坚持做完!"表决心似的态度让孩子们哑然失笑。

圣铭说:"我觉得要动作快一点,这样就可以用多下来的时间玩 IPAD 了。"我肯定说:"重要的事情先做,这样多下来的时间就可以自己安排了。"

妞妞说:"如果在学校里面,先把作业做掉一点就可以少一点了。""不行不行,这样学校里玩的时间就没有了!"妞妞的说法引起了几个男生的反对。

佳佳说:"我觉得不是这样的,上次我面试的小学,我问的,老师说作业不多的。"孩子们一听笑了。

我说:"看来,作业多不多每个小学都是不一样的呢!"我转向所有的孩子:"不过,作业不管多不多,我都同意刚才圣铭说的,就是要抓紧时间,重要的事情先做,同意吗?"孩子们点点头。

话题二:和好朋友分开了很难过怎么办啊

博儒说:"我有一个不开心的事情,读小学了,我就要和大家分开了。"这个脆弱男生一边说,一边还红了眼睛。

坐在旁边的妞妞搂着他的手,说:"我会给你打电话的啊!"我说:"嗯,妞妞会给博儒打电话的,还有谁也会?"孩子们都表示会。

大家都安慰他:"如果你想大家的话,你可以打电话的。"文轩说:"我们可以微信上聊,还可以视频聊天的。""还可以上 QQ 的。""我们住得那么近,放学后还可以一起玩的嘛!"博儒的表情随着朋友们的话越来越舒展,最后变得笑眯眯的了。

我说:"你们看,大家一说,不高兴的事就变成高兴的了。这样吧,陆老师给你们每人准备一本联系本,你们可以将好朋友的号码记下来,这样联络就更加方便了。"终于,博儒满意地坐了下来。

话题三:早上要迟到怎么办?

若琳说:"我有一个不高兴的事情,小学的时候,要起很早很早。"说话的若琳是班上那个经常迟到的孩子,同样经常迟到的嘉嘉也表示有同感。

我说:"对呀,小学要上课,肯定要在规定的时间到校。那么,我们一起帮他想想办法,怎么才能不迟到?"

每天第一个来园的诗云得意地说:"晚上一定要早点睡觉啊!"文轩建议:"可以定一个闹钟,很早很早起来的,比如 5 点钟什么的。"

我说:"嗯,果然人多办法多,一个早点睡,一个定闹钟,还有办法吗?"菲菲说:"还有就是早上做事要赶紧!"我接菲菲的话:"菲菲说了赶紧,那么到底哪些事情是要赶紧的? 会让我们不迟到呢?"孩子们畅所欲言:"赶紧起床!""赶紧刷牙!""赶紧洗脸!""赶紧理书包!""赶紧吃早饭!"听出来有问题了,于是我说:"说了这么多的赶紧,有一个赶紧要讨论一下,早上赶紧理书包,你们觉得有问题吗?"孩子们面面相觑,这时候诗云恍然大悟似地举手:"书包是要前一天理好的啊!"我马上表扬她,然后问其余的孩子:"为什么?"聪明的孩子们马上想到了:"作业做完就要把书包理好啊!"

我告诉孩子们:"读小学了,很多事情要更有规律了,哪些事情前一晚做,都要仔细分配好。早上时间很短,需要做事抓紧时间,这样才能保证不迟到!"

话题四：怎样才能交到新朋友？

乐乐："我觉得很高兴的就是,能到小学里去见到新的好朋友。"我说:"读小学有很多高兴的事,这就是其中一件！那么怎么样才能够有新的好朋友呢？"

冰雨说："跟他打招呼。"我问:"怎么打招呼呢？"冰雨说:"Hello！"我调侃说:"恭喜冰雨交到一个外国好朋友！"孩子们都笑了起来。

妞妞说："可以跟他说很多好听的话。""比如说呢？"我追问。妞妞说:"比如说你长得真好看啊,或者说以前幼儿园里开心地事情啊,做的游戏什么的！"我伸出右手,和妞妞握手,同时说:"这个朋友听了一定会说:'妞妞我愿意和你做朋友！'"妞妞有点羞涩地笑了。

孩子们一看都跃跃欲试,佳佳说："还有一个办法就是,跟他一起玩,比如画画什么的。"我问:"那么怎么说呢？"佳佳小声地说:"我跟你一起画画好吗？"我点点头:"嗯,佳佳交到了一个爱画画的朋友,恭喜佳佳！"

下一个终于请到文轩,文轩激动地说："我会问你喜欢吃什么东西什么的。"我看着文轩胖胖的肚子,笑起来:"文轩交到了一个喜欢吃好吃东西的朋友！"孩子们听了都哈哈大笑。

轮到诗云了,她说："我会跟大家说,你好,我叫诗云,你叫什么？""嗯,对的,交朋友千万不要忘记介绍自己呢！诗云一定会交到一个有礼貌的朋友。"

这时候,莫言有不同意见呢："我觉得如果你一直表现很好的话,老师就会表扬你,自然而然别人就喜欢跟你做朋友了啊！"不禁为莫言的想法鼓掌,不一样的角度,但是又非常有道理。"不错,如果你是个大方、善良、懂事的好孩子,大家都会喜欢你,都会愿意和你做朋友的呢！看来交朋友的方法有很多,希望你们到了小学很快会有新的好朋友哦！"

孩子们关于小学的想法还有很多,看看差不多到午睡的时间了,于是和孩子约好以后再来聊。

作为老师,我们总是想为孩子努力营造一个关于小学的美好形象,希望孩子也都能够心生向往。但事实却是:愿望很美好,现实很无奈。通过今天的聊让我知道,对于小学生活,孩子们还真的是有自己的担忧呢。这份担忧需要一定的通道去排解,需要有人去耐心地聆听。对于小学的错误认识给予解释,对于担心的问题大家一起出出主意。就是在这样聊的过程中,孩子们的心态越来越淡定,对于小学生活也会坦然地接纳。

（大班,案例提供：陆益）

3.3.2.3 骆驼之死的启示

在孩子期待的眼神中,我缓缓地打开PPT,孩子们激动地叫了起来:"啊,是骆驼。""上面还有一句话,'骆驼之死',骆驼要死了吗？"

我连忙提问:"你们觉得这只骆驼是怎么死的?"

东旭说:"老死的吧。"欣航不同意:"我觉得它太渴了,还要不停地走路,最后就累死了。"蕾蕾、云豪、小黄黄觉得骆驼是撑死、饿死或中毒死亡。亿凡的想法很奇怪:"我听过飞蛾扑火,这只骆驼会不会也扑向哪里,然后就死了?"包包和连宝一致认为:"骆驼在找妈妈的过程中累死了。"……

"别急,先让我们来看看这幅图片,只有黑色和白色,待会儿在图片中会出现一种新的颜色,这种颜色就会暗示你骆驼死的真正原因。你猜会是什么颜色?"我让孩子们注意观察画面。

金宝说:"是金色吧? 因为沙漠中有阳光照射,很热的。"

一航和小马同意金宝的看法,不过他们觉得沙漠的颜色应该是红色或黄色。

旸旸说:"是深灰色,现在雾霾这么厉害,沙漠中可能也会这样。"

贝贝觉得应该是灰色,可能沙漠中有很多细菌,这也是导致骆驼死亡的原因。

欣航说:"可能是红色吧? 我感觉骆驼会受伤出血。"

随着孩子的讨论,我播放课件,果真图片上出现了一种新的颜色——红色。红色的太阳,骆驼的脚掌被玻璃划破,红色的鲜血流了出来。

孩子们大叫:"骆驼受伤了。"有孩子补充着:"不过,还好,是一个小伤口。"

"你们觉得这个小伤会导致骆驼死亡吗?"我提出新的问题。

赵宝激动地说:"不会死的,一点小伤没事的。骆驼背上的驼峰里面有很多营养,而且骆驼块头很大,这点小伤对它来说是小菜一碟。"

一航和小黄黄觉得小伤口也是大事情,如果不处理的话,血会慢慢流完。

孩子们争吵起来,最后有 18 个孩子觉得骆驼会死,14 个孩子觉得骆驼不会死。

我继续播放,西平看到骆驼生气地用脚踢飞了碎玻璃,但是由此将脚掌划出了一个深深的口子,欣航发现秃鹫感应到骆驼死亡的信息,飞来了,包包、笑笑看到骆驼的血越流越多,糖宝和云豪看到流血过多的骆驼开始像无头苍蝇那样东奔西窜,辰辰发现骆驼跑到了食人蚁的巢穴……孩子们担心起来:"看来,这只骆驼必死无疑了。"

赵宝还抱有希望:"骆驼不会死的,只要它跳进海里,这些食人蚁也就淹死了。"

没想到赵宝的话引起了大家的反对。

储宝说:"沙漠里是没有海的。"云豪反问:"是沙漠呀,能找到大片的水吗?"萱萱说:"我只听说去沙漠要自己带水,沙漠里就算有水也很难找到。"

赵宝不死心："没有大片的水,一点水也可以把食人蚁冲掉呀。"

淘淘再次反对："沙漠很热,一点水一会儿就被太阳晒干了。"

亿凡说："就算有水,也要走很远。"亦凡担心地说："骆驼还在流血呢,跑这么远的地方,血都流完了。"……

但是不管同伴们怎么说,赵宝坚持自己的想法,觉得骆驼可能不会死。

但是随着故事的发展,最终骆驼倒下了,临死前,骆驼说："我为什么要和一块小小的碎玻璃生气呢?"看着孩子们似有伤感似有感悟,我不禁提问："听到这句话有什么想说的?"

圆圆说："骆驼现在觉得实在不应为刚才的小玻璃生气。"

连宝说："小玻璃带来了大麻烦,还是小玻璃不好。"

一航说："骆驼临死前也想不通,踢碎玻璃的时候怎么会想到自己会死呀。"

小馨和欣航都认为骆驼后悔了,不该踢碎玻璃的。

我接上孩子的话："真没想到,一块小玻璃竟然要了骆驼的命。其实在我们生活中也有很多小事,如果不及时处理,可能将来也会出大问题。你们有这样危险的小事吗?"

一航说："我 4 岁时玩小刀,觉得小刀是玩具,结果把手划伤了。"

小曼深有同感："我 6 岁时手被门缝夹疼了,以后就知道不能把手藏在门缝中。"

小马接上话："我犯了小错误,妈妈要批评我,我用铅笔一挡就受伤了。"

卓然也有这样的经验："一次和妈妈逛商店,我躲在门后面,妈妈差点找不到我。"

乔宝表示在草地里翻跟斗,手掌被划伤,辰辰读英语时被其他班级的小朋友欺负……孩子们表示身边有很多小事可能会让我们受伤,有些很危险,可能会使我们的将来受到影响,所以我们一定要好好保护自己。

旸旸说："我 5 岁的时候没好好学数学,数学很重要的,现在我认真学了。"

糖宝说："虽然骑自行车有点难,但好好学,将来会有用的。"

赵宝开始给我们讲给"小鸡鸡"割皮的重要,包包讲睡觉的重要……好像很多小事倒真的要及时处理哦!

听着孩子的讲述,我开始用心地念这段话:

在遇到不愉快的事情时,

我们更需要放宽心胸,

善待生命、善待他人、善待自己。

成就人生大事,需要有超常的承受力、忍耐力,

小不忍则乱大谋,越是受到委屈时,

越需要冷静、理智，

这样我们才能从容地克服每个困难，走向成功。

忽然之间，教室里很安静，我问："听了这段话，有什么想法？"

一航说："善待生命就是要保护自己，保护身边的朋友。"

乔宝说："遇到不愉快时，尽量要多想开心的事。"

孙宝说："走向成功就是千万不能死，一定要坚持走到那个地方。"

子丰说："克服困难虽然是一件很难的事，但是我们要加油。"

小马说："要相信自己，相信自己能完成困难的事。"

乐天说："遇到一件很急的事情时一定要冷静，不能心急。"

尤利娅说："遇到困难要冷静，越生气越麻烦，要勇往直前地解决困难。"

贝贝说："有很多次，小朋友都会和我抢椅子，我不和他们计较，我自己再搬把椅子就好，不要乱生气。"

赵宝说："善待生命就是要善待自己，保护自己，还有别人的生命，还有各种各样的动物、植物……"

孩子们接上："就是一切有生命的。"

真有些不敢相信，这些话是从孩子嘴里说出来的。第一次看到《骆驼之死》时我也有些失落，一块小小的碎玻璃片竟然结束了骆驼的生命，总觉得无限的可惜，里面似乎有很多的真理值得我们去反省。看着这些生动形象却别具风格的图片，我心底感觉：孩子们会喜欢这个故事。因此，我试着下载了相关的课件和孩子们分享，在课件的最后有一段话，可能有点深奥，因此我今天就静心地为他们朗读了一遍，我想试试孩子听了这段话后的反应，想不到孩子们给了我无限的惊喜，最终这些简单却深刻的道理由孩子的嘴里说出来了！

（大班，案例提供：李洁）

3.3.2.4 **男人和花**

淘淘穿了一件很漂亮的衣服，衣服上缀满小花。淘淘的花令我们无限想象，孩子们看到淘淘的花想到了蜜蜂采花蜜、蝴蝶采花粉，想到超级大的牡丹花、想到奇妙的花香，甚至想到女孩子头上可爱的花夹子……

是呀，每次说到花，我们总会和女孩联系在一起。

今天，想让孩子聊聊"男人的花"。

小黄黄说："男人会种花，会给花浇水。"

一航说："男人会送花给女孩子。"

我说："男人什么时候送花给女孩子？"

东旭急吼吼地说："男人喜欢女孩子的时候会送花给女孩子。"

咪咪淡定地说:"有一种情况,男人一定会送花。"

众幼儿不由自主地问:"什么时候?"

咪咪继续淡定:"结婚的时候呀。"

"哦!"恍然大悟。

乐乐说:"结婚的时候还要送戒指呢。"

我顺着乐乐:"结婚送戒指叫求婚,求婚时会有一个特定动作呢。"

很多男生激动地单腿下跪,举高一只手,我连忙说:"动作不错,还有一句关键的话。"

男生们或羞涩,或激动地说:"你能嫁给我吗?""嫁给我吧。""和我结婚吧。"……

众女生大笑。

我转回主题:"结婚时很多地方都要用到花。想一想,什么地方呢?"

金宝说:"车上会有一捧超级大的花。"我接上去:"嗯,是婚车。"

欣航说:"我有次拿一个小篮子,里面都是玫瑰花的花瓣,新娘走的时候,我给她撒花呢。"

我说:"这是花童。谁做过花童呢?"

一数,班中有 16 个孩子做过花童呢。

亦凡说:"新娘头上也有花。"

结婚时戴花的人除了新娘,还有其他人呢。我细想了一下,说:"对呀,一般来说,结婚时有 8 个人会戴花呢。猜猜是哪些人?"

袁宝说:"新郎胸前要戴花。"

我夸奖:"恭喜你说出了 1 个。"

小马说:"新郎的爸爸也要戴花。"

"2 个。"

乐乐:"新郎的爷爷也要戴花。"

"啊! 爷爷也要戴花吗? 好像没看见过嘛。"我有点惊讶。

辰辰:"新郎的妈妈也要戴花的。"

"不错,3 了了。"接下来,很多孩子开始乱猜,什么叔叔、舅舅、外公外婆……

我开始暗示:"新郎爸爸妈妈戴花了,那么还有谁呢?"

"哦,新娘的爸爸妈妈。"终于凡凡发现了这个问题。

"5 个了,还有 3 个。"我帮助孩子记录着。

一航忽然有所发现:"好像新郎旁边那个拿酒的人也戴花的。"

"嗯,这是伴郎,6 个啦。"

"有伴郎当然还有伴娘。"赵宝说。

"最后一个就是你们刚刚说的第一个嘛。"我提醒。

"新娘!"孩子们终于说满了结婚时需要戴花的人。这 8 个人分别是新娘、新郎、新娘的爸爸妈妈、新郎的爸爸妈妈、伴娘伴郎。

一个有趣的话题,一次有趣的小统计,也许孩子们生活中的统计意识就此萌芽了哦!

(中班,案例提供:李洁)

3.3.2.5 隔壁班的帅哥男老师

最近我发现,每次只要隔壁班的男老师一走过,我们班的几个女孩子会很激动地喊起来:"帅哥男老师,帅哥男老师……"紧接着,会有一大群孩子跟着欢呼起来。

于是,今天中午我让他们聊聊"隔壁班的帅哥男老师"。

我问:"为什么看到隔壁的男老师会这么激动?"

辰辰站起来羞涩地说:"我觉得帅哥男老师戴了一副眼镜超帅的。"

东旭说:"我感觉帅哥男老师的头发有点往上竖着,看上去很帅。"

笑笑说:"我发现帅哥男老师的鞋子也很好看的。"

孙宝说:"其实帅哥男老师的衣服也很帅的。"

淘淘说:"帅哥男老师的脸也是白白的。"

我忍不住插了一句:"我发现你们说的都是帅哥男老师的外表,他的眼镜、头发、什么衣服、鞋子,你们就是'外貌协会'只看外表,哎……"

小曼想了想,回忆着说:"我喜欢帅哥男老师,因为有一次他拍了我的肩膀。"

我惊讶地问:"为什么他拍你肩膀?""这个……这个……"小曼有点说不清。

我问:"为什么帅哥男老师要拍小曼的肩膀呢?"

小黄黄说:"因为帅哥男老师喜欢她。"

小褚说:"因为帅哥男老师觉得她可爱。"

赵宝说:"可能小曼咳嗽了,帅哥男老师拍拍她,咳嗽就会好些。"

凡凡说:"这是在打招呼,连这个都不知道。"

蕾蕾说:"也有可能在和小曼搞搞,好玩嘛。"

乐乐忽然想起什么:"哦,是在保护她。可能她肩膀上停了一只蚊子,帅哥男老师帮她拍蚊子呢。"

我接着说:"好像都有可能。小曼,你想想,到底是什么原因?"

小曼笑眯眯地说:"我坐在椅子上,他过来吓吓我呀!"

"哦!"我们恍然大悟"帅哥男老师真有趣"。我欣赏地看着小曼说:"你开始发现人的内在了,有进步。"

淘淘猛然想到:"帅哥男老师会抱着我转圈圈呢,还亲我呢!"

亦凡也想到了:"他也亲我呢,他还和我们一起聊天呢。"

欣航若有所思地说:"有一次,我们班来了很多老师,帅哥男老师也在里面,就他和我们聊天的。"

一航深表同意,说:"是的,我们聊得可开心了,我觉得他很幽默,很好玩的。"

看来,帅哥男老师还是有很多优点可圈可点哦。

我笑着说:"他真的蛮有吸引力哦。帅哥男老师这么好呀? 没有缺点吗?"

孩子们很认真地想了想说:"其实,他有点凶的。有一次,我们睡觉时还听见他在批评一个小孩呢。"

"嗯,很狠的。""很吓人哦。""嗓门也大的。"……

"不过,可能那个小朋友犯错了还不改正。"超喜欢帅哥男老师的辰辰为他辩解。

"对的,我们不乖时,李老师也要批评我们的。"小馨说。

"李老师很好的。""李老师很漂亮的。"……很多孩子开始帮我说话。

场面有些混乱。

奇怪了,怎么转到我身上了? 我问孩子:"怎么把我和帅哥男老师放在一起比较了?"赵宝说:"因为你们两个本领都很大。"

小馨说:"因为你们两个我都很喜欢。"

一航说:"因为我喜欢看打仗。你们比赛吧,待会儿我们投票。"

孩子们的热情再一次被唤起,他们激动地为自己喜欢的老师拉票。

"哼,才不比赛呢,你们喜欢帅哥男老师,下次,我和他换个班,他来带你们半天,我去带他们班,到时候再说吧。"……

孩子们特别喜欢一个人自有他喜欢的道理。在闲聊中我们发现了帅哥男老师的有趣、幽默、喜欢和孩子一起玩的热情,孩子们对男老师的喜爱也逐渐从外在的吸引到内心闪光点的发现,这可能会给予孩子更多感悟吧。

(中班,案例提供:李洁)

3.3.2.6 恐怖事件怎么办?

3月1日,一群暴徒在人群密集的昆明火车站持刀砍杀无辜群众,造成多人伤亡。说新闻的时间到了,孩子们无比愤慨地说到这件事情,一下子整个教室就炸开了——

"太吓人了,怎么这么恐怖!""被砍死的人真可怜。""我要把坏蛋全部抓到警察局!""以后我不敢到火车站去了。"……孩子们两个一组、三个一群表达着对这件事的不同看法。我稍稍整理了一下思路,示意孩子们安静下来,我说:"这是一件令人想不到的事。有时,在我们身边就会发生这样充满危险的事,让我们试着换位思考一下。如果你当时也在昆明火车站,正和爸爸妈妈一起看着行李,准备回家,突然远处有十几个蒙面歹徒挥着长刀冲过来,你会怎么样?"

一下子几乎所有的手都举了起来,孩子们迫不及待地想表达自己的观点,看来,孩子们或许和家长聊过这件事或许听过家长的讨论。

连宝小心翼翼地说:"钻在被子里,一动也不动,而且要让被子平平的,看上去好像没人一样。"

"咦?被子?"我有点搞不懂。

孩子们激动地解释:"我们坐过火车,有的可以在里面睡觉的。"

"哦,是软卧。可是这件事是发生在火车站,而不是火车里哦。"我进一步解释。

淘淘站起来说:"我和妈妈一起商量过,妈妈说只能朝相反的方向跑。"

圆圆很不屑地表示:"逃?哼!应该要有功夫,这样就可以和歹徒打起来,把他们全部打败!"

"功夫?你有功夫吗?"我问圆圆。

"哎呀……没有,但是我长大了要学功夫的。"圆圆沉浸在自己的世界中。

孙宝提醒圆圆:"你这样来不及的。要是我,我会从包里拿出一个盾牌,旁边都是铅丝,中间有一块很硬的铁板,坏蛋的刀一砍上去就弹掉啦!我现在马上就在家里做好,以后就天天带着,有危险的时候就用。"孙宝双手、双脚比划着,终于说好了他的想法。

"哦,是有一些人,有一种居安思危的意识,经常会在包里放些防身的东西。除了孙宝的盾牌,你们还能想到哪些防身用品呢?"我提出新的问题。

云豪说:"小刀很有用,既可以平时削削水果,也可以在危险的时候攻击坏人。"

亿凡说:"哨子。我一吹哨子,坏蛋就吓坏了,然后就会很慌张地乱跑,结果就撞在火车上了。"亿凡说着,被自己的想法逗乐了,开心地笑起来。

我提醒他:"平时有坏人骗你或和爸爸妈妈走散了可用哨子,这次不行,歹徒都挥刀过来了,你一吹口哨,反而都朝你奔过来了。不过也可作为防身用品放在身边。"

一航说:"平底锅算不算防身的?"孩子们笑起来。

乐乐评价到:"平底锅好,既可以防也可以攻。"

欣航说:"油也好的。把油倒在自己周围,坏人跑到时就会滑倒。"

小黄黄说:"三角钉也行的。撒在周围,歹徒踩在上面也会摔倒。"

赵宝:"要准备一些小武器,这个武器很先进,他们的刀一挥过来,就被削断了。"

尤利娅:"还有双节棍。"

我说:"明白了,就是一些很小但很有用的小武器。李老师看到电视里还有辣椒水呢,往坏人眼里一喷,他们的眼睛就辣得睁也睁不开。看来,防身的东西还是挺多的,小刀、哨子、油、三角钉、各种武器……"

"现在让我们再回到火车站,歹徒挥舞着刀来了,怎么办?"我问道。

子丰说:"我拿着一个催眠的东西对着歹徒说'睡吧,睡吧',可能他们就睡了。"

辰辰说:"我把一样很重的东西往旁边一扔,歹徒被这个声音吸引,然后我就往另一个方向逃。""哦,这是一种声东击西的计策。"我夸奖。

欣蕾说:"我马上把自己最贵重的东西拿出来,放在最明显的地方,然后快速逃跑。"

"哦,先用贵重的东西吸引歹徒,这是……"我一下子有点接不上。

乐乐说:"调虎离山计,用其他的东西把歹徒先骗过去。""厉害!"我竖起大拇指。

金宝说:"我不是有喜羊羊手机吗? 我马上打电话求救。"

小馨说:"马上拿出牙膏,对着歹徒的眼睛用力一挤,然后再逃。"

子聿呆了一下说:"我……我要去找解放军叔叔。"……

马上要去睡觉了,讨论告一段落。回忆一下孩子的各种反应,如果真的遇到这件事,孩子们逃脱的可能性是多大呢? 我遗憾地发现:很大一部分孩子可能还是沉浸在自己想象的世界中。虽然我一直致力要丰富孩子的想象力,但从今天开始,我也发现,我也要重视孩子解决问题能力的培养了。

（大班,案例提供:李洁）

3.3.3 师幼对话促进幼儿情感的发展

在师幼对话中,教师使用积极的情感语言能起到引导和支持幼儿的作用。当幼儿从教师那里获得情感上的鼓励与支持,有利于塑造幼儿健康活泼的性格:"能较好地保护幼儿的自尊心,树立自信心,增强参与活动的积极性。"[①]这种积极的情感交流使幼儿从小就有积极向上的情感,为形成良好的性格打下基础。

---

① 陈朴.感悟对话式评价[J].早期教育,2004(1):33

案例故事：

3.3.3.1 幼儿园,我的第二个家

午餐后,孩子们围坐在一起,聊到了明天的毕业典礼。突然间,赟赟哇哇哭了起来,还不停的叫着:"我不想离开幼儿园,我不想离开钱老师,我也不想离开我的好朋友。"最近一段时间来,这样的情境不止一次的出现,每次聊到这一话题,就会有孩子用多种不同的方式,表达自己对幼儿园的不舍与留恋,每一次也都会有孩子说想要留在幼儿园。

或许,是因为快要毕业了,或许,是孩子们对于小学的生活有些担忧,或许,孩子们珍惜这份三年的师生情、生生情,我也想用我独有的方式,帮助孩子们渡过这一非常时期。

孩子们围坐在我的身边,宽松的氛围,让他们能够近距离的和老师、同伴有心与心的沟通和交流。

"这两天总会看到你们对幼儿园、小伙伴表现出有些不舍。谁来说说,你觉得三年的幼儿园生活中,你最喜欢的是哪些事? 你觉得最值得你留恋的是什么?"

丽豪说:"我最喜欢玩幼儿园的自行车,我可以骑的很快很快。每次到操场上去玩的时候,就是我最开心的时候。"

景皓说:"我和丽豪一样,也喜欢玩自行车的。可是,在玩的时候,我就喜欢和好朋友比赛,看谁最先到终点。"

心怡说:"我喜欢每天和我的好朋友思蕊一起玩角色游戏。思蕊做妈妈,我做她的女儿,我们可以一起到理发店去理发,生病了,妈妈还会带我去看病,反正,我特别喜欢玩,很开心。"

子隽说:"我也喜欢的,而且我喜欢做理发师。因为,爸爸一直带我到理发店理发的,我喜欢做理发师,顾客想怎么打扮自己,我就给她弄什么样的头发,特别漂亮。"

婉琳说:"角色游戏也是我们每天最开心的时候,因为,这个时候,我想玩什么就可以玩什么,我想怎么玩就可以怎么玩,我们遇到困难的时候,还会有朋友可以来帮忙,我觉得这是我最喜欢做的事情。"

聪聪说:"想到我要离开幼儿园,我都要哭了,我不想上小学。因为在幼儿园有我很多的好朋友,还有很多好玩的玩具,每天到幼儿园来我都很开心的。我毕业了,还想回来看看幼儿园,可以吗?"

锦宸说:"我最喜欢吃幼儿园的小点心,小饼干很好玩,又很好吃。厨房的叔叔、阿姨烧的饭菜,比我妈妈烧的好吃多了。"

泽达说:"我最喜欢玩幼儿园的滑滑梯,还可以和我的好朋友一起边玩边捉

迷藏,因为它很大,真的太好玩了。"

思蕊说:"我最喜欢和小朋友一起造房子。因为结构室里的积木比我们家里的多,而且大,颜色也很好看的,可以搭出各种我喜欢的房子,这是我最喜欢玩的。"

诺言立刻激动地站起来大声的说:"而且我觉得我们幼儿园也很漂亮,我最喜欢每天早上到幼儿园的时候,经过那座小桥,很好玩的。"

当然可以,我不停的点头,"欢迎每个小朋友回来,常回来看看。"

玺和说:"我喜欢我的老师。我记得小班的时候,我哭的很厉害的时候,老师抱着我,叫我别哭,就像我的妈妈一样抱着我。我那个时候,就感觉很开心,很幸福,因为老师喜欢我。"

接着孩子们的话题,我描述了他们进小班时的情景。是啊,时间真的是好快,我依稀还记得每个孩子刚入园时的情景,一晃三年多过去了,孩子们个个长大了。我心里庆幸自己陪伴他们度过了幼儿园三年的时间,或许,这也是孩子们对幼儿园恋恋不舍的缘由。

我继续追问:"你们已经长大了,快毕业了,现在你最想为幼儿园做些什么?"

子隽说:"如果可以的话,我想去让爸爸、妈妈买些小鱼来。等小班小朋友来的时候,如果他们想爸爸、妈妈哭了,老师可以带他们到池塘边看鱼,他们觉得小鱼好玩,就不会想爸爸、妈妈了,就不会哭了。"

"哇!好有爱心的子隽,已经想到了新入园的弟弟妹妹了。"我忍不住夸奖她一番。

林泽自己站起来说:"我可以帮阿姨打扫教室,擦桌子、放椅子,阿姨为了我们也很辛苦。"

昕泽说:"我想和我的好朋友一起整理我们活动的地方,因为我们长大了,能干了,让我们的幼儿园更整洁,更漂亮。"

品依说:"我想画些画送给幼儿园,可以贴在墙上,让幼儿园变得更漂亮。"

嫣赟说:"我还会写书法呢。我可以写几个字,送给幼儿园,贴在我们幼儿园的走廊里、教室里,小朋友们肯定会很喜欢的。"

谦君说:"我想再做一次陶泥,很多很多可爱的小动物,以后,可以把这个本领教给弟弟、妹妹,让他们也像我们一样本领大大的。"

宸豫也举手抢着说:"我也会做,谦君我和你一起做吧!"孩子们想通过共同合作,来为幼儿园做自己力所能及的事。

景皓说:"我可以送些小图书给幼儿园。因为,我长大了,又买了很多新的书,原来的那些书我都看过了,也很新的,可以送给弟弟、妹妹们看,有的书还会发出声音,讲故事的。"

......

一年的相处虽然短暂,但是,我从孩子们的点点滴滴的言行中发现,他们长大了,能力也增强了,而且就是这群孩子,一年的时间里,总会给我不断带来一些小惊喜和小体贴。当我发现他们越来越棒,刚准备松口气时,却发现孩子们就要离开我们,离开幼儿园,我的心一下子空空的,心里沉沉的,思绪也乱了,不知该说些什么,想些什么,回忆些什么……有很多的回忆和感动,这些片段我都会珍藏在我的脑海里,铭记在我的心中……

我也希望我的这些孩子要学会去面对这种离别的悲伤,经历了这些,也算是成长了一步。孩子们,当那一天真的到来的时候,我希望你们能勇敢的去面对,笑着去迎接人生的下一个历程。

(大班,案例提供:钱月红)

3.3.3.2 我们会想你的

"嘀嘀嘀,嘀嘀嘀",只见 QQ 头像在不停的闪烁中,点开一看,便有了下面的对话。

"三位老师,晚上好! 考虑到我儿子也需要上幼儿园了,所以,我们为两个孩子买了学区房。为了便于接送,下学期文允可能要转学了。刚刚跟她说这件事,她说舍不得你们三位老师还有小伙伴们,眼泪都出来了,感觉我们这个决定挺残酷的。"这是文允妈妈给我们三位老师的留言。

看到这条信息,对我来说,也是意想不到的,略显突然。于是,有了下面的回复:"这件事对她来说或许一时接受不了,孩子需要时间,可能一时也接受不了这样的事实,明天我会好好安慰她。以后,想老师、小朋友了,欢迎文允常回来看看。"

第二天,趁着午餐后的散步时间,我把这件事请告诉了班中的每个孩子,和他们展开了心与心的沟通和交流。从他们的眼神、交流中,让我发现,每个孩子的感触不同,各自有着不同的想法。

"孩子们,看! 坐在钱老师身边的是谁?"

"文允!"孩子们异口同声的说。

"我们在一起生活、学习了多久?"

"两年。"似乎这样的提问,对孩子们来说,有些奇怪,有的孩子似乎在想,老师为什么要问我们这一个呀?

我接着说:"因为,文允家里的弟弟要进幼儿园了,妈妈有些忙不过来,加上家里买了新房子,于是,文允妈妈做了一个决定下学期要转学,那是前两天刚做的决定。知道这件事后,文允哭了。"就这样,我把事情的经过告诉了孩子们,教室里鸦雀无声,从孩子们的表情、眼神中发现,每个孩子的心里都在想些什么!

我轻声问:"孩子们,告诉钱老师,听到这个消息,你们在想些什么? 能够和大家说说吗?"

苗苗第一个说:"我听到这个消息,我的眼泪也快要掉出来了。"

天亦忍不住走到了文允身边说:"你转学后,我们会想你的,你也要想我们哦!"

歆妤立刻站起来说:"我想,文允转学可能最会想会很想苗苗的,因为她们是好朋友!"

"是啊,好朋友之间会想念。"我补充说。

文允说:"我也会想念大家的。"

宸宸说:"我心里有些不开心,因为文允要转学了。"

天亦说:"文允让我想到了,我读完大班也要去浦西去读小学。我如果和大家分开了,也会掉眼泪的。"

此时,乐乐有些激动,忍不住哭了起来,拉着刁文允的小手,可是,又说不出话来。

"是啊,文允转学了,或许,我们不能像现在一样每天见到她。如果想文允了,有什么好办法吗?"我追问。

好滢马上举手说:"我们可以打电话给她,听到文允的声音就会很开心。"

珈悦接着她的话说:"我如果想文允了,我还可以写信给她。"

豆豆补充说:"如果我们不会写字,就可以用画来告诉文允我们和她想说的话。"

苗苗说:"我们还可以用手机和电脑和文允视频聊天。"

乐乐再次伤感起来,边抽泣边说:"可我没有她的 QQ 账号怎么办?"说完就大哭了起来,情绪有些激动。

我安慰他说:"孩子,别太伤心了。老师一定帮助你,让你有办法知道文允的账号,在你想她的时候,可以聊天。"

乐乐仍然有些伤心……上前牵着文允的手,边抽泣着说:"我……现在……有些……停不下来。"文允上前给了乐乐一个大大的拥抱,让我们在场的每个人,感受到了浓浓的生生情。

奕轩说:"我们如果想文允了,也可以请爸爸、妈妈帮忙把她接回来,跟大家一起玩,就会很开心。"

于是,就有了约定——到我们大班毕业典礼的时候,把文允请回来,和我们一起参加毕业典礼,再次回到我们的这个"家"来。

　　言言接着说："我家里有一个手机的软件，可以把文允的照片翻出来，想她的时候，可以看看。"

　　妤滢补充说："想文允了就可以看看，真的是好办法。"

　　只见文允不停地点着头。

　　因为喜欢，所以有些不舍；因为喜欢，所以一时心里有些难受；因为喜欢，所以不想离开。我接着问孩子们："看你们那么喜欢文允，说说，你们最想和文允说些什么？"

　　玥霖说："我希望你能一直回来跟我们一起玩。"

　　子涵紧接着说："我也是，我希望文允能够一直回来和我一起玩，很开心的。"

　　晟轩说："我会很想念你的。"

　　奕轩接着说："我也会很想你的！"

　　宸宸说："你转学了，要在那里过得很好哟！一定要开心。"

　　江健站起来，沉默了一小会儿，接着说："文允，我喜欢你。"

　　言言说："我喜欢看你笑的样子，很漂亮。"

　　珈悦说："文允，你的大眼睛真好看，我喜欢你的眼睛。"

　　子熠说："文允，我会为你加油的。"

　　苗苗说："你在新的幼儿园，如果有人欺负你，你随时可以回来，我们都会欢迎你的。"

　　霖霖响亮的说："我想，到了新幼儿园，一定要勇敢哦！"

　　然然说："文允，我祝福你越来越漂亮。"

　　说完，我们以自由组合的形式，和文允一起合影，留下这美好的回忆。

　　花儿需要阳光、养分、护理；孩子们需要教育的人、引路的人、疼爱的人；因此只有怀着宽容的心去把爱撒播在孩子心灵的深处，才能让他长得更快、更高。面对发生在孩子身上的事情，我们都应该肩负起责任，还孩子一片广阔的自由天空，还孩子一个健康的心理环境。对于任何的事，都需要给孩子时间，多等一等，多一些循循善诱的引导，或许，他们也会给你一个惊喜，因为教育是一个慢的过程。我们也应该将这一信息传递给我们的家长，共同努力让我们的每个孩子张开翅膀在自由的空中翱翔，飞得更高、更远。

（中班，案例提供：钱月红）

3.3.3.3 爱

　　我和孩子们随意地聊着："最近，李老师发现一件好玩的事！"

　　孩子们一下子激动起来，很配合地问我："啊！咦！噢，什么好玩的事？"

我笑眯眯地说:"我们每次去旅游的时候,很多人都喜欢问当地人'我爱你'怎么说? 哎,你们会说几个版本的'我爱你'?"

所有的孩子一起叫起来:"我爱你!"

我伸出食指:"第一个,普通话版本。"

蕾蕾说:"I love me。"

"第二个,英文。"

子聿有点难为情地说:"吾爱侬。"

"子聿的上海话说的很不错哦。现在已经有三个版本了。"我开始讲故事:"有一次,有个帅气的小伙儿到西藏,他也问漂亮的西藏女导游'我爱你'怎么说,可是导游难为情地摇摇头,没有说。这是为什么?"

乐乐坏坏地笑着:"这个男的太帅了,小姑娘害羞了,不想说。"

小黄黄说:"男的和女的之间,不能随便乱说。"

蕾蕾、萱萱、金宝、赵宝等一致认为:"这个'我爱你',男女之间不能随便乱说,他们又不是夫妻,这是一种表白,要想清楚才能说。"

卓然觉得:"两个人是不同的民族,民族之间不能乱说话。"

欣航觉得:"可能男孩子问的时候,导游正好在回答别人的问题,可能没听到。"

我继续讲故事,揭晓答案:"后来女导游告诉小伙子'在藏族,爱是各种各样的,不同的爱可以用不同的藏语表示,小伙子要说的到底是哪种爱'?"我提出新的问题:"你们知道有什么爱吗?"

尤利娅说:"结婚的爱,爸爸妈妈相互爱上了就会结婚。"

小黄黄说:"妈妈的爱。"

一航很严肃地说:"一家人在一起的爱。"

旸旸说:"对老师的爱。"

萱萱说:"对生病的人也会有一种爱。"我追问:"那是一种怎样的爱?"

很多孩子马上接上:"关心的爱,心疼的爱。"

子丰说:"有好朋友之间的爱。"

小马突然自言自语:"还有对自己的爱。"

我说:"你们说到了对各种不同的人的爱。小马还说到对自己的爱,这个很有意思,说说怎么爱自己呢?"

辰辰说:"要保持干净哦,每天穿干净的衣服。"

淘淘表示:"不要和别人吵架,每天保持好心情。"

连宝深表同意,小大人似地说:"嗯,要好好照顾自己。"

我肯定连宝:"怎么好好照顾自己呢?"

赵宝说:"不能让自己受伤。"

西平说:"不能多吃糖。多吃糖会让自己的牙齿变成蛀牙。"

子聿说:"打雷时,我们千万不能躲在树下,这样很危险。"

萱萱说:"要当心坏人,不能相信陌生人。"

星宇说:"还有自己不能打自己哦。"

蕾蕾说:"要爱护自己的眼睛。"我支持蕾蕾,于是,所有的孩子从上到下,摸了一遍自己的身体,表示要爱护身上的每一个部位。

旸旸说:"我们要学会保持平衡,这样就不会摔跤了。"

一航说:"游泳的时候,不玩水,不玩刀,而且还要穿好衣服,戴上游泳圈等。"

我接上一航的话:"穿好衣服说明我们爱自己还要……"

孩子们叫了起来:"保护自己的隐私,穿好衣服的地方不能给别人看。"

"嗯,那么不会游泳时戴好游泳圈呀等游泳的装备说明……"

孩子们又叫起来:"不做危险的事。"

卓然很理智地站起来:"爱自己还要让自己有更大的本领。"……

看来,关于"爱自己"这个话题,孩子们无论从保护自己,还是让自己变得更强大等方面都挺有自己的想法哦。

我又一次转回话题:"除了爱自己,还有其他的爱吗?"

储宝说:"帮助人家的爱。"

辰辰说:"爱大自然的爱。"

亿凡、东旭等还说到了"真爱的爱";"感动的爱"……

子聿忽然激动地站起来:"还有一种搞笑的爱。"

"搞笑的爱? 你能解释一下吗?"我把问题留给子聿。

子聿回忆着:"我们上次看了《神偷奶爸》,格鲁的爱很好玩的,我看了觉得很好笑。"

"哦,有点意思,你们觉得呢?"我开始问其他小朋友。

孩子们表示"这也是一种爱",是"搞怪的爱""好玩的爱""幽默的爱""奇特的爱"……

我又问:"那么里面的维克多,他的爸爸也爱自己的儿子,可是总是让他做坏事,这又是一种什么爱呢?"

"邪恶的爱""战斗的爱""坏蛋的爱",忽然赵宝站起来有所感悟:"是一种勤奋的爱!"貌似孩子们对爱的感觉越来越多,越来越好了!

我不禁问孩子:"你们觉得李老师爱你们吗?"

"爱!"异口同声,响亮的回答。

"那,我的爱是什么爱呢?"

"关心的爱""保护的爱""安慰的爱""甜蜜的爱""珍惜的爱""深刻的爱""天使的爱""健康的爱""把本领传给我们的爱"……

爱,似乎是一种说不清道不明的东西,可是我们的孩子对爱的感受却非常具体形象,孩子们既能说到不同对象的爱,也能说出不同性质的爱。更难能可贵的是孩子们能从具体的小事中知道怎样爱自己,从一个个故事、一个个情节中发现爱,并能运用不同的词语表达同一种爱,说出不同的爱……让我们直视爱,和孩子们说说不同的爱,也让孩子感受、表现不同的爱吧!

（大班,案例提供:李洁）

3.3.3.4 大吼大叫的爸爸妈妈

今天,想和孩子们一起分享一个故事。

我开始讲故事:有一只小企鹅,和你们一样小,一样可爱,一样有点调皮。每天早上起来小企鹅慢慢穿衣服,慢慢刷牙……终于企鹅妈妈忍无可忍,对着小企鹅大吼大叫。

我话题一转:"你们的爸爸妈妈为了什么事对你们生气过吗?"

"刷",所有的小手都举了起来。

萱萱说:"外公最宝贝我了,我做危险的事外公就会骂我。"

旸旸说:"我在幼儿园犯了错误,爸爸就会很凶地骂我呢。"

尤利娅说:"我写字写得不好,我的妈妈就会很生气。"

西平说:"我爸爸打电话时,我在旁边走路或者说话都会被爸爸骂的。"

乐乐和小马表示深有感受,乐乐说:"我爸爸聊天的时候我插嘴的话,他可生气了。"小马顺着说:"我妈妈和奶奶在说话,我要告诉妈妈一件事,就会被妈妈骂。"

一航伤心地说:"我做错题目,不知道怎么改正,还哭,妈妈就不停地骂我。"

我为妈妈说话:"做错题目,又哭又不知道怎么改正当然要批评。"

一航无辜地说:"我昨天做错题目,改正了还被妈妈撕掉本子。"

"哎呀,我也被撕掉本子!"无数个孩子深表同感。

云豪涨红着脸说:"反正我搞砸了事情,妈妈就会骂我。"

我追问:"你搞砸了什么事情呢?"云豪很无奈:"反正——反正每件事情都要搞砸。"

卓然说:"如果我的拼音写得很丑,妈妈会生气的。"

赵宝说:"我《三字经》念得不好,考试没考好都会被妈妈批评。"

我很奇怪:"咦,读幼儿园又不要考试。"

赵宝解释："我在逸夫小学读拼音、数学,也有两个老师,考试没考100分就惨了。"

"100分,要求很高嘛。"我表示同情。

赵宝扭捏地说："妈妈说,不满90分就要罚。""那还好。"所有的孩子松了一口气。

小黄黄说："我打翻东西妈妈会批评我,不过一般妈妈不太凶我。"

辰辰说："我弹琴弹得不好,妈妈会很凶的。"

蕾蕾说："爸爸在看电视时,如果我调频道,他会发火的。""嗯,看到精彩之处被人调频道有时的确很窝火。"我表示理解。

孙宝说："反正我没做坏事也会被骂。"

这么一说,一下子感觉孩子们其实,其实,真的很辛苦!

我继续提问："爸爸妈妈们怎么生气发火的?"

贝贝："妈妈把我推到门外,哼!"说到这件事,还有点生气呢。

旸旸说："你们看我。"说着,瞪着眼睛看着小朋友,小朋友一下反应不过来,旸旸解释："我爸爸生气时就会瞪眼睛。"

欣航说："我妈妈会拧我的大腿。"边说边拧。小凡凡说："嗯,我妈妈也拧的,不过拧胳膊。"辰辰说："我妈妈拧屁股。"卓然说："我妈妈是打屁股。"

笑笑说："我妈妈把玩具都扔掉,很凶呀。"

尤利娅说："看我,我现在是妈妈。"边说边用手戳后脑勺。

赵宝激动地站起来："对啦,我爸爸专门给我敲'麻栗子'。"

萱萱站起来,一声不响:"你们看看,我妈妈就算放过我还这个样子。"说着萱萱的眼睛斜着看人,一脸的不屑。旸旸边说边做:"对了,对了,我爸爸也这样的。"

连宝站起来打了一下自己的脸："我爸爸直接打耳光。"

小周说："我不乖的时候,我哥哥还把我扔到床上呢。"

一航说："我不乖时,爸爸会不停地抓头,而后也像连宝那样给我一记耳光。"一航边说边学着爸爸双手用力抓头。

哎呀,爸爸妈妈的形象呀,看来全毁了……

我边出示图片边讲故事:小企鹅被妈妈大吼大叫后,一下子魂飞魄散,看,它的脑袋飞到了宇宙里,它的肚子落入了大海,它的翅膀掉到森林老虎的身上,它的嘴巴插在了高山上,它的尾巴就迷失在城市里。

旸旸激动地叫起来："这个故事,我知道,妈妈给我看过的。"

我继续讲故事:它的脚跑呀跑,最后来到了沙漠。不过,幸好妈妈找到了它。哎呀,小企鹅都散掉了,怎么办?妈妈拿来针线,把小企鹅一针一针缝起来,小企鹅的身体终于连起来了。

我提问:"连起来的小企鹅和以前一样吗?"

金宝说:"不一样的,它的骨头长不起来了。"

东旭说:"不一样,因为现在的小企鹅已经很伤心了。"

云豪说:"不一样。缝起来以后就会一直掉,不停地掉,不停地缝,已经不灵了。"

很多孩子纷纷表示:小企鹅已不是从前的小企鹅,因为它是缝起来的,不能动,已经死了。

我伤感地说:"可怜的小企鹅。你们也像小企鹅一样,也经常被大人批评,那你们怎么样呢?"

圆圆自信地说:"我们被妈妈批评后变得自觉了。"

赵宝说:"如果爸爸妈妈一直骂我们,我们也会习惯骂别人的。"

旸旸说:"经常被骂的小孩会变笨的。"

乐乐说:"我每次被爸爸批评后,我会很长时间不笑的。"

一航眼圈都有些红了:"我觉得我可能也会像小企鹅那样魂……什么,魂飞魄散。"

包包说:"每次我爸爸妈妈批评我的时候,我都感觉不认识自己的爸爸妈妈了。"

小凡凡无比煽情:"妈妈批评我时,我觉得心都冷了。"

卓然小小地反对一下:"其实,爸爸妈妈都为了我们好。"

储宝说:"我其实被他们批评后,还是和以前一样,没什么变化。"

尹扬和淘淘表示:"我们每次批评后会改正错误的。"

糖宝说:"我其实也就听着,搞不清什么情况。"

我问:"对于爸爸妈妈批评的话,你是不是一只耳朵进,一只耳朵出呀?"

糖宝不好意思地点点头。

亿凡说:"爸爸妈妈一直批评我,我会狂疯的。""哦,是疯狂吧。"……

看来,每个孩子,或是因为动作慢,或是因为犯了错误,或是因为达不到家长的各种要求都受到过家长的批评,家长也通过不同的方法来表示自己的生气和恨铁不成钢的无奈。大多数孩子都认为故事中的小企鹅已经和原来健康的小企鹅不一样了,它不能动,不能笑,不能成长了。但是面对自己爸爸妈妈的严厉批评,孩子还是表现出了一定程度的理解,而且不同的孩子心理抗挫程度都是不一样的,有豁达,有不在意,有动力,有反抗……不管怎样,像今天这样和孩子随意聊聊可能会让我们看到真正的自己和真正的孩子,而后,家长和孩子可能就可以在各种事件中共同成长了!

(大班,案例提供:李洁)

3.3.3.5 火眼金睛——发现别人的好

我们每个人都有一双眼睛,这双眼睛会让我们发现每个小朋友的不同,但是像李老师这样火眼金睛的人才能发现更多哦!孩子们也想要李老师的火眼金睛,于是,今天我们开始"训练"啦!

训练的第一步就是:发现别人的好。

我鼓动孩子:"火眼金睛,首先要发现同伴的优点,说说你最欣赏谁吧?"

一晴轻轻说:"我欣赏金悦婷,她每天都会带来好玩的玩具。"

我笑着说:"光带来好玩的玩具有啥了不起,关键婷婷会和小朋友一起玩她的玩具,看来婷婷是个会分享的孩子。"

小方说:"我喜欢昕妍,她会帮老师做很多事情,昨天还帮老师贴天安门呢。"

我真诚地说:"嗯,谢谢昕妍和小方一起帮老师贴天安门。"

翔翔激动地说:"我欣赏子琪,他玩斗兽棋的水平很高,是极高哦。"

悠然说:"我挺喜欢金宇,我觉得他的胆子比中班的时候大了。"

乐妍说:"我欣赏佳源,她吃饭可快了。"

小曹显得无比激动,肯定地说:"我最欣赏子峻,他永远不一放一弃!"

"哦? 哪里不放弃了,你怎么知道的?"我追问。小曹淡定地说:"我,我看出来的。"幽默的娃。

冰冰说:"我喜欢曹雨彤,她画画画得很好。"

静好有点紧张:"我喜欢方柯莹,她和我一起玩的。"

想到平时静好经常一个人玩,我有感而发:"哎呀,小方多了不起,虽然小黄平时不太说话,但她发现静好很棒哦,以后你们也多和静好一起玩哦。"我的一席话竟然让小黄无比感动,眼泪都包在眼眶中了。

厚霖说:"我欣赏宇轩,他今天长城画得很好,都得到陆老师的粘纸了。"果真,小黄额头上贴着闪闪发光的小红心。

屠屠碰了一下厚霖说:"我喜欢厚霖,他拼图很厉害的。"

佳颖说:"我喜欢悠悠,她每天都做好事情,帮助老师、画画好、吃饭快!"一口气竟然说了三件好事。

猛然我发现毅轩每次举手,每次请不到后放下手,再举手,我忍不出夸奖:"让我插一句,我欣赏轩轩,他每次举手,就算老师没请到他也不放弃,来,轩轩你说。"

轩轩弹了起来:"我就是喜欢效言。"喜欢没有理由哦。

金宇说:"我欣赏小方,她已经认识很多字了。"

丁子峻表示小池会念拼音;萱萱说尹超天天拿书,很是认真;彤彤告诉我冰冰能唱会跳;小黄说屠屠带来的每一样玩具他都喜欢……哎呀,让我知道了不少小秘密哦。

效言忽然举手:"我欣赏李老师,因为你火眼金睛。"

昕妍恍然大悟:"我也欣赏李老师,你每天都会漂漂亮亮地到教室中。"果然,马上,悦婷说我好看,子琪都说我是美人鱼了,晕倒中……

清清很轻地说:"我喜欢悠悠,每次去'梦想家',她都会跟我一起分享。"

小池说:"我喜欢尹超,今天我们俩玩抛接球玩得很开心。"

小盛紧张地说:"喜欢周佳源,因为她天天带新闻。"

浩文难得举手:"我喜欢翔翔,因为昨天他吃点心慢,没出去玩,在教室帮助老师做事情。"

我肯定道:"对的,做了一个天安门的门洞。"翔翔不满地轻声嘀咕:"是两个门洞,好哇?"好吧,两个天安门的门洞。

聊到这,我猛然发现,好像有些小朋友已经有好几个孩子提到了。于是,我问:"哪些小朋友被别人欣赏了两次甚至更多?"

悠悠、小方、厚霖、屠屠、尹超、小周自豪地站了起来。

"那么,哪些小朋友一次都没被别人说到呢?"我继续提问。

皓文、静妤、乐妍、小张、小宋、小盛、清清、冰冰、一晴、佳颖、萱萱忐忑地站了起来。

"谁能找找他们的优点?"我把这些孩子请到前面。

屠屠站起来,很羞涩地说:"我喜欢一晴,她很漂亮,而且画画画得很好。"

我请屠屠拥抱着一晴,邀请一晴坐好。

丁丁夸小宋大方,会借给他玩具;昕妍夸萱萱温柔;小周又夸小张每天都能早早来园;厚霖夸静妤每天会微笑着向老师打招呼;我夸小盛喜欢看书……欣赏别人的孩子们一个个上去拥抱,将同伴领回座位。

子棋把手举得很高,他响亮地说:"我欣赏佳颖,因为她每天在幼儿园大便!"

所有的孩子大笑起来,停都停不下。子棋和佳颖不知所措了……

我帮助子棋:"子棋的发现很重要,你们很多人发现的优点我们早就知道了,子棋说的这个我倒真的不知道。而且天天大便当然也是优点,不大便的话毒气都留在身体里呢,所以天天大便的孩子也是健康的孩子,而且小黄还是在幼儿园大便,自己搞定一切,多好!佳颖,和我们说说天天大便的秘诀。"

子棋如释重负,佳颖还是有点紧张,最后我们总结天天多喝水、多吃水果蔬菜才能天天排便。

猛然想起,小陆同学还在盥洗室大便,貌似很久了,还没出来。

千呼万唤后,小陆终于出来,大家看着小陆表示:"小陆是个爱干净的孩子。"

那么乐妍呢?想到海狮班孩子的爱哭,我有了新的想法。

让我来说吧,暑假前,乐妍不小心从沙发上摔下来,胳膊处摔伤得很厉害,乐妍一点不哭,缝了22针也没哭,所以现在恢复得很好,多么坚强的女孩呀!

可能我讲得太生动,厚霖听得感动地掉下了眼泪,而当我拥抱着乐妍,让乐妍回到座位上时,孩子们不约而同地热烈鼓掌!

每个人都有优点,让孩子相互发现同伴的优点就会让孩子变得阳光快乐起来。会欣赏别人的孩子会发现:原来每个朋友身上都有我要学习的地方;"被欣赏"的孩子也会变得自信起来,原来别人会发现我的好!我并不是一无是处!今天,我深深地发现,每一个孩子,当听到别人说他的好时都会不由自主,从心底荡漾出最最纯真幸福的微笑哦!

(新大班,案例提供:李洁)

3.3.3.6 心有多美,世界就有多美

一天,我在黑板上画下两颗爱心,一颗爱心涂成黑色,一颗爱心涂成彩色。孩子们好奇地看着我画着爱心,不断地窃窃私语:"咦,怎么有两颗爱心?""天哪,这颗爱心真的是黑的呀。""这颗红色的爱心慢慢变成彩色了。"……

画好爱心,我开始问孩子:"这是……"

"爱心。"整齐而又响亮的回答。

"看到爱心想到了什么?"我继续提问。

孩子们双手捂着胸膛,陆陆续续地回答着:"我们的心。""我们的心在有力地跳动着呢。"

"一般看到爱心,很多人都会想到自己的心,那你们觉得你的心是这颗黑心还是这颗五彩缤纷的心? 请说出你的理由。"我向孩子提出新的问题。

一航说:"我的心当然是彩色的心。黑心是被恶魔邪恶过的心,我的心不邪恶的。"

金宝说:"我也觉得我是五彩缤纷的心,黑心说明人已经死了,我现在活得好好的。"

赵宝想独树一帜:"我觉得我的心是黑心。我看过一部很有名的电影,叫《黑衣人》,他们很强大,把怪兽鲍里斯打败了,我觉得黑衣人超酷的。"

"黑衣人让你想到了黑心。那你觉得黑衣人的心会是什么颜色的?"我笑了起来。

赵宝说:"当然是红色的,怎么会有彩色的心?"

"对呀,我们人的心都是红色的,为什么今天李老师提出了黑色和彩色的心?"我向孩子们提出赵宝的困惑。

小黄黄说:"是一种感觉吧。"

赵宝恍然大悟:"我明白了,彩色的心表示天使的心,黑心是恶魔的心。"

我赞叹道:"嗯,是一种比喻,比如老师觉得小朋友很可爱,像小甜心,不是真的变成小甜点了呀。"

孩子们笑起来。

乐乐说:"我觉得我的心一半是黑,一半是彩色。因为我有时候乖,有时候不乖。"

"哦,那乐乐乖的时候是……"我问。孩子们齐声说:"彩色的心。"

"乐乐不乖的时候是……"孩子们再次齐声回答:"黑心。"

小黄黄说:"我的心是彩色的,因为我最爱彩虹。"

大贝贝说:"我觉得我也是彩色的心,黑心是没有本领的,我本领还挺大的。"

孙宝说:"我也是彩心,我觉得我在家还是挺乖的。"

旸旸老练地说:"我当然是彩色的心,黑色的心是破掉的心,我很健康哦。"

欣航说:"我的心是彩色的,因为我很会画画,每天画的画都是有很多颜色的。"

西苹表示:"黑色的心是烂掉的心,我的心很好,所以就是彩色的心。"

烂掉的心肯定已经很酥了,大家紧张地按了按自己的胸膛,"还好,没有陷下去,跳动得很有力",孩子们放心了,纷纷觉得自己的心就是五彩缤纷的。

我帮助孩子整理思路:"大家有各种理由证明自己的心是彩色的。有时光自己说没用,我们要在一件事中看你的反应,才能判断出你到底是怎样的心哦。"

我继续画画,瞧,这是一条长凳,长凳上有个小女孩,她很伤心。

"你想为女孩子增加些什么吗?"我慢慢地问。

小马说:"我要为女孩子增加一个桌子,这样也可以画画了。"

萱萱说:"给小女孩子加一个小朋友,这样她们就可以一起玩了。"

小馨说:"加一个小朋友,也可以帮助她,她很伤心,说不定是遇到困难了。"

连宝说:"干脆加很多小朋友,一起开个音乐大 PARTY,一起唱歌和跳舞。"

淘淘说:"我感觉小女孩这样坐在凳子上要摔下来了,凳子怎么只有两条腿呢,所以我要加两条凳子的腿。"

"哦,那是李老师画得不够好,我们看上去只看到两条凳子的腿,其实是被挡住了,我再画得好一点,谢谢淘淘的提醒哦。"我连忙为凳子加上"两条腿"。

利娅觉得:"我要为小女孩加一个毛绒小熊,她还可以抱着小熊睡觉呢。"

一航激动地站起来:"小女孩太无聊了,我要给她加一个 ipad,这样她可以开心地玩游戏啦。"

李糖想得很浪漫:"我要加一架钢琴,小女孩可能会喜欢弹钢琴呢。"

欣航的想法很大胆:"我要在旁边加一个大型游乐园,这样好玩的东西就更多了。"

笑要加牌,让小女孩玩打牌,旸旸要加点纸和桌子,让小女孩学折纸……

辰辰憧憬地说:"我想在小女孩后面增加很多树和花,这样多美。"

小周的想法很可爱:"给小女孩头发上加个小发夹,女孩子变漂亮了她会快乐起来。"

圆圆、储宝、小黄黄等要为女孩子加吃的、喝的……让女孩丰衣足食!

到底加什么呢?

我向孩子们推荐一部法国短片,里面有个女孩,她似乎有一支神奇的画笔,她的画笔为我们展示了一个神奇的童话世界! 随着她的画笔,孩子们不断惊叹起来,看到头上长角的老爷爷,孩子们笑了起来"真好笑";看到美少女亲吻着失落的帅哥,他们低下头,喊着"羞羞羞",看到老爷爷牵着会飞的小宠物,他们超级羡慕"我也想要这样一只会飞的宠物";看到女孩身后的房屋变得充满色彩,开满鲜花时,孩子们尖叫着"太美了"……而看到女孩和父母抱在一起时,所有的孩子惊呼"好感动呀,我的眼泪都要流下来了"！孩子们央求我"我们还想看一遍"……

午睡时间到了,带着依依不舍,孩子们不情愿地走进午睡室,和同伴们交头接耳,分享着这部法国短片,辰辰赞道："这个女孩子,用自己的画笔帮助了很多人,真了不起！"子丰憧憬着："她好像是有魔法的,太神奇了。"……我忍不住问他们："你们觉得女孩有一颗怎样的心？"

孩子们的热情再次被激发："一颗五彩缤纷的心！"

我笑了："拥有一颗怎样的心,除了自己能感受到,别人也能从你的一言一行中感受到哦！"

心有多美,世界就有多美！你们相信吗？任何一件事都有正反两面,如果我们经常看到反的一面,我们会逐渐变得消沉,如果我们经常看到好的一面,我们就会永远保持快乐的心态。如果每个人都拥有一颗五彩缤纷的心,我们的世界当然也是生机勃勃、粉彩绚烂,到处充满了真善美！如果想让孩子变得快乐起来,那么我们也要像短片中的 Lila 一样,时刻拥有一颗童话般的心哦！

附链接:法国奇幻短片《Lila》

http://www.vmovier.com/44005? source=weibo&people=user&device=mobile

（大班,案例提供:李洁）

3.3.4 师幼对话促进师幼关系融洽

师幼对话是教师与幼儿互相沟通、理解,以达到共识的过程。教师营造出自由、平等、民主的对话氛围,教师与幼儿在互相敞开、真诚的基础上对话。[①] 平等和谐的师幼关系是师幼对话的前提条件,同时又促进了师幼关系的融洽。

案例故事:

3.3.4.1 齐老师的紫薯糕

昨天逛超市的时候买了一包巧克力,打算今天带来给孩子们分享的。到了离园前才想起来今天忘记带了。

于是,我跟孩子们说："啊呀,忘记一件事情！"

孩子们说："什么事情呀？"

"本来今天我是要带巧克力过来给你们吃的,可是忘记了,明天我一定记得！"

听我这么说,马上有孩子说："我喜欢吃巧克力的！"也有孩子有点失望,说："我想现在就吃嘛！"

---

① 林小佩.师幼对话中关于幼儿教师角色定位的思考[J]沈阳教育学院学报,2010(1):22

我说:"可是,今天没有带巧克力啊,怎么办呢?"忽然我想到,齐老师前两天带来了一些紫薯糕,于是我说:"好像有好吃的东西的,我找找看哦!"

于是,我去午睡房的写字台上去翻。刚把东西拿到孩子们面前,延霖马上说:"这个我吃过的!"还以为他随便说的,我说:"那这是什么呀?""是紫薯做的!"看来小家伙真的吃过的呢!

正想一个个分给孩子们,忽然想到好像可以将这件事情变得很有趣、很有爱。

于是,我跟孩子们说,"可是,这个紫薯糕是齐老师带来的呢,我就这样分给你们吃掉了好像不太好吧! 怎么办呢?"

梓祎马上说:"我们明天会谢谢齐老师的!"小家伙反应还蛮快的呢。

"可是,我不知道齐老师是不是愿意分给你们吃呀! 你们觉得呢?"我又出了个难题。

孩子们都举起手来:

文轩说:"齐老师不会同意的,因为今天有小朋友睡觉很不好!"(* ^__^ *)嘻嘻……文轩就是那个睡觉很不好的孩子呢,看来在自我检讨了。

悦悦说:"我觉得齐老师愿意给我们吃的,因为齐老师喜欢我们!"嗯,看来感受到咪咪班爱的氛围了呢!

颢齐说:"今天吃午饭的时候,有小朋友一直说话的。""那么怎么样呢?"我问。"齐老师会生气的,就不同意给我们吃了!"颢齐很严肃。

刚说完,马上又有孩子反对了,言言说:"齐老师是我们的好朋友,一定会给我们吃的!"看来,经常在班级里说老师是大家的好朋友,有点深入人心了呢。

这时,梓祎说话了:"陆老师,你打个电话问问她吧!"这个主意,马上得到了大家的认可。

"嗯,这倒是个好办法!"我拿出了手机,假装拨号,教室里安静得一点声音都没有。我假装和齐老师通话:"齐老师,我们都很想吃你带来的紫薯糕,你愿意给大家吃吗? ……哦……哦……好的,我知道了!"

我一放下电话,孩子们马上一起问:"齐老师同意吗?""齐老师说——"我拉长语调,"她同意给我们大家吃,因为齐老师说喜欢你们!"孩子们一下子欢呼起来,每个孩子都洋溢着笑脸! 梓祎又说:"明天我一定会谢谢齐老师的!"小家伙的表情特别认真!

接下来,孩子们开心地品尝着紫薯糕,有"爱"的紫薯糕特别的甜呢!

与小班孩子的情感是在一次次的对话、一个个的事件中慢慢地积累起来的。今天的关于"齐老师不在能不能吃她的紫薯糕的问题"就是一个很好的话题。孩子们在这次经历中感受到了要吃别人的东西要经过他的同意,也学着面对问题时的多角度思考,也感受到了老师对咪咪班的孩子们的爱,在品尝紫薯糕的时候那份甜甜的感觉也会让他想着一定要说谢谢。一件小事,因为老师的话题引发,让我们看到了班级有爱的氛围逐步形成过程中的那份甜蜜。

(小班,案例提供:陆益)

3.3.4.2 我的心愿

在新年来临之际,小朋友们对新年有着许多美好的憧憬。或许,他们的愿望简简单单是一本好看的故事书,也许是一条漂亮的公主裙,也许是一个"铠甲勇士"的玩具……也是我与孩子们共同感受、见证成长的过程。

"羊年的新年心愿会是什么呢?"我想知道,孩子们也非常地想知道。于是,我与孩子们围坐在一起,共同交流着、分享着……

"孩子们,羊年快到了,想不想和大家分享各自的新年心愿呢? 你有什么样的心愿想告诉爸爸妈妈、老师们呢?"

孩子们纷纷举起了手来,都想快点告诉自己的好朋友们各自的心愿。

苗苗说:"我希望爸爸妈妈有更多的时间陪我,因为爸爸、妈妈总是回家很晚的,等他们回到家里的时候,我都要睡着了。"

秀秀说:"我好希望妈妈能够在过新年的时候,送我一个芭比娃娃,我想和芭比娃娃一起穿上漂亮的新衣服。"

乐乐说:"我最喜欢看书,而且喜欢看有图片的书,要是妈妈能够在过新年的时候,帮我买的话,我就会很开心。"

轩轩说:"我好希望钱老师能够陪我们一起睡午觉,我们睡午觉的时候,好想你陪着我们,给我们讲故事。"

"那我今天中午你们午睡的时候给你们讲故事,行吗?"我接着说。

"好啊,好啊,哦! 钱老师今天中午给我们大家讲故事啦,我们一定会睡的很香的。"珈悦边拍手,边笑着说。

童童还忍不住拍起了手来。

嘉宝说:"我的新年心愿是能够和我的好朋友苗苗,一起到世纪公园去玩,那边有一个音乐喷水池,很好玩的。"

豆豆争抢着说:"我想让爸爸、妈妈送我一个变形金刚,上次我去看变形金刚的时候,爸爸答应我,过年的时候送给我的。"

天亦说:"我想在过新年的时候,再坐一次飞机,因为在飞机上看蓝天、白云的时候,很漂亮,我和妈妈都喜欢。"

玥玥说:"你们猜,我的新年心愿是什么吗? 我最喜欢吃糖,所以,我很想让爸爸、妈妈能够在新年的时候,给我买许多好吃的糖果,我特别想吃。"

辰辰说:"新的一年里我希望我爸爸、妈妈不那么辛苦,想让爸爸、妈妈多陪陪我。"

文允说:"我也是这么想的,爸爸妈妈每天都要上班,还要接送我,照顾我,太辛苦了。我也希望新的一年里,爸爸、妈妈能和我一起玩,能够更开心。"

"你想吃什么糖呢?"我追问。

玥玥接着说:"我最想吃棒棒糖,而且是水果味的,我最喜欢。"

歆妤抢着说:"我也想吃棒棒糖。"

乐乐说:"我也喜欢的,我的心愿也是想让我的爸爸、妈妈能够给我买棒棒糖,我就真的太开心了!"

我心里想着:"这么一个简单的梦想,为什么孩子们会把它当作自己的新年梦想呢?我能帮助孩子们实现这个梦想吗?"于是,睡前给孩子们讲完故事,利用午休的时间,我为每个孩子买了一根棒棒糖,悄悄的、悄悄的,趁着他们睡得正香的时候,放在了孩子们的枕边⋯⋯待孩子们起床后,玥玥发现了枕边的棒棒糖,惊喜的叫了起来:"啊!我的愿望实现啦!哈哈!"

歆妤立刻瞧了瞧自己的枕边,叫了起来:"我的棒棒糖,我也有了。"

顿时,孩子们都发现了自己枕边的棒棒糖,一个个拍起了小手,脸上绽放出快乐的笑容。

点心后,孩子们围坐在我的身边,我问孩子们:"当你午睡醒来,发现自己的愿望实现了,有什么感觉?心里又是怎么想的?"

苗苗说:"我当时很激动的,我想,就刚才上午的时候和钱老师说的,怎么我的愿望那么快就实现了呢?"

乐乐说:"看到棒棒糖的时候,我就是很开心,很开心的。"

文允说:"虽然我的愿望不是棒棒糖,不过我看到棒棒糖的时候,很开心的,因为我的好朋友实现了愿望,我也得到棒棒糖,很开心。"

玥玥说:"我就是想,是谁给我们的新年礼物呀!后来,看到钱老师笑了,我想一定是钱老师给我们买的,很开心。"

辰辰说:"我就是当时太开心了,口水都差点流出来了。"

天亦很开心,很兴奋的说:"我真的很开心,我心里想,钱老师对我们太好了,就像妈妈一样爱我们。"

霎时,我也激动的抱着孩子们,或许,此刻没有比这更让人欣慰的了,没有比这更让人幸福的了。因为我的一个小小的行为,温暖了孩子们的心,更感动了每一个孩子。因为我们用爱打开了一颗颗纯洁、美丽的心灵。我们给孩子们播种着真挚的、无私的爱,孩子们也使我收获着他们独有的、天真的、纯洁的爱。为幼儿营造一个宽松愉快的环境,和幼儿一起生活、游戏、学习,带领他们走出幼儿园,走向自然,走向社会。教师要成为孩子最要好的朋友和玩伴,用真诚换取孩子们的信任,用爱心呵护他们的成长。

　　一份真诚的关怀,会彻底打动了孩子们的心灵,拉近了师生之间的心理距离,也在无形中让孩子们知道去关爱他人。可能有人认为,教师只要上好公开展示活动、把孩子管好就可以了,没有必要专门花小心思去满足幼儿的愿望。实则不然,我的小小的举动,传递了爱的力量,让孩子们知道如何去关爱他人。而且,还培养了师生之间的感情,增强了教师的影响力。这样的教育契机,真正产生的教育力量,胜过千言万语的空洞说教。

(大班,案例提供:钱月红)

3.3.4.3 争先恐后"想"请客

　　下午运动完毕,孩子们像往常一样排着队,有序的回到教室,趁着他们休息的这会儿,我发现乐乐在排队饮水时,眼睛不时的看着我,让我感觉到,乐乐似乎有话要对我说。于是,我轻轻的来到了他的身边,俯下身询问着……

　　这时,乐乐马上用手挡住我的耳朵,轻声的在我耳边说起了悄悄话:"钱老师,你今天来我家玩吧!我叫奶奶烧好吃的,你肯定喜欢吃的,我请你吃饭。"呵!好大的口气啊!听他这么一说,不一会儿的工夫,许多孩子都争先恐后的来到了我的身边,都争抢着,想邀请我去自己家里玩,这场面可真是很热闹啊!

　　于是,我与可爱的孩子们也开始热火朝天的聊了起来:"看来想邀请我去自己家玩的小朋友还真不少啊。那让我来听听你们的介绍,请你们各自来说说,你们家有什么特别吸引我的地方吗?让我也可以有选择的理由吧!谁愿意来说说呢?"

　　刷,只看见一双双小手都高高的举了起来,我当时真的还有点小激动呢!

　　天亦说:"钱老师,你来我家玩吧。如果你真的来我家了,我会请你吃许多好吃的东西,只要你想吃什么,我就给你吃什么,你一定会很开心的!"

　　"哇!有好吃的东西,有些什么呢?你猜我会想吃什么呢?"

　　天亦立刻接着说:"巧克力、饼干、饮料都有的,而且巧克力是我妈妈从美国带来的。"

　　听说天亦家有进口的巧克力,珈悦边举手边自己站起来说:"我家也有巧克力的,是我和妈妈前两天去香港的时候买回来的,还有小熊饼干呢,你来我家,我请你吃。"

　　然然说:"我们家有意大利通心粉,很好吃的,你来我们家吃好吗?"

　　甫甫说:"钱老师,你想吃什么呢?我妈妈自己会做饼干,甜甜的,你来我家,我让妈妈做饼干给你吃,好吗?"

"给我吃那么多好吃的,会不会让我发胖啊!"我忍不住和孩子们一起笑出了声。

我继续追问:"除了你们刚才说的让我品尝美食、给我做我想做的事之外,还有没有谁能够想出,和别人不一样的,能够让我觉得很开心、很快乐?"

歆妤说:"我们家有个帐篷,你想住吗? 可以住三个人呢,你来我家的话,我就给你搭帐篷,我、妈妈还有钱老师一起住在帐篷里。"

珈悦紧接着说:"我们家还有好多书,你想看书吗? 我可以给你讲很多好听的故事。"

子熠说:"我们家有很多小汽车,你来我和你开汽车,这个六一儿童节,我妈妈给我买了一辆新的遥控小汽车,只要你想让它往哪个方向开,它就可以朝那里开,很好玩的。"

豆豆紧接着说:"我也有遥控车的,很大很大的,是绿色的,只要电池装上新的,就会速度开的很快很快。"

轩轩紧接着说:"你还是到我家来吧,你来了你想看什么电视我就给你看什么电视,我们可以边看电视,边聊天呢!"

文允说:"你来我家吧,我家里有好多漂亮的裙子,我也可以让我妈妈给你去买很漂亮的裙子,好吗? 你就来我家玩吧!"

萱萱迫不及待地站起来说:"钱老师如果来我家的话,我就陪你玩,你想玩的我都陪你玩,你一定会很开心的。"

玥玥说:"我家有很多可爱的芭比娃娃,还有很多漂亮的裙子、衣服。钱老师如果来我家玩的话,我就可以一起和你给我的芭比娃娃穿上漂亮的衣服,真的很好看的,钱老师,你来我家吧!"

瑶瑶不等我请她,就自己站起来说:"如果来我家的话,我可以陪你一起做游戏,躲猫猫的游戏可好玩了,一个人躲、一个人藏,如果你是找的人,找到了藏的人,肯定会很快乐的。"

豆豆没等瑶瑶说完,就补充:"我可以到瑶瑶家,陪你一起玩,我一直去瑶瑶家玩的,很开心的。"

我不停的点头,孩子们热情,让我感到有些小激动。

乐乐这时有点小疑惑,自己站立起来问我:"钱老师,你想好了吗? 去谁的家里玩呢?"

我反问:"去你家怎么样?"

乐乐继续反问我:"确定吗? 真的吗? 说定了?"

我看了看孩子们,又问:"你们觉得,如果我真的想去你们家的话,还需要征得谁的同意呢?"

似乎一时间,孩子们觉得有些茫然,没过多久,苗苗接着我的话题说:"是不是要问问我的爸爸、妈妈?"而后自言自语说:"我爸爸、妈妈一定会同意的。"

第二天一大早,乐乐来到幼儿园,看到我就跑过来说,我问过我爸爸、妈妈了:"爸爸妈妈们都说,欢迎钱老师来我们家玩。我说的吧,我爸爸妈妈一定会同意的。"说完,还很得意的摇着头,接着,他继续问我:"钱老师,你想好了吗?什么时候来我家玩呢?"

我很兴奋的笑着对乐乐说:"看来你非常想让我去你家玩啊!"

"是啊,是啊,因为我喜欢钱老师。"似乎,这句话中,也道出了许多孩子们的心声……

从孩子们与老师的对话交流内容中,我们不难发现,学会关注,学会倾听,我们就可以近距离的走进孩子们的世界,从中,了解孩子们的生活,了解每一个孩子,或是他们的喜好、或是他们内心世界,往往孩子们向我介绍的最想满足我的事,也都是他们心里非常期盼、渴望做的一些事,或许,今天聊天中,孩子们觉得能够邀请老师到自己家里去,还能够满足他们各自的愿望。

作为教师,我们无时无刻在与孩子们的交流中,能够感受到做老师的幸福。每一个孩子都是那么天真无暇,每一个孩子都是那么的用心爱着自己的老师,我想我们教师更多的需要思考:我们又能为他们做些什么呢? 我们又能够如何用自己独有的方式,去满足孩子们的所思、所想、所需,我们又能为我们所爱的孩子们做些什么? 这或许是我们当下教师所需要思考的……

(大班,案例提供:钱月红)

3.4 师幼对话与教师成长

当教师以平等、尊重、真诚的态度与幼儿对话,听取幼儿的各种表达(语言与非语言表达)内容时,我们会发现幼儿与教师交流、对话、互动的过程中,无形中能够有效地促使教师不断地反思、调整自己的教育行为,从而使自身的专业素养得到不断的提升与发展。对话,给予了教师更多专业成长的拓展,加快了教师的迅速成长,提升了教师的专业素养。

3.4.1 对话有助于教师形成正确的教育观念

在每个人交流的过程中,教师与幼儿都应该明确各自的角色定位[①]。教师在与幼儿对话的过程中,既可以教师的身份,也可以朋友的身份回应,不同的角色,能够恰当的推进对话的深度,幼儿会在不同的阶段、不同的背景下,表现出

---

① 张青允.幼儿教师倾听行为探析 [J]. 教学导刊.2007,(7)(下半月)

更为真实的真情流露。有时候，教师一个俯下身的倾听与对话，则能够让教师关注到幼儿的眼神、表情和姿势，如果需要读懂幼儿，走进幼儿，则需要在交流与观察的过程中，去关爱身边的每一个幼儿，去了解幼儿的不同的需求，去不断地发现他们的所思、所想，不断地去了解幼儿的个性特点，从而尊重每一个幼儿的独特性。

我们常说：蹲下身子看孩子，会给我们收获。在蹲下身子后，我们就能会发现孩子身上有许多新的或看不见的东西。这里蹲下来与幼儿交流，虽是空间上的距离，但本质上是给了幼儿一个平等。就是这一些看似非常细微的行为表现与变化，却能够实实在在地帮助每一位教师，能够更好地树立自己正确的儿童观。①

3.4.2 对话有助于促进教师的专业不断成长

教师与幼儿之间的对话，其实质是为了更好地促进幼儿更全面的发展和提高，同时，又促进教师的专业成长。教师的专业发展是一个持续、长期的动态的发展过程，它需要在一个动态化的环境和氛围中，在与幼儿有效的互动过程中，促进其自身专业自觉、专业素养和专业技能得到不断地提升。

在幼儿一日活动中，教师所组织的活动面对不同的幼儿，与幼儿的每一次回应都会有所不同，对话中回应的有效性直接会影响到幼儿对于新知识、新技能的获取。教师需要在与幼儿对话的过程中，以最快的速度用心的去发现幼儿的兴趣点和最近发展区。一次次的对话、一次次的交流、一次次的互动，都需要教师能够在这一过程中，不断地去调整自己的角色定位。也正是因为教师在与幼儿对话的过程中，所面对的交流对象有其特殊性，因此，教师需要采取适宜的行为和对话的艺术性，借助于对话，能够透过表面的言语，走进幼儿的心灵世界，走进幼儿的内心，拉近教师与幼儿之间的距离。

可以说，有了教师与幼儿之间的对话，帮助教师实现了专业成长的理想，即教师专业知识的建构、教学问题的解决、成果经验的凝练等等。在实践的过程中，教师能够不断地积累自己与幼儿之间对话的经验，在行动中不断地满足不同幼儿的不同需求，运用自身所具有的教育教学的有效机智，做到观察每一个幼儿，抓住每一个教育契机，从而达到教育智慧生成的结构。②

3.4.3 对话有助于提升教师有效的反思能力

教师与幼儿之间对话交流的技能，是教师日积月累的一个过程。因为，每

---

① 朱红梅.浅谈倾听幼儿心声与教师成长[J].学生之友(小学版),2012,(2).

② 张萌,阎秋宇.韩威.幼儿教师倾听的价值与策略[J].教育导学,2013,(12)下半月.

一次的师幼对话背后,都能够引发教师对于自身教学语言的艺术性、教育行为等多方面的思考。如:半日活动之后,有的教师会有心的将自己的半日活动中与幼儿之间的交流、互动、对话的内容,进行现场录音和记录的回放,静下心来观摩自己的活动,记录活动中的点点滴滴,分析幼儿行为产生背后教师的言行举止的可以思考与调整的空间,大大地帮助教师能够更好的有效分析师幼之间互动的对话策略、交流水平的深浅,产生更进一步地思考,并提出有效的调整方案。

或许,在思考的过程中,教师时常会列举诸如:"如何将有意义的情境体现在语言的互动中?""如何在对话中帮助幼儿丰富自己的经验,并能在此基础上能够拓展和提升?""如何能够有效激发幼儿与教师之间有兴趣的对话?"会在脑海里徘徊与思考。

一系列的问题、一系列的思考,能够帮助教师清楚地看到教育实践中幼儿学习互动的现场(包括行为与语言的互动),能够帮助教师发现自己在与幼儿对话中产生的负面影响,能够在对话中帮助教师解读幼儿活动中的行为表现,以多元的角度,来正确审视自己的活动现场,以准确客观、巧妙机智的话语,提高师幼互动的有效性[①],反思教师与幼儿行为产生之间的相互影响与作用,这无不充分体现了对话对于教师的反思能力的提高起着至关重要的作用。

对话,可以优化教师自身的知识结构;对话,可以促使自身能够有更多的教育教学的反思,成为推动教师专业成长发展的动力。

(本章执笔:陆益)

三人对谈:

小洁:这里所说的"对话"我们的定位应该就是"闲聊"。闲聊就是要突出一个"闲"字,所以,平时我和孩子都很随意,我们就像朋友那样随意聊聊,书本中记下的是我觉得聊得挺有意思的一些内容。

小益:是呀,可能有些闲聊我们只是享受了这个平等轻松的过程,而有些闲聊则让我们自己也印象深刻,觉得有很多的回应值得细细回味,所以我就迫不及待地记录下来了。

小月:嗯。对了,你们每次聊都会先提出一个主要问题吗?

小洁:不一定。大多数是问题,有时也可以请孩子来介绍一下经验,孩子们也会侃侃而谈。

小益:我有一次和孩子聊我泰国旅行时,我让孩子来提问,我觉得也挺有意思

① 范海霞,卢清.师幼对话失真的客观分析[J].天津师范大学报(基础教育版).2010,(7).

的。这是一种换位思考，聊的过程不仅是分享经验，同时不断的聊也可以激发孩子的提问意识嘛。而聊的话题那就更多了，就拿我自己的来说，有些是孩子提出的一个感兴趣的话题，有些是某个教学活动结束后，孩子们还依然想继续探讨的问题。

小洁：是呀，我的闲聊话题也没什么特殊的规定，有来自于孩子，比如孩子感兴趣的新闻，家里发生的事，有来自于教师，比如看到好的视频、绘本等，在聊的过程中也挺随意，有些可能事先思考一下，大概孩子感兴趣的话题会聊些什么，有些则完全是聊到哪里算哪里。但不管怎样，我们始终聊的是一个话题。

小益：这么大的随意性就告诉我们，可能我们三个人聊出了这些话题，可能别的老师会聊出不一样的话题。

小洁：对的，因为每个班的孩子不一样，老师也不一样，因此话题也不一样。我们不希望大家都聊一样的话题。（笑）你看，我们三个人整理的关于聊的话题还没有一个是相同的呢。但是正如小月说的，我们的聊给一线的老师一种理念，一个思路，对话中可以产生更多智慧。这种对话是老师与孩子，孩子与孩子之间展开，为表达对不同事件的理解，这种对话具有灵活性和不可预测性。但是，其所产生的积极效果确实一样的。

小月：那就是能促进孩子在对话的过程中，学会倾听和表达，拓展知识，获取共享的资源，对各种事件产生新的理解；对于教师来说，对话有很大的随意性，孩子的回答也是天马行空的，需要教师表现出敏感、迅速、准确的判断和指导能力，这其实是很考验教师水平的。

小益：所以，开展这样的对话，一个"闲"字突出了随意性和轻松的氛围，这个"闲"字也让我们知道，这种聊并不一定是全班的，有时一个群体也很有劲，就比如我和几个小男孩聊英雄的事，很有劲呀，如果全班聊可能没有这种感觉的。我在想，有时和一个人聊也可以，反映的是和一个孩子深度的互动。但是不管是和一个人聊，和一群人，和全班孩子一起聊，背后却蕴藏着很大的价值，真正实现双赢，用心的聊能改变孩子和老师。

小洁：嗯，对于孩子的变化我是深有体会的。我这次带的大班是从大班开始接手的，刚开始时，我也有点不适应，孩子们似乎很淡漠，不会说也不想说。我就慢慢地，从他们身边的各种小话题开始聊起，虽然前面可能我说的多，但是，慢慢地，孩子真的改变了，他们越来越开朗，也越来越有自己的想法。刚开始时的聊天我有点累，现在完全是一种享受了。

小月：我们孩子的变化也很明显，现在个个都是能说会道，能言善辩。

小益：就是感觉孩子们越来越活了。不过，我发现在聊的过程中，各个年龄段的孩子聊的感觉有点不一样,小班可能只能聊一会儿,可能聊的话题不是很有深度,大班可能孩子们更加活跃,各种话题真的能聊出深度来呀。

小洁:非常同意,我开始有这种想法的时候正好带中班,接着又带了大班,今年又是带大班,好久没感受小班孩子的那种稚嫩了。我看你聊的有些话题中,小班孩子的模样立刻生动起来,而我带着大班孩子聊,大班孩子非常有主见,和他们的聊也真带动了我理念上的变化。一次,我得到了一个巨大的箱子,却不知道该做什么,那天,我把箱子带到教室里,当天的话题是"这个箱子怎么办?"孩子们可聪明了,他们想出了很多主意,变成一个超大迷宫,做成保龄球赛道、足球场等,最终我们把大箱子变成一个大池塘,里面养了很多龙虾,孩子们可以用吸铁石、钩子等钓龙虾,他们可以不断探究,同时每只龙虾上有数字,他们可以将龙虾身上的数字加起来玩数学……怎么样,这样的游戏设计巧妙吧!所以,现在我不再挖空心思单独设计各种游戏,而是让孩子们一起出谋划策。

小益:嗯嗯,我也感觉现在孩子才是真正的主人,这样的闲聊让他们变得越来越有自己的想法,而且这种民主自由的闲聊让孩子们发现他们的决定是可以改变教师的决定,他们才是真正的主人。我们的孩子也很厉害,环境布置、游戏设计、活动组织等都是他们自己策划、研究、进而开展的,教师的位置真正退后。

小月:(笑)一说到孩子的变化,你们两个就说得眉飞色舞。对了,我一般闲聊都在午饭前的时间,你们呢?

小洁:我们班一般在午睡前半小时,孩子们称这是"快乐闲聊半小时"。

小益:那我可能更加随意,因为我现在没有固定班级,所以时间更加灵动,有时教学活动后,有时早晨来园……我觉得时间不是问题,关键是内容和氛围。

小月:内容一定是孩子感兴趣的,氛围一定是轻松、快乐的。

小洁:嗯,你要检查你们的闲聊是否深入人心,可以做个小实验,你隔一段时间不聊,看看孩子有什么反应?如果他们迫不及待地或暗示你,或提醒你"怎么最近不聊天",那说明很成功,孩子真正爱上了闲聊,反之说明还有问题哦。

小月:对呀,有一段时间,我很忙,天天在外面培训,一回教室,孩子们就扑过来,告诉我很想我,最近在干什么?快点来聊一聊。(笑)

小益:我们的孩子也会暗示"陆老师,好久不聊了"。(笑)

小洁:看来,我们的闲聊很成功哦!

达成共识：

☺闲聊的时间：闲聊的时间随意，可以午睡前半小时；可以放学前十分钟；可以教学活动后再次畅谈；可以游戏后热烈地争论……不同的年龄阶段，闲聊的时间也有所不同，小班5—10分钟，中班10—20分钟，大班20—25分钟。

☺闲聊的对象：可以与一个孩子聊，可以和一个群体的孩子一起聊，也可以和全班孩子一起聊，这个要看当时的情况而定哦。和小班孩子聊时可能比较简单，话题也比较浅，但是孩子真的很可爱，和中班孩子聊时可能部分孩子会带动整个班级，和大班孩子聊时真的很深入，不过需要教师具有强大的随机应变能力哦。

☺闲聊的形式：可以教师提问，可以教师让孩子们介绍，也可以让孩子互相提问，互相解答。总之，可灵动些，只要聊得起来就行。

☺闲聊的话题：闲聊的话题五花八门，有孩子特别感兴趣的东西，有孩子感到为难的事情；有社会热点问题，有班级"热点新闻"；可以分享绘本，可以徜徉在音乐中；可以天马行空的想象驰骋，可以有理有据地分析……话题可以来自于孩子，也可以源于教师。

☺闲聊的快乐：闲聊的快乐深入人心，不管是教师或是孩子都特别喜欢闲聊，我们认为这是我们最快乐、最放松的时刻。有时一忙碌忘了闲聊，总会有很多孩子或是悄悄提醒你，或是大声提出"老师，今天还没聊过呢"！闲聊一开始，孩子们双眼发光，我们也被带动起来，闲聊让我们彼此走得更近，分享的快乐发挥到极致。

☺闲聊的改变：闲聊的改变有目共睹，闲聊发生了两个改变。其一，我们改变了孩子。孩子们一个个变得开朗自信，能言善辩，既能站在自己的角度考虑问题，又能换位思考，思考、讲述的广度、深度不断发展。其二，孩子也改变了我们。我们不再挖空心思和带班老师设计各种游戏，创设各种环境，创意各种活动，排练各种节目，而是让这群装满金点子的孩子们一起出谋划策！这样，不知不觉中，孩子们真正变成了主人，自己的世界自己做主！

老师们，一起和孩子们好好聊一聊吧……

4. 基于教学现场的儿童研究与教师成长

4.1 关于教学现场

一般来说,在自然和社会现实活动中,进行教学的组织形式,便是教学现场。现场教学不仅是课堂教学的必要的补充,而且是课堂教学的继续和发展,是与课堂教学相联系的一种教学组织形式。它更多的借以开阔眼界,扩大知识,激发幼儿学习的热情,培养幼儿独立能力,陶冶品德。

依据幼儿园教学现场的目标,教学现场更多呈现的是教师依据教育活动的核心领域内容,借助于多元的活动形式,让幼儿能够在感知、体验的活动中,理解并获得相关的知识和经验。我们可以从教学现场中,了解教学活动的目标、关注幼儿在教学现场中,与材料、环境、教师的互动,幼儿自主尝试、探究、发现问题、解决问题的过程,以及幼儿所获取的知识与生活经验等。

黄龙强认为:现场是指"事件发生的场所以及发生事件时的状况"。教学现场指教学活动场所及教学活动的状况。现场是客观存在的事物,而现场感则是人的主观感受。教学现场并不一定具有现场感。①

熊宜勤认为:教学现场是以课堂教学为中心,主要着眼于教学活动的外部形态和外部行为而非内在意义、内在结构和内部程序,教学现场提供教学活动的整体场景和具体形态。②

彭钢认为:教学现场是包含着空间和时间概念。从空间概念角度看,教学现场指直接从事教学的场所,包括该现场所呈现的教师、学生教学物件等各种因素;从时间概念的角度看,教学现场指现在正在实施的教学,其中包括从"现在"开始随着时间推移而出现的一组教学和学习行为。③

我们认为,教学现场是以课堂教学为切入点,结合幼儿的兴趣点和实际需要,教师运用较强的专业知识和灵活地把握教育契机的能力,顺利、高质量地进行教学现场的回应的过程,它能有效地提升教师教学思维水平和课堂教学的能力,促进教师的专业成长。

---

① 黄龙强.教学现场感的内涵及营造策略[J].教育科学论坛,2005(9)
② 熊宜勤.教学现场的教学细节考察[J].江西教育科研,2006(3)
③ 彭钢.教学现场与教学细节[J].教育理论与实践2005(1)

4.2 教师在教学现场存在的问题

1.重教材内容,轻教育理念的更新

教师先进的教育理念与教育行为的转变存在着一定的脱节。尤其在教育现场,我们时常发现,教师重视教学内容的选择,经常是从教师思维的角度出发,而忽视了在教学环节的设计中,对于教材中内容的灵活运用。这就容易导致教师在教学设计过程中,不能很好地设计贴近幼儿生活、满足幼儿需要的有针对性地提问,来唤起幼儿情感体验的师幼互动等等,不利于幼儿思维、探究、学习能力的提高。

究其原因,是教师缺乏对于教学现场的研究,在教育理念的学习中不够全面,对于教材内容的理解不够深入,甚至在解决教育实践中,忽视关注教师与幼儿互动的机智的运用。从而,不能十分有效地促进幼儿身心健康发展。

2.重活动流程,轻师幼互动的策略

教学现场中的每一个环节,都应当从教学的目标与幼儿的需要出发。目前,教师能注重在教育现场中,运用多元的活动方式,来吸引幼儿的注意力,却忽视了在教学现场中,如何运用有效的教学指导策略,多元师幼互动模式,来达成活动的目标。

在教学现场中,如果缺失了教师的有效回应策略,或是一句表扬的话、或是一个问题情境的设疑、或是一句追问、或是师幼活动的参与的一个情景,都会影响到幼儿参与活动的积极性,不利于帮助幼儿在教学现场,将零碎的经验,进行有效的梳理和提升。

3.重活动结果,轻活动反思的调整

当教师在教学现场顺利按照计划有效完成活动流程,达成活动目标的时候,或许,教师会以此认为是大功告成,活动就此结束。

如果要求教师再次对于教学现场进行反思、调整的时候,不同的教师对此的观点、感受和行为表现却各不相同。有的教师认为,只要教学现场中,教师能够按部就班的实施,就是一种收获与成功,无需再有后续的反思与调整。有的教师则将教学现场后的反思部分,当作一种非常痛苦的任务来完成,并且,即使对教学现场进行了教学的反思,也只停留于活动内容与形式的表面的反思,没有更进一步地深入思考,有着不知其所以然的迷茫。当然,也有教师则以积极的态度面对教学现场的反思和调整,希望能够做的更好,品味着教学各环节实

施过程中的得与失,享受着研究的快乐,包括教学现场中,幼儿的兴趣需要、回应策略、教师使用的教学方法、教师与幼儿现场的师幼互动等背后所呈现的教师的理念等,更重要的是教师还可以从中不断更新各种深层的教育理念,实现教师的专业化发展。

4.3 在教学现场开展儿童研究的价值

蒙台梭利曾经说过:"唯有通过观察和分析,才能真正了解孩子内心的需要和个别的差异,以决定如何协调环境,并采取应有的态度来配合幼儿成长的需要。"

4.3.1 转换思考角度 了解幼儿需求

对于教师来说,在教学现场中,我们可以看到幼儿在活动现场的状态,包括幼儿在活动中的情绪、是否有兴趣、是否能够积极的参与等等,更好的以儿童的视角来理解儿童,以开放的心态、宽容的情怀对待儿童。

试想,是否我们还需要更近距离的走近幼儿,关注于教学现场,去看看幼儿发现了什么? 听听幼儿表达了什么? 猜猜幼儿又在思考些什么? 在这一过程中的观察与发现,则更有助于教师能够更全面的用幼儿的眼光看世界,用幼儿的心灵感知世界,用幼儿的语言表达对世界的重新理解与再认识。

4.3.1.1 案例一:小班活动:小猪的野餐
设计思路:
《指南》中指出幼儿园应为幼儿提供健康、丰富的生活和活动环境,满足他们多方面发展的需要,尊重幼儿身心发展的规律和学习特点,充分关注幼儿的经验,引导幼儿在生活和活动中生动、活泼、主动地学习,丰富幼儿的情感,培养初步的感受美、表现美的情趣和能力,提高幼儿语言交往的积极性、发展幼儿语言表达能力,增强幼儿的自尊、自信,培养幼儿关心、友好的态度和行为,促进幼儿个性健康发展。

《小猪的野餐》是取材于3—4岁《学习》书中"好朋友"的主题,是一个体验分享的故事。故事情节简单,符合小班幼儿的年龄特点,且故事内容贴近幼儿的生活,能够让幼儿结合自己的生活经验,引发幼儿的思考。

我们都能发现,目前幼儿在家中都是独生子女,对他们来说,在家中无论是老人还是父母,都以他们为中心,长期导致幼儿在心理上独占意识强,玩具等物品都不愿意与别人一起分享,喜欢独占独吃,不会关心同伴,不会分享。虽然在日常的生活中,老人、父母、教师也引导孩子好玩的玩具要大家一起玩,学着与同伴分享美食。但是,似乎孩子们能够明白其中的道理,却当真实情境出现在其面前时,却无法做到,收效甚微,幼儿并没有真正体会分享所带来的快乐,不能让小班幼儿能够从行动上,做到真正分享。

或许,对于小班的幼儿来说,需要借助于贴近幼儿生活的故事情境,以幼儿喜欢的可爱"小猪"形象,带着幼儿进入故事情境中,让幼儿在理解故事内容的基础上,向故事中的榜样"小猪"学习,学着关心朋友,分享快乐,感受到有朋友真好,萌发幼儿这方面的情感,帮助幼儿积累与同伴相处的经验。

整个活动开展过程中,围绕"小猪的野餐"故事情境为主线,让幼儿倾听、学说故事中小猪请小动物们分享美食的情景对话,感受同伴间的赞赏以及同伴分享的快乐。借助于教师自制的大图书、多媒体画外音、幼儿现场的情景表演等多种呈现方式,将整个故事的——出现展现在幼儿面前,激发幼儿互相关心,学会分享。

教学现场片段一:情境导入

教师:(出示故事主人公"小猪胖胖"的图片)今天老师带来了一个好听的故事,瞧!它就是故事的主人公——小猪胖胖。

教师:(出示自制的立体书包)小猪胖胖带来了一个大大的包,猜猜包里装了什么呢?

正:我猜一定是薯片,很好吃的。

童:会不会是面包呢?因为小猪会肚子饿的。

丁:我猜书包里会有好吃的棒棒糖。

葱:可能还会带橙汁吧,很甜的,我吃过的。

苗:还会带话梅,我妈妈每次带我出去玩的时候,都会给我带的。

(幼儿踊跃地举手,想猜测小猪胖胖的书包里带了什么?想打开书包去看看,有些什么?)

【分析解读:教师借助于"立体书包"的教具,引发幼儿猜测的积极性,通过"猜猜书包里带了什么呢?"的问题,唤起幼儿的生活经验,鼓励幼儿乐意说出自己在日常生活中"出游"所积累的经验,与同伴分享自己的感受与经验。

基于教学现场中,幼儿踊跃、积极参与的表现,不难发现,教师在教具使用、提问的设计过程中,关键是激起了幼儿共同的关注点,借助于目光、手势、语言来传递各自的感受。幼儿有了想要知道小猪的"书包里"到底带了什么好吃的东西的兴趣。幼儿一旦有了兴趣,就会表现得非常的投入与积极。因为,兴趣是幼儿最好的老师。教师为幼儿创设的交流的氛围和互动的平台,也能够看出,教师对当时幼儿的这一兴趣关注点的活动价值,作了比较准确的判断,具有较强的目标意识。

特别是在这一环节中,幼儿的尝试、猜测、语言的表述,为打开书包后的"揭秘"奠定了基础,拓展了幼儿的思维。幼儿会主动的去思考到底会有哪些食物?为什么要准备这些食物?幼儿能主动的在教师的引导下,去了解这些食物在旅途中,给我们带来的用处。在理解事物的关联性的基础上,渗透生活常识,并尝试用适宜的形容词来描述书包里的食物,为后一环节中,动物之间的对话、语言交流等,做了很好的铺垫,丰富了幼儿的生活经验。】

教学现场片段二:理解故事——幼儿讨论,学说对话

1.小鸟(多媒体播放小鸟的叫声)

教师:听!谁来了?小鸟闻到了什么东西的香味?小鸟边飞边对小猪说了些什么?它是怎么夸小猪的苹果的?(多媒体播放录音——小鸟:苹果真大呀!我想尝一尝!)

轩:是大大的苹果。

乐:它说:"我想尝一尝。"

宁:我也想尝一尝。

教师:(多媒体播放录音——小猪:请你吃苹果!)小猪又是怎么对它说的呢?学学小猪大方的样子好吗?

铮:请你吃苹果!

……(幼儿纷纷举手,乐意在集体面前大方的学说)

教师:小鸟也别忘了有礼貌的回答哦!(多媒体播放录音——小鸟:谢谢!)

【分析解读:对于一个活动来说,教师的提问与导语是非常关键的,它指明了幼儿思维的方向。所以,提问的指向性要非常明确和到位,每个问题都必须反复推敲,这样才能激发幼儿回答问题的热情,并作出有针对性的思考与回答。

基于教学现场的这一环节中,我们发现,当小猪和小鸟对话的过程中,教师提问:小鸟闻到了什么香味的东西?它是怎么夸这个苹果的?两个提问分开提问,一前一后,则是让幼儿在第一环节中,对于小猪书包中的食物的特征有了初步了解的基础上,则能够在教师提问的提示下,结合自己的生活经验,猜测、发现小鸟想吃的食物。鼓励幼儿尝试在倾听它们对话的基础上,学着夸夸小猪的美食。后面的提问:它边飞边对小猪说了些什么?更能够引发幼儿在与小猪与小鸟对话的过程中,学着与同伴分享,体验其中的快乐。幼儿在活动中的积极行为表现,则告诉了我们,教师在活动提问设计中,需贴近小班幼儿的年龄

特点。】

2. 小松鼠（出示小松鼠的尾巴局部图片，幼儿猜测）

教师：那香香的味道，引来了它的朋友。看看谁来了？

宁：是小松鼠。

丽：我也觉得是小松鼠。

追问：你是从哪里看出来的？

宁：我看到了松鼠毛茸茸的尾巴了。

教师：请你仔细的听一听，小松鼠对小猪说了些什么？小猪胖胖又怎么说？怎么做呢？

（多媒体播放录音：松鼠：面包真香啊！我想尝一尝！小猪：请你吃面包！小松鼠：谢谢！）

正：它说："谢谢！"

教师追问：小松鼠对小猪说了些什么？小猪胖胖又怎么说？怎么做呢？

苗：小松鼠说："面包真香啊！"

童：它还说："我想尝一尝！"

教师：谁能用完整的话，来说说，小松鼠闻到了什么香味？是怎么夸小猪的面包的？

颖：小松鼠说："面包真香啊！我想尝一尝。"

教师：小猪又会有礼貌的说什么呀？

幼儿齐声：谢谢！

【分析解读：教学现场中，教师借助于动态的图片，先让幼儿观察动物的局部特征，了解小松鼠的基本特征，对幼儿来说富有一定的挑战性。

当在现场说到小松鼠和小猪互动的时候，幼儿已经有了之前与小猪和小鸟互动的经验，引发幼儿也尝试夸夸小猪的面包，表述自己想尝一尝的意愿。于是，教师再引出问题，"它先夸了夸面包，你猜它是怎么夸的？"由此，活动环节中的提问："小猪又会有礼貌的说什么呀？"让幼儿在学说小猪和朋友间的对话的同时，间接的让幼儿能够学着欣赏同伴的物品，引发幼儿学着欣赏同伴，并在情境中，共同体验到同伴间分享的快乐。通过师生之间角色的扮演与互动，尝试模仿、学说小猪与朋友分享美食与快乐时的对话。

的确，教师需要通过观察去发现与捕捉幼儿学习的"最近发展区"，提问的设计、对话语言的句式调整、追问的随机与针对性等，都有利于促进幼儿最大限度的学习，是推进幼儿有效学习的教学行为。】

3.长颈鹿

• 长颈鹿也闻到了香味走了过来。猜猜,长颈鹿会怎么说呢? 小猪又会怎么说呢?

(幼儿分别扮演长颈鹿和小猪进行情境表演,尝试在扮演长颈鹿和小猪的角色中,学说情境中的对话。)

【分析解读:在模仿小猪与小鸟、小松鼠对话的基础上,尝试让幼儿通过角色的扮演,模仿情境中的对话。可以从教学现场幼儿的对话中发现,虽然,对于小班幼儿来说,富有一定的挑战性。但是,重复性的对话互动,是适合小班幼儿的年龄特点,易于幼儿语言的模仿和习得。

教师在教学现场,为幼儿所提供的胸饰,是帮助幼儿在扮演角色,是幼儿学说故事情境中,对话流畅的前提。但也发现极个别幼儿在扮演角色与同伴对话中,有不能及时应对的时候,教师则通过表情、动作暗示等策略,给予幼儿提示,相信幼儿能够通过努力,挑战是能够实现的,最终达成活动目标。】

4.分享交流

• 你们发现小猪的餐布上还剩下什么呢? 小猪这时候在想些什么?

正:只有一点点了,小猪还是很开心,因为它的朋友吃到它好吃的东西,很开心!

苗:小猪想:"好朋友能吃到我好吃的东西,也很开心!"

• (多媒体播放欢快的音乐旋律)瞧! 又发生了什么事情呢? 谁来了? 它们带来了什么?

童:它的好朋友来了,长劲鹿、小鸟,还有小松鼠。

然:还带来了很多好吃的,有樱桃、梨、果汁。

秋:它们都很开心,还带来了那么多好吃的和小猪一起吃。

• 猜猜,这会小猪的心情怎么样呢?

言:我看到小猪笑了。

豆:小猪看到朋友们来了,很开心,还吃到了好朋友带来的好吃的东西。

轶:小猪嘴巴弯弯往上翘,很开心的样子。

教师小结:小猪真的乐坏了,不仅有那么多好吃的东西,更重要的是它有那么多的好朋友,让我们为这只快乐的小猪拍拍手吧!

【分析解读:教学现场中,教师有机的将动态图片与多媒体整合,借助于幼儿的思维是以直观形象为主的,符合小班幼儿思维的特点,动态图片中形象生动、直观的画面引起幼儿学习的兴趣。动态的人物形象在故事背景图中活灵活现,且动态的物品与幼儿互动巧妙,有利于将故事情节在幼儿面前呈现的更灵动。

小班幼儿爱模仿是他们的年龄特点,在活动的现场,教师运用了多媒体的音效和图片的整合,巧妙把握与幼儿互动的"度",将模仿成为幼儿学习动物之间对话的契机,使每个幼儿体会到其中的乐趣,让幼儿能够在模仿的过程中,融入个性与情感的表达,促进幼儿语言发展的同时,也自然地使幼儿在理解故事内容的基础上,学习小猪关心朋友,与朋友分享的快乐,感受有朋友真好的真实情感体验,积累与同伴相处的经验。】

【分析解读:这一环节中整体的教学现场来看,我们发现教师的设计与现场演绎中,从最简单的礼貌用语的回复,到分段的学说对话中的句式,再尝试创设情境,幼儿在学说、表演的过程中,层层递进,尤其是细节的处理,如:结合幼儿的生活经验,尝试学说"谢谢",到模仿多媒体音频中,动物们夸小猪的美食,到学说小猪大方的与同伴分享美食的对话,为帮助幼儿在故事情境中,扮演角色、学说故事中的情景对话,做了很好的铺垫。

从幼儿学说角色对话的教学现场来看,我们发现幼儿之间存在着一定的理解的差异性。小班幼儿由于词汇贫乏,往往会表现的不够流畅,有些幼儿会表现的不够大胆与自然,教师则运用了动态插图,以提问、讨论、分享、表演等方式,将故事情节一一有序的呈现,帮助幼儿理顺了故事的线索,引发幼儿学说情境中的对话。但是,一般情况下,要小班幼儿能够完整学说故事情境中的对话,需要在特定的角色扮演过程中达成。因此,教师结合幼儿的能力发展水平,适时对故事对话进行了删减和调整。如:用拟人化的口吻与幼儿互动,类似对话中"我想尝一尝"等,更能使幼儿保持愉快的心境,在游戏与情境中,把教育的要求顺利转化成幼儿自身的需求。】

附教案:小猪的野餐(小班)

活动目标:

1.理解故事内容,学说故事中的情景对话。

2.感受分享给大家带来的快乐。

活动准备:

1.自制绘画的大图书一本、插图若干

(1)食物插图:面包、饮料、苹果、糖果以及餐垫

(2)动物插图:小鸟、小松鼠、长颈鹿等

2.音频:小鸟的叫声;苹果真大啊,我想尝一尝

3.长颈鹿和小猪的头饰。

4.背景音乐

活动过程：

一、情境导入：出示故事主人"小猪胖胖"的图片。

导入：今天老师带来了一个好听的故事，瞧！它就是故事的主人公——小猪胖胖。（出示自制立体书包）

关键问题：要去春游了，小猪胖胖带来了一个大大的包，猜猜包里装了什么呢？

重点关注：幼儿是否能够结合自己的生活经验，猜测小猪出游时，书包中的食物。

二、理解故事

（逐个出示立体书包中的食物）

1.介绍小猪胖胖出游带的食物

关键问题：究竟包里装的是什么呢？

重点关注：幼儿是否能学用形容词来描述各种食物。如：香香的面包等。

小结：原来小猪的书包里有香香的面包、圆圆的棒棒糖、新鲜的牛奶、大大的苹果和甜甜的果汁。

2.幼儿讨论，学说对话

（1）小鸟

（多媒体播放小鸟的叫声）

关键问题：听！谁来了？小鸟闻到了什么东西的香味？

（多媒体播放录音——小鸟：苹果真大呀！我想尝一尝！）

小鸟边飞边对小猪说了些什么？它是怎么夸小猪的苹果的？

（多媒体播放录音——小猪：请你吃苹果！）

小猪又是怎么对它说的呢？学学小猪大方的样子好吗？

小鸟也别忘了有礼貌的回答哦！

（多媒体播放录音——小鸟：谢谢！）

重点关注：幼儿是否能够学说小鸟是如何夸小猪的苹果，模拟对话情境。

（2）小松鼠

（出示小松鼠的尾巴局部图片，幼儿猜测）

过渡语：那香香的味道，引来了它的朋友。看看谁来了？请你仔细的听一听，小松鼠对小猪说了些什么？小猪胖胖又怎么说？怎么做呢？

（多媒体播放录音：松鼠：面包真香啊！我想尝一尝！小猪：请你吃面包！小松鼠：谢谢！）

关键提问:小松鼠闻到了什么东西的香味?

小松鼠是怎么夸小猪的面包的?

小猪又会有礼貌的说什么呀?

重点关注:幼儿是否能够扮演其中小松鼠的角色,与小猪对话。

(3)长颈鹿

过渡语:长颈鹿也闻到了香味走了过来。

关键提问:猜猜,长颈鹿会怎么说呢?

小猪又会怎么说呢?

(幼儿分别扮演长颈鹿和小猪进行情境表演)

重点关注:幼儿在前几次模仿的基础上,尝试在扮演长颈鹿和小猪的角色中,学说情境中的对话。

关键提问:你们发现小猪的餐布上还剩下什么呢?

小猪这时候在想些什么?

(多媒体播放欢快的音乐旋律)

瞧! 又发生了什么事情呢?

谁来了? 它们带来了什么?

猜猜,这会小猪的心情怎么样呢?

重点关注:幼儿是否能够用香香的××,甜甜的××……来描述同伴给小猪带来的美食。

小结:小猪真的乐坏了,不仅有那么好吃的东西,更重要的是它有那么多的好朋友,让我们为这只快乐的小猪拍拍手吧!

三、欣赏故事

(介绍故事的名称)

这个有趣的故事名字叫"小猪的野餐"。让我们带着愉快的心情,完整的欣赏一遍故事吧!

附:故事

有那么一只可爱的小猪,叫胖胖。有一天,它高高兴兴的背着书包去春游啦!

有香香的面包、大大的苹果、甜甜的饮料,还有新鲜的牛奶和圆圆糖果。

它把那么多好吃的东西放在了餐布上。

那香香的味道,引来了它的朋友。

喳喳喳,小鸟闻到香味儿飞来了,说:"面包真香啊! 我想尝一尝。"小猪胖胖拿给小鸟一个香香的面包说:"请你吃面包吧! 小鸟说:"谢谢!"

小松鼠闻到香味儿跑来了,说:"苹果真大啊! 我想尝一尝。"小猪胖胖拿给小松鼠一个大的苹果说:"请你吃苹果吧!"小松鼠说:"谢谢!"

长颈鹿闻到香味也走来了,说:"圆圆的糖果,我想尝一尝。哦,新鲜的牛奶,我想尝一尝。"小猪给长颈鹿一颗甜甜的糖果和一瓶新鲜的牛奶。长颈鹿说:"谢谢!"

剩下的东西不多了。就在这时,小猪的朋友们都赶来了,它们也带来了香香的梨、甜甜的××、大大的××、圆圆的××,和小猪一起分享。小猪乐坏了,这会不仅有好吃的,还来了那么多的朋友,它开心的笑了。

(钱月红提供)

4.3.1.2 案例二:中班活动:公共汽车到站了

设计思路:

在《3~6岁儿童学习与发展指南》的"社会"领域其中一块内容就是"人际交往"。人际交往包含:看待自己和对待他人。这其实说的就是让孩子去感受人与人之间的关系,体会人与人之间的相互需要。

在中班学习主题《周围的人》中,孩子们开始了解周围的人的职业、周围人为我们的服务以及与我们之间的关系,其实也是让孩子去体会"人人为我,我为人人"的理念。

绘本《巴士到站了》构图单纯、简约,这辆行走于各站点的巴士,象征了人生百态。一站站下车的乘客,直观地让读者看到了"周围的人"的行为以及隐含的和我们之间的关系。

借鉴绘本的画面及内涵,以孩子喜欢并熟悉的交通工具为载体来让孩子理解看上去有点深奥的人际关系,可能是一个很好的方式。于是,我们设计了中班的社会领域教学活动"公共汽车到站了"。在活动中,我们首先对画面进行了筛选,选择了"买菜的妈妈""造楼的建筑工人""游乐场的工作人员""球场的球员"四个主要画面,让孩子从情感上由近及远地去根据已有经验推测画面中的人物、行为以及和我们之间的关系,以点带面地体会周围的人和我们之间的关系。在"球场"的画面,我们现场加入了拍球比赛的环节,让孩子作为拉拉队员为现场比赛拍球的好友加油,体验自己的付出为别人也能带来帮助。真正实现让孩子体会人与人之间的彼此需要。

考虑到中班孩子的学习特点,整个活动在"我们坐公交车去逛一逛"的游戏情境中进行,最后的画面,也是让每个孩子说一说自己是谁下车去干什么。最后,自然地将集体教学活动延伸到了角色游戏环节,让孩子对于活动的体验更为深刻。

教学现场片段：

·建筑工人下车了（在此环节感受工人叔叔的辛勤劳动是为了大家）

教师：公共汽车到站了，听到什么声音？（播放工地上工作的声音）

晨：好像是火车的声音。有孩子附和。

冬：我觉得是敲东西的声音。

教师：哪个声音听上去是敲东西？你觉得可能在敲什么东西？

冬：有咚咚咚的声音，像是在敲钉子。

教师：好的，那么我们一起来看看到底到了哪里吧！

（出现建筑工地的画面）

教师：这一站谁会下车呢？

联系画面，孩子们都认为是建筑工人。

（出现建筑工人下车的画面）

教师：咦，我觉得有点不明白了，建筑工地上不是已经有工人了吗？为什么还要有工人在这一站下车呢？

嘉：因为工地上的工人太少了。

月：因为造一幢房子要很多人帮忙的。

阳：工人一直造房子会很累的，要上早班晚班的。

教师：哦，原来是这样呢。那么这么多的工人可能在造一幢什么房子呢？

孩子们被这么一问有点闷，没人举手。

于是，教师追问：可能在造一幢给我们看病的房子，是什么？

孩子们异口同声：医院。

教师：那么还有可能在造什么房子呢？

孩子们的思路被打开了，"超市""学校""游乐场""警察局"……

教师:看着建筑工人为我们造了那么多的房子,我的心里很想对他们说一些话,你们能猜到吗?

乐:建筑工人你们辛苦了!

教师回应:这正是我想说的。还有可能是什么话呢?

牛:工人叔叔你们休息一会喝点水吧。

君:工人叔叔你们真是太棒了!

……

教师小结:公共汽车到站了,建筑工人下车了,建筑工人为大家造各种各样的房子,我们的心里充满了感谢。

【分析解读:本环节的"体会建筑工人为大家的辛勤付出"是从上一环节"体会妈妈对家人的关爱"过渡来的。建筑工人作为从妈妈这个最熟悉的人延伸过来的单一群体,其实对孩子来说不是特别的熟悉。但是,如果从各种建筑这个角度来说,孩子们对建筑工人的付出还是有体会的。所以,在这个环节,教师根据孩子的认知特点的提问的设计、现场的追问就显得非常重要。例如,"建筑工地上不是已经有工人了吗? 为什么还要有工人在这一站下车呢?"教师假装满满疑惑的提问,充分激起了孩子们思考及表述的欲望。"看着建筑工人为我们造了那么多的房子,我的心里很想对他们说一些话,你们能猜到吗?"猜一猜的方式,让孩子有一种游戏的体验,孩子们很想把自己的想法表述出来让教师验证,比直接让孩子进行思考的效果更好。所以说,针对中班孩子的思维特点及学习方式的喜好,同样含义的提问教师不同的表述方式会起到不同的效果。

当然,因为是教学现场,孩子出现的一些表现会在意料之外,教师需要根据现场孩子的反应对提问进行调整。例如,当教师提问"那么这么多的工人可能在造一幢什么房子呢?"时,孩子们毫无反应,教师马上意识到,提问过于笼统了,于是马上进行了举例说明,孩子们的思维一下子被打开了。

所以,尊重孩子的学习方式、学习特点,以学定教,才能使教学活动的有效性真正的得以实现。】

附教案:公共汽车到站了(中班)

活动目标:

1. 根据已有生活经验,合理推测画面中人物的角色身份和行为。

2. 初步感受人与人之间的相互需要,体会大家在一起的快乐。

活动准备：

经验准备：有坐公交车外出的经验

教具准备：课件PPT

学具准备：两个皮球

活动过程：

一、创设公交车情境，模拟坐车

（出现公共汽车场景）

关键问题：孩子们，这是什么车？你乘过吗？你乘公共汽车去过哪里？

过渡：今天，我们也乘上公共汽车去逛一逛好吗？（大家坐上车，看PPT）

二、看看猜猜下车的人，体会彼此的相互需要

1.妈妈下车了（在此环节感受妈妈对家人的关爱）

关键问题：猜猜她是谁？你是怎么看出来的？

看看妈妈下车到哪儿了呀？

猜猜妈妈现在在想什么？（中班孩子从自身经验出发可能回答：菜真多啊！买什么菜呢？考虑到这些回答，预设追问：买给谁吃呢？）

小结：公共汽车到站了，妈妈下车了，妈妈买了家里所有人最爱吃的菜。

2.建筑工人下车了（在此环节感受工人叔叔的辛勤劳动是为了大家）

关键问题：公共汽车到站了，听到什么声音？（播放工地上工作的声音）到哪儿了？（PPT出现建筑工地）

谁会下车呢？工地上已经有那么多建筑工人，为什么还要有建筑工人来上班呢？

那么多人会造什么房子？

小结：公共汽车到站了，建筑工人下车了，建筑工人为大家造各种各样的房子

（根据幼儿的情绪状态，预设追问：你们想对建筑工人讲句什么话？）

3.到游乐场的人下车了（在此环节感受身边有许多人为大家服务）

关键问题：你们最想去什么地方？

公共汽车到站喽！看看到了哪里？

除了我们想去游乐场玩的人，还有哪些人也会在这站下车？为什么？（保安、售票员、操作人员、清洁工、园丁等）

小结：公共汽车到站了，在游乐场下车的人真多呀！（根据幼儿之前的回答进行小结）他们让我们在游乐场玩得更开心！

4.输球的球队下车了（在此环节体验为别人加油鼓劲的快乐）

过渡：出了游乐场我们又到了哪里？（出现球场画面）有一支经常输球的球

队垂头丧气的下车了,准备参加比赛。

关键问题:你们有什么办法让他们变得有信心?（拍手、拉拉队、喊加油、叫口号等）

现场模拟拍球,请幼儿一同加油助威。

听到朋友们的加油声你的心情怎么样?

小结:公共汽车到站了,球员下车了。有了大家的鼓励,小球员对比赛更有信心了!

三、说说自己是谁,打算下车去干什么?

关键问题:公共汽车又要到站了,这回你们谁要下车了? 你下车会做什么事情?

（陆益提供）

4.3.1.3　案例三:大班学习活动:蚂蚁和西瓜

设计思路:

在越来越重视幼儿阅读的当下,幼儿的阅读活动更要关注其阅读核心经验的内涵及发展。因此,我们开始思考,如何在集体活动中推动幼儿阅读的深度能力。

根据自己的阅读经历以及与幼儿共读的经验,我们认为,多细节的图画书特别"耐看",且在阅读过程中非常需要读图能力的支持。于是,我们选择了情节简单,但细节丰富有趣的图画书《蚂蚁和西瓜》[①]作为推进大班幼儿深度阅读的素材。其实,选择哪本具体的图画书并不重要,重要的是这本书能代表某一种类型的书(如画面细节丰富)、能较好地体现对幼儿某方面阅读能力的要求(如仔细观察画面、联系画面整体或前后画面进行理解),也就是选择一本能把孩子"领进门"的书。

《蚂蚁和西瓜》的深度阅读通过高低结构活动相结合的方式进行,即前期投放多本图画书在图书角鼓励幼儿阅读,也允许幼儿借阅回家亲子共读,如此分散自由阅读大约两周后再进行一次集体教学活动。

在活动设计中,我们通过加入一个简单的工具"对话框",引导幼儿发现这本书里"说话的蚂蚁"以及"对话的蚂蚁",并根据整本书的情节以及画面信息进行想象、表达、合作和分享。在此过程中,我们对幼儿能力素养的追求也是较为综合的。

我们希望幼儿能在类似这样"精读"、"共读"的经历中真切地感受到,通过

---

① 　［日］田村茂 文/图,蒲蒲兰 译:蚂蚁和西瓜,二十一世纪出版社,2005 年 8 月

自己想象或与同伴讨论等方法，一本好书可以在反复阅读的过程中让自己获得越来越丰富而有趣的理解。

教学现场片段一：

• 根据画面信息想象单个角色语言

教师：今天看书的时候我们会用到一个小工具，看看是什么？

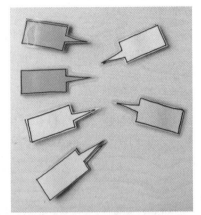

阳：这是一个箭头。（对话框上指向性的符号让幼儿觉得和箭头类似）

乐：这个我见过的。（孩子可能对对话框有一定的经验，但是无法具体讲清楚。）

教师追问：你在哪里看到过这个符号？知道它表示什么意思？

灵：我看电视的时候看到过。（孩子说的可能是某些动画片或者综艺类节目中看到过）

菲：我看到过书上有的，有人说话的时候旁边就会有这个标记。

远：我在妈妈的微信上也看到过这个符号的。

教师小结：这个符号叫做对话框，我们经常会在书里或者动画片里看到，它出现在谁的旁边就代表谁在说话。

教师呈现图画书《蚂蚁和西瓜》，边翻书边引导孩子寻找：这本书里有没有可以放对话框的地方呢？我们一起来找找看。

教师：如果我把对话框放在这只蚂蚁旁边，它可能在说什么？（以下图为例）

大多数孩子沉默了，这时琳举手。

琳：这只蚂蚁在说：西瓜真好吃啊！

教师提示：在猜说蚂蚁说的话时，你们能否将哪只蚂蚁也说清楚？

琳:我说的是这只趴着吃西瓜的蚂蚁。

教师:为什么你认为它在说这句话呢?

琳:你看,它吃的时候笑眯眯的。

阳补充:而且它旁边有好多西瓜水都溅出来了呢,说明它吃得很快!

教师:哦,原来从小蚂蚁的表情啊、动作啊都能大概猜到小蚂蚁可能说的话。

伟:这只站着的蚂蚁在说我要把西瓜搬回家去!

教师:你的判断理由是什么?

伟:因为它在指着远远的地方,可能在说搬回家去!

教师:是啊,想要猜到小蚂蚁可能在说的话,我们要仔细观察小蚂蚁的动作或者它在做的事情。

【分析解读:"对话框"是本次活动中的重要工具。教师通过"在哪里看到过"的问题唤起幼儿的相关经验(在书里、动画片里、"微信"里等),理解对话框的功能——出现在谁的旁边就代表谁在说话。

接着,通过选择书中一幅人物较少的画面,就1—2只蚂蚁进行举例提问,让幼儿试着说说蚂蚁的语言,去理解对话框在本次活动中的含义和使用方法,引发猜想兴趣。

这个阅读片段中,可以看出孩子们不同的阅读经验基础,有的孩子面对画面的时候是没有思考方向的,也有孩子不需要教师提示就能根据蚂蚁的动作来猜想合理的语言。在这个环节,和教师进行互动的始终是这几个孩子,可以看出这几个孩子是班中阅读能力比较强的,但从另一个侧面也能看出孩子们之间的阅读能力差异比较凸显。基于孩子的这些表现,教师的作用体现主要是通过和在画面理解上有一定经验的孩子之间的互动,来引发对此环节的核心阅读内涵尚不敏感的孩子一起参与进来(例如在班级里属于能力较弱的伟伟),达到也能获得此阅读经验的目的。

教师在即时的教学现场,需要对教学目标非常清晰以及对孩子的现场表现作出即时的判断,并给出恰当的有指导性的回应,这批参与活动的孩子的阅读能力才会获得螺旋性发展。】

现场教学片段二:

• 根据画面信息想象角色对话

教师:刚才在听你们介绍的时候,我发现有的蚂蚁不只是在说话,而且还在对话呢。你们知道什么叫对话?

嘉:就是你说一句我说一句。

教师：那，如果在这张画面上找一找，怎样才能找到在对话的蚂蚁？（选择下图为例，也可选择其他画面）。

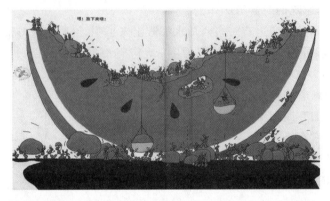

乐：我看到这两只蚂蚁在对话（乐乐指着一只蚂蚁的西瓜掉在了另一只蚂蚁的头上的画面）

教师：说说你的依据是什么？

乐：你看这只被砸到的蚂蚁头上有线，往上找就找到了。

嘉：我觉得这两只蚂蚁在对话，因为它指着另外两只蚂蚁。

教师：原来，在小蚂蚁的附近找一找、或者沿着动作的方向去看可能就会找到对话的蚂蚁。那假设我是这只蚂蚁，谁来和我一起对话？（邀请了一个孩子进行互动）

- **根据画面信息表现角色对话**

两人一组合作寻找对话的蚂蚁后，分别将对话框贴到大图书上，集体交流分享。

教师：把你们的对话框贴在你一会儿想介绍的那组蚂蚁旁边。

西瓜砸头的一组蚂蚁

幼1：啊呀，谁砸我头？

幼2：对不起对不起！

教师：这两只小蚂蚁对话得非常生动啊！还有一组也选了这一对蚂蚁，来说说看吧！

幼3：我的西瓜要掉下来了啊，你要小心一点啊！

幼4：啊呀，你砸到我了！

幼3：对不起对不起！

教师：看来，只要你会想象，同样的画面可能会读出不一样的对话呢。

小黑帽手指一些蚂蚁

教师：这两组有点特别呢，对话的蚂蚁中其中一只贴的都是小黑帽，另外一只分别贴着不同的蚂蚁。分别来说说看吧。

（小黑帽手指两只在睡觉的蚂蚁）

幼1:喂,你们别睡觉了,快起来干活!

幼2:太累了,让我们休息一会吧!

（小黑帽手指两只在吃西瓜的蚂蚁）

幼3:喂,你们这两只偷吃的家伙,别吃了,快干活!

幼4:西瓜太好吃了啊,让我们吃一点再做嘛!

教师:看来,除了看画面上的角色动作以外,还要根据动作看得远一些。有时候会发现画面上不一样的秘密呢。

【分析解读:从在整本书中随意找"在说话的蚂蚁",聚焦到在单幅画面上找"在对话的蚂蚁"。不仅在观察的难度上提高了,也需要幼儿良好的合作才能完成任务。选择集中观察的画面是整本书中的一个高潮,蚂蚁的互动较为集中,互动的内容也较易于幼儿表现表达。实践中也发现,集中讨论一个画面有利于幼儿互相聆听和激发,也有利于幼儿之间的互相学习和影响。

根据幼儿的现场表现,教师根据目标更多地帮助幼儿学习理解画面以及画面中角色的关系。因为有前面环节的经验,幼儿的画面解读能力已经逐渐积累,所以,引导幼儿寻找对话的蚂蚁这个环节,教师使用了让幼儿自己寻找并说明理由的方法。当然,有些幼儿还是无法胜任,所以,通过教师提示其中一只蚂蚁的方法,一步步引导幼儿去寻找和发现。通过互动,总结出一些寻找在对话的蚂蚁的方法,如在附近找、根据脸朝向的方向找、沿着动作的方向找、根据符号找等等,幼儿的阅读能力得到快速发展。

最后的交流环节,每组幼儿的表现都极其精彩。除了赞赏和适当追问、点评以外,我们发现有两组甚至三组幼儿要分享的蚂蚁是同一对。所以,我们鼓励几个小组同时上前,让幼儿发现,同样一对蚂蚁可以有不同的对话。幼儿还会发现,除了两只蚂蚁之间会对话,三只蚂蚁之间,甚至一只蚂蚁和几只蚂蚁、几只蚂蚁和几只蚂蚁之间都会对话。在模拟小蚂蚁对话的过程中,幼儿也发现对话不仅仅只有两句,而是可以循环不断的。在这些情况下,教师的及时肯定、追问和提炼,能极大地激发出幼儿进一步阅读和游戏的兴趣。】

附教案:蚂蚁和西瓜（小班）

活动目标:

1. 在熟读图画书的基础上,根据画面信息合理想象角色语言及对话。

2. 在同伴共读与分享中,产生反复阅读同一本书的兴趣。

活动准备：

1. 经验准备：幼儿熟悉图画书《蚂蚁和西瓜》。

2. 教学具准备：大图书1册，小图书人手1册，大对话框2个，小对话框人手1个

3. 环境准备：操作区域安排2人一桌，桌上摆放人手一本图画书和一个对话框。对话框为彩色，同桌对话框颜色相同。

活动过程：

一、看封面回忆故事

师：（出示封面）这本书你们读过吗？你大概读过多少次？

关键问题：这本书讲了怎样的一个故事？

小结：把你们说的情节拼起来，大概就知道——《蚂蚁和西瓜》说的是，蚂蚁在草地上发现了西瓜，然后集体出动，先把家里装满，再痛快地饱餐一顿，最后还在西瓜皮上玩滑梯这样一个故事。

二、根据画面信息想象单个角色语言

过渡：其实这本书我们已经看了无数遍了，对这个故事已经非常熟悉。不过，今天我们看这本书的方法和以前有点不一样。

1. 了解对话框，引发想象的兴趣

（出示对话框：今天看书的时候我们会用到一个小工具，看看是什么？）

关键问题：你在哪里看到过这个符号？它表示什么意思？

小结：这个符号叫做对话框，我们经常会在书里或者动画片里看到，它出现在谁的旁边就代表谁在说话。

过渡：这本书里有没有可以放对话框的地方呢？我们来找找看。

关键问题：如果我把对话框放在这只蚂蚁旁边，它可能在说什么话？

你凭什么判断小蚂蚁在说这些话？

小结：想要猜到小蚂蚁可能在说的话，我们要仔细观察小蚂蚁的动作或者它在做的事情。

2. 使用对话框，说一说蚂蚁可能说的话

过渡：我相信，在这本书里有很多很多地方都可以用到这个对话框，你们想不想试试看？

（1）个别操作：现在，我为你们每个人都准备了一本书和一个对话框，每一页都可以去看一看、贴一贴、说一说。待会儿我们来听听看，谁说得又有意思、又有道理。

（2）交流分享（请幼儿使用大对话框在大书上进行演示）：你想介绍哪一页上的蚂蚁？来贴一贴、说一说。

小结: 看看小蚂蚁做的事情和它周围的情况,我们就能猜到它可能在说什么。

* 预设回应:

• 好,现在你就是小蚂蚁啦。小蚂蚁,说话吧!

• 同样的画面,不同的人看就会说出不一样的话,但都很有意思。这就是和朋友一起看书的乐趣。

• 他除了把蚂蚁的话说出来了,还表演出了蚂蚁的口气、动作,就更好玩了。

三、根据画面信息想象角色对话

1.共同寻找有交往的蚂蚁,想象蚂蚁的对话

过渡:刚才在听你们介绍的时候,我发现有的蚂蚁不只是在说话,而且还在对话呢。你们知道什么叫对话?

关键问题: 如果在这张画面上找一找,怎样才能找到在对话的蚂蚁?

小结: 在小蚂蚁的附近找一找、或者沿着动作的方向去看可能就会找到对话的蚂蚁。

模拟对话,理解要求:假设我是这只蚂蚁,谁来和我一起对话?

2.合作寻找有交往的蚂蚁,想象并表现蚂蚁的对话

(1)合作操作(每个桌子上只留一本小书):在这幅画面上,正在对话的蚂蚁还有很多,你们两个人一组,一起去找一找正在对话的蚂蚁,分别贴上对话框然后说一说。看看哪组找到的最多,说得最好玩。

(2)集体呈现(将大书翻到上图页):把你们的对话框贴在你一会儿想介绍的那组蚂蚁旁边。

(3)交流分享:这两组小蚂蚁的对话框是哪一组贴的? 上来说一说吧!

关键问题: 这组蚂蚁还可能说的是什么话?

小结: 只要你会想象,同样的画面可能会读出不一样的对话呢。

四、小结和延伸

师:今天我们用对话框来读《蚂蚁和西瓜》,故事变得更加有趣了。虽然这本书你们已经看过无数遍了,但再仔细看看、和朋友聊聊,又会有新的发现。接下来我们可以继续和朋友玩玩这个游戏,还可以用对话框到别的书里去找一找、说一说。

(陆益提供)

4.3.1.4　案例四:大班活动:风喜欢和我玩

设计思路:

"风"是一种常见的自然现象。引导孩子关注自然,与大自然进行对话,是一件很有意义的事情。对于成人来说,"风"是客观存在的现象,所以,我们很难感性地想象"风"对孩子来说,会是什么。其实,孩子们自有他们的感觉,有他们的想法,这不是我们大人用一种抽象的"风"的概念就能解释的。

科学绘本《风喜欢和我玩》让我们看到在孩子的眼里"风"是一种怎样的存在,也让我们看到了孩子与大自然之间的情感。绘本甚至颠覆了我们以往的认识,它将"风"作为主语,是"风"选择了我,想要和我玩。它体现了作者对大自然的尊重、体现了大自然与人的平等。

因此,在欣赏和赞同绘本理念的基础上我们以绘本为载体设计了集体教学活动。希望通过本次集体教学活动,使孩子能够感性、充满想象与诗意地来认识和理解"风"这一自然现象,引导孩子在阅读绘本、玩玩游戏、说说风儿的过程中,产生与大自然进行深刻的交流愿望,让孩子在自然界中找到自己的情感。

在活动中,我将"做中学"的教学理念与科学绘本相结合,在理解绘本画面的过程中,引导孩子从多个角度认识风,进一步感受风的主要特征。并根据大班孩子的年龄特点,启发孩子大胆地推测与讨论,并在体验"风"的游戏的基础上,将"风"和自己玩的游戏表述清楚。激活孩子对大自然的感受力、亲和力与想象力,让孩子从小拥有谦虚地接纳自然的力量,并与自然相协调。

教学现场片段:

• **理解画面,进一步了解风的特性**

吹衣服

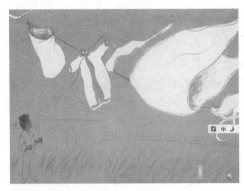

教师:晾衣绳上有什么?

飞:有一条被子。

君:有衣服。

文：我还看到了一只袜子。

教师：你说的是哪一个？

文文手指晾衣绳上最右边的东西。

教师：哦，你认为这是袜子，有别的意见吗？

君：我不同意。你看这件衣服这么大，袜子这么大的话，这个不配的。（君君从两样东西的比例上推断这不是袜子）

教师：那么这可能是个什么东西呢？

文小声说：可能是个袋子吧。

教师：有可能，那么风吹着晾衣绳上的这些东西会发生什么事情呢？

孩子们说，"会把这些东西吹到天上去的。""这些东西吹到地上全部弄脏了。""我觉得风就是把这些东西吹吹干。"

教师：那么，我们就来听听戈贝托（绘本中的小男孩）的录音吧。

（录音：当我们晾衣服的时候，风喜欢和晾衣绳上的东西闹着玩，它把枕头套吹成了气球，把床单扯来扯去，把衣服拧成了麻花。）

边听录音，孩子们边哈哈大笑。

教师：你们为什么笑得那么开心？

孩子们边笑边说，"他说衣服拧成了麻花，哈哈～""我听到那个袋子是枕头套，吹得像个气球了。""风还把衣服扯来扯去，笑死我了。"……

教师：你觉得这是怎么样的风呢？

琳：我觉得这是大风。旁边的敏也附和。

教师：会把衣服拧成麻花，会把枕头套吹成气球的风你觉得有点怎么样？

洋洋：实在太搞笑了啊。

教师：哦，原来是有些搞笑的风呢。你们觉得这个风除了是搞笑的，还是怎样的？

冰：我觉得有点调皮。

琳：是有点顽皮吧。（琳开始感性地来看待风了）

教师：原来，这个风有点像我们小朋友呢，有点搞笑、调皮、顽皮，你们觉得它还是怎么样的呢？

云：我觉得有点小捣蛋。

雷：还有点恶作剧的风。

教师：看来晾衣绳上的风真是调皮捣蛋、搞笑、会恶作剧的风啊！

【分析解读：因为在孩子们心中，对于"风"固有的认识还是比较理性的，所以，在"吹衣服"这个环节需要通过风和晾衣绳上东西闹着玩的录音重点是让孩子们感受到风的有趣,从孩子们哈哈大笑的现场就能看到孩子们都感悟到了。

但是,因为从未有过将"风"当作是一个童趣的伙伴,因此,孩子们一下子还是会想到以原有经验中的"大""小"来分辨风,所以,这时候,教师的现场判断、即时回应及引导非常重要。教师的一句"会把衣服拧成麻花,会把枕头套吹成气球的风你觉得有点怎么样?"一下子让孩子们的思路转了一个方向,马上有孩子回应"实在太搞笑了!"这时候,其实孩子还是没有很好地将"搞笑"这个表述跟"风"的特点联系起来。教师针对性的小结及追问非常及时:"哦,原来是有些搞笑的风呢。你们觉得这个风除了是搞笑的,还是怎样的?"当孩子们开始围绕"顽皮""调皮"展开表述的时候,我们就知道,孩子们看待"风"的角度已经开始变了,这时候的表述是有感情有温度的,他们开始把"风"当成了一个伙伴,对后续环节对于"风"进一步的理解打下了基础。

教学现场,从孩子们的回答中能看到背后的认识及思维,这时候,教师要敏感地知道引导的关键点在哪里,然后组织适宜的小结及追问,帮助孩子进一步的理解,教育目标也就在这一个个看似很小的互动中润物细无声地完成了。】

附教案:风喜欢和我玩(大班)

活动目标:

1.理解画面,从多个角度感性地认识风,感知风的主要特性。

2.能够大胆推测与讨论,并用语言将风和自己玩的游戏表述清楚。

活动准备:

绘本 PPT,实物若干,如风车、自制鲤鱼旗、纱巾等

活动过程:

一、创设情境,初步感受风的特性

1."风"来了

师:看我带来了什么?(扇子)今天扇子要为我们带来一位很特别的朋友,闭上眼睛它来了。(教师用扇子扇风)

关键问题:特别的朋友是谁?你看见它了吗?你怎么知道是风?

小结:风是大自然的孩子,虽然看不见摸不着,但是却能让我们感觉到。

2."风"在哪里

关键问题:风想要和我们玩捉迷藏的游戏,看看它躲在哪里了?你从哪里看出来的?

小结:风来了,大树和小草弯下了腰,风筝高高地飘起,树叶漫天飞舞。瞧!风虽然看不见摸不着,但是,我们还是可以从这些变化上找到它。

二、理解画面,进一步了解风的特性

过渡:风还喜欢找朋友玩,它会找谁玩呢?看,风找到了一个小朋友!看,它来了!

"咻咻咻"是什么声音?你觉得风会喜欢和戈贝托玩什么呢?我们一起来看看!

1.吹衣服

关键问题:风在干什么?晾衣绳上有什么呢?风会和它们怎么玩呢?

风吹着晾衣绳上的衣服,会发生什么事呢?风会把衣服吹成什么样子?

小结:真是可爱调皮的风!

2.吹苹果

关键问题:看看树上有什么?戈贝托想吃树上的苹果,他会怎么跟风说呢?

你觉得这是怎么样的风?

小结:真是好心的风!

3.抢雨伞

关键问题:听,现在是什么样的风?

发生什么事情了?

风和雨伞是怎么玩的呢?你觉得最后会发生什么事情?

你觉得风什么地方很调皮?

小结:风有的时候可爱调皮,有的时候很好心,还有的时候也会制造一点小麻烦!

三、体验风的游戏,交流风的故事

1.玩玩风的游戏

关键问题:你们想不想也和戈贝托一样和风一起玩呢?

看看这些是什么?(出示实物:风车、塑料袋、纱巾、木板)

我们这里有没有风?怎么才能有风呢?

你觉得风会和这些东西怎么玩?

真的是这样吗?我们一起去试一试吧!玩的时候有可能还会使你想起曾经和风一起玩过的故事(幼儿操作)。

2.说说我和风的故事

关键问题:你们试了以后发现风和它们是怎么玩的?

看你们玩得这么开心,我也想起了一件很开心的事情,中秋节的时候……

你们呢?有没有和风一起玩的故事?

小结:风是那么的讨人喜欢,和我们玩的有趣故事还有很多很多……

四、延伸话题

师:和戈贝托一样,我们都是那么地喜欢风! 那么,有没有可能哪一天我们会不喜欢风,甚至害怕风呢? 真的吗? 下次我们再一起交流吧!

（陆益提供）

4.3.1.5 案例五:大班学习活动:小雨点旅行记

设计思路:

对教材的分析:

★**合作的需要:**本次活动的重点是孩子合作创编舞蹈。我发现,通过三年的幼儿园生活,我们班的孩子形成了较固定的朋友圈,自由活动时,他们有固定的玩伴,彼此之间较熟悉,能发挥合作的最大价值。在活动中,我给予孩子充分合作的时间,让孩子们循着自己的需要合作创编。合作后的展示是活动的亮点,意在让孩子高效互动,发现同伴的精彩和不足,最终使孩子们发现更多合作创编舞蹈的方法和内容。

★**展示的需要:**贯穿活动始终的是一段有变化的音乐(前后是两个八拍的抒情音乐,中间是 4 个八拍的欢快音乐)。抒情音乐集体动作表现,欢快音乐合作创编后再表现。整个过程,都可以让孩子随时展现各自的创意和美感,让孩子们始终处在一个充满音乐意境和肢体表现的氛围中。

对幼儿的分析:

★**对科学活动的艺术拓展:**大多数时候,《小雨点旅行记》是作为一个科学活动出现的。但是我发现,自从孩子们学习了《小雨点旅行记》的故事后,他们非常喜欢故事中可爱的小雨点,甚至在角色游戏中开设了一个新部门"雨点俱乐部",用肢体动作表现小雨点,于是,我认为,其实,它可以变成一个音乐活动。

★**对合作表现的适当提升:**在"雨点俱乐部"中,我用桌布自制了一些小雨点服装,鼓励孩子模仿小雨点表演故事内容。从他们的表演中我发现孩子的合作能力较强,有的出现了队形变化,有的会敲打出不同的节奏……我觉得时机成熟了,应该为孩子提供一个平台,让他们尽情展现游戏中不成熟但有想法的创编内容。

教学现场片段:

•**发现同伴精彩**

教师:小雨点,你在干吗?

幼儿1:我掉在泥土里,听小草发芽的声音呢。

幼儿2:我掉到河里,瞧,我还画出了一个小漩涡呢。

教师:这个动作真有趣,大家一起来试试哦。

(全体孩子一起变成小雨点,掉进小河,画出一个小漩涡。)

教师:大家看看猜猜,越越这滴小雨点在干吗呢?

(越越随着音乐舞起来)

幼儿 3:好像是小雨点在滑翔。

幼儿 4:应该是小雨点在树叶上玩滑滑梯的游戏吧。

越越 5:我这个小雨点是在空中飞舞,飞到东飞到西,看看风景。

教师:他的动作这么流畅,你们想说什么?

幼儿:流畅;飘舞;流动;飞翔;行云流水……

教师:"行云流水",说得很到位,一起来试试。

(全体孩子边说"行云流水",边模仿越越的动作。)

【分析解读:"小雨点,你在干吗?"在这里,我给孩子们播放的是一段比较抒情流畅的音乐,但是这段音乐非常具有感染力,孩子一听音乐果真情不自禁地舞起来,因此,我给予幼儿充分表现的平台,让他们先尽情舞动,而后在舞的过程中想象并表达"这样的舞对于小雨点来说是在干吗"。果然,语言和肢体的表达表现不仅使幼儿的创造表现力逐渐成熟,也便于同伴之间互相学习。

• **关注动作表现:**大班的孩子的确不一样,他们的肢体表现非常优美动人,甚至超越了老师。当孩子说"我掉到河里,瞧,我还画出了一个小漩涡呢",我看到这个女孩子轻巧地跳了一下,随后,小碎步轻盈地转了一圈,两只手灵动地像小雨点一样甩着,眼神灵活……真实太美太可爱了。于是,我连忙让所有的孩子一起尝试一下,学习了同伴的精彩,也用肢体动作感受了小雨点的轻盈活泼。

• **关注语言表达:**在让幼儿肢体表现时,除了关注动作,我也希望大班孩子能用精准的语言来表达动作。在越越的动作上,我改变了策略,我让孩子们仔细欣赏越越变身的"小雨点",而后让孩子们猜,让孩子们用语言来表达对这个动作的理解。欣喜的是孩子们果真很聪明,他们的语言非常丰富,恰到好处地表达了越越的动作,同时,也帮助同伴们更好地记住越越"行云流水"的这一瞬间。

每一次的分享交流都是一个难点。教师要善于运用不同的方式,可以互相猜测对方的创造,也可以共同尝试;既可以互相欣赏,也可以互相质疑……总之,要让幼儿生生互动起来,展示的形式也要多样化,注意有详有略,这样,幼儿才能分享得尽兴并有所收获。】

附教案:小雨点旅行记(大班)

活动目标:

1.感知音乐情境,能够用肢体动作大胆表现"小雨点"。

2.体验合作创编的乐趣。

活动准备:

1.小雨点服装每人一套;

2.多媒体课件;

3.太阳图片一张;

4.记录纸笔若干。

活动过程:

一、律动热身——落雨了

1.入场

导入:今天,我们变成……(小雨点)

听,打雷了,下雨了,小巴辣子开会啦!

(多媒体播放音乐《落雨了》)

2.律动《落雨了》

说明:幼儿听辨音乐,随着音乐有节奏地用肢体动作表现下雨等情节。

重点关注:幼儿表演时的表情和动作。

二、音乐体验——"小雨点"欢乐舞

1.倾听理解音乐

关键问题:这段音乐听上去怎么样?

(多媒体播放音乐)

重点关注:幼儿能否听辨理解不同性质的音乐。

小结:这段音乐有三小段,前、后两段音乐是一样的,听上去很抒情,中间的一段音乐听上去很欢快。

关键问题:听了这段音乐,小雨点可能会在干什么?

重点关注:幼儿对音乐情境的合理想象。

小结:原来不同的音乐藏着不同的故事。

2.分段表现音乐

(1)集体表现——抒情优美的音乐

过渡语:这么优美的音乐中,小雨点在干什么呢?请你们用动作做出来吧。

• 自由表现

重点关注:幼儿能否用肢体动作随着优美的音乐形象地表现小雨点。

• 动作分享(选取具有或形象或有创意的动作集体分享)

重点关注:幼儿对同伴舞蹈动作的模仿和理解。

小结:在优美的音乐中,小雨点在倾听小草发芽的声音,在树叶上荡秋千,真好!

(2)合作创编——欢快活泼的音乐

• 明确要求:四个好朋友为一组;用纸笔记录创编的内容。

• 合作创编

重点关注:幼儿的合作和创编的内容及方法。

• 交流分享

第一组:会排队的小雨点

幼儿表现:幼儿随着音乐变化四个队形。

小结:在创编舞蹈的时候可以加上队形的变化。

記录表　　　　　　正方形队形　　　　　　闪电队形

第二组:会唱歌的小雨点

幼儿表现:幼儿用拍手、咂嘴、跺脚、拍地板等发出声响,时而节奏慢,时而节奏快。

小结:可以用很多种办法发出声响,可以做到节奏变化。

记录表

拍手

呲嘴

第三组:小雨点漂流记(有一个故事:小雨点掉到四个不同的地方,在伞上滑落,在叶子上滚来滚去,在车上像弹钢琴一样发出声响,最后掉在池塘里。)

幼儿表现:幼儿合作着表现出小雨点掉在四个不同的地方。

小结:一个舞蹈就是一个故事,很多大型舞台剧就是一个完整的故事呢。

记录表

雨点掉在伞上

雨点掉在池塘里

第四组:会"扭"的小雨点

幼儿表现:幼儿做出四个不同扭动的动作。

小结:男孩和女孩跳舞时可不一样,男孩可阳刚点,女孩可表现得更柔美些。

记录表

扭动一

扭动二

小结：我们在创编舞蹈的时候可以加上队形变化，或发出不同节奏的声响，或用一个故事表现舞蹈，如果有男孩的话，男孩女孩的动作可以有所变化。

3.完整表现音乐

要求：孩子随着完整的音乐，能够用肢体动作大胆表现"小雨点"。

重点关注：幼儿听辨音乐及表现音乐，互相合作的能力。

三、情境延伸——"小雨点"回家了

过渡语：雨停了，太阳出来了，小雨点会去哪里？

要求：在音乐声中，孩子们表现"小雨点"蒸发的动作……

（李洁提供）

4.3.1.6 案例六：大班学习活动：老鼠，小心

设计思路：

一次，和儿子在网上购买绘本。忽然，儿子眼前一亮，激动地指着一本绘本说："妈妈，我要买这本！"我一看，咦，《老鼠，小心》？封面上一只小老鼠轻巧灵活地往前奔着，好像前面有令它心动的东西，在老鼠后面，一只双眼炯炯有神的黑猫在门洞后安静地注视着它……虽然画面是静止的，但好像里面有无数个紧张刺激的故事悄然发生着！

好书！买！

书一到就迫不及待地翻阅着，咦，怎么越看越糊涂呢？哎呀，这只狗从哪里来的？倒过去再看看，似乎慢慢明白其中所讲的故事了……该绘本反映的内容适合大班孩子的探究，需要孩子们很仔细地观察每张图片的点点滴滴，也需要孩子将前后图片联系起来才能发现其中的秘密！

★**情境激趣**：只有发现图片中有价值的信息才能找到其中的线索，因此活动中，我以探险的情境吸引幼儿，从古堡探险开始，慢慢地展开其中的角色，从老鼠——猫——狗——猫头鹰，让孩子逐步推理判断相互之间的关系。

★**步步追踪**：每个角色以不同的方式出现，需要孩子判断推理的难度也在不断提升。用局部猜测的方式发现老鼠在古堡中的各个位置，进而推测出老鼠进古堡后的路线；用完整观察发现猫在跟踪老鼠，进而以图片观察和生活经验判断猫迟迟不下手捉老鼠的原因；用聚焦捕捉的方式发现猫与狗的关系，通过

倒推的方式再现前期图片,提供更多的信息寻找狗跟踪猫的蛛丝马迹……整个绘本中有很多意外,也有很多需要我们动用更多脑力才能解释的问题。相信这样的内容,这样的形式会给予孩子更多的挑战和惊喜!

教学现场片段:

第一次互动(时间 1 分 11 秒)

问题:猫随着老鼠一路跟到床上,为什么前面四次机会它没有下手捉老鼠?

幼 1:因为老鼠在躲迷藏,猫在后面跟着。

师:哦,它不想吃它,它们就是在玩游戏,是吗?

幼 1:是的。

幼 2:猫不想抓老鼠,是因为它不想让老鼠看见。

师:它要让它在不知道的时候吃掉它,静下来的时候把它吃掉,这个倒有点意思。

幼 3:因为老鼠跑得太快了。

师:没跟上。

幼 4:因为,每次老鼠都躲在一个地方,那只猫没看见。

师:我们看到了,其实猫没看到。

幼 5:我觉得这只猫是在找老鼠,它不要抓老鼠。

师:有些小朋友觉得猫,其实是在玩游戏,有些小朋友觉得猫只是想跟着,不想吃它,所以这只小老鼠这么幸运,到现在还活着。

【分析解读:看这段视频,初看一下,有 5 个孩子从不同角度回答了猫不吃老鼠的原因,我也根据不同孩子的回答进行不同的回应,最终我还有一个对孩子各种回答的总结。但是,细致地分析一下,我发现这里的问题是:

• **没有关注图片信息:**我出示了 4 张图片,向孩子提问"为什么前面四次机会猫没有下手捉老鼠"? 幼 1、幼 2 和幼 5 根本没仔细观察画面,只是凭着自己的经验在回答问题,图片是没有意义的。幼 3 和幼 4 发现了图片信息,但是说得比较笼统,我浪费了一个可让孩子细致观察图片的好机会,比如"老鼠跑得太快了,你看到哪张图片老鼠跑得很快?"我只是用简单的话语一笔带过,没有让孩子们深入观察图画书上的各种信息,所以,这个本应智慧碰撞的环节就这样干巴巴地结束了。

• **没有碰撞各自经验:**面对每个孩子的回答,我都自以为是地或是帮孩子解释,或是梳理孩子似乎前后矛盾的回答,总之,没有给其他孩子发言的机会,这样,孩子之间就没有任何互动。比如幼 5 的回答是"猫不要抓老鼠",那么其他孩子同意这个想法吗? 幼 2 的回答到底是什么意思,其他孩子听懂了吗? 有什么想问吗……这里有那么多可让孩子互相质疑,共同探讨的问题,都被我抹

去了。】

看到这里,我发现,图画书教学之所以干巴巴可能这两个问题挺重要:一个是孩子没有发现图片上各种细微的信息和秘密,一个是孩子就算发现了秘密也不善于结合自身生活经验进行进一步想象和推测。

我尝试改变一下……

第二次互动(时间5分14秒)

问题:猫随着老鼠一路跟到床上,为什么前面四次机会它没有下手捉老鼠?

幼1:因为老鼠不知道后面有猫,它听见声音了,所以它跑得快点。

师:哦,就是说其实这只猫是没有跟上。

幼2:猫要趁机等老鼠睡着的时候,再把它吃掉。

师:就是要找一个最好的机会。

幼3:如果在路上抓老鼠的话,路上有很多阻挡的东西,老鼠会把这些东西用计划(计谋)来挡住,老鼠睡着了就比较方便下手。

师:前面这些地方有这么多未知因素,到床上这个事情就变得简单了,有道理呀。

幼4:因为那个洞里钻不进去,但是老鼠可以钻进去。

师:那个洞你们感觉猫钻得进去吗?

众幼:钻不进去。

师:有点道理呀。这个怎么没有想到? 那鞋柜这里呢?

众幼纠结了一下,表示钻——不——进——去。

师:我要是一只猫,我干嘛要钻进去,直接"啊呜"一口吃掉好了。

众幼:把鞋子吃了;把尾巴吃了;拿着尾巴拖过来,把它敲碎,老鼠就昏了……

师:他说得有点道理,为什么鞋柜这里,猫没吃老鼠?

幼5:因为这个洞太小了……

师:洞太小了,咬的话只能咬到……

众幼:尾巴。(又开始各自发表意见,听了一会儿,老师终于听清了几个意思)

众幼:尾巴太小了,吃了也没意思;把尾巴拉住,把老鼠拉出来(众幼笑)。

师:你们觉得这个方法可行哇?

众幼(笑):可行。

教师演示一下,并提问:你们觉得这样尾巴拉得出来哇?

众幼(笑):可行,不可行(各自发表意见)。

幼6：拉不出来。因为老鼠的身体比洞小（老师质疑，是大还是小），是大，猫的身体比老鼠还要大，它抽的话，爪子很有力，把尾巴拉断的话，老鼠的身体还是留在里面的。

师：嗯，而且拉很细的东西可能会滑掉，它还是逃走了，洞又小，拉不出来。

幼7：猫在穿鞋子的地方等着不就行了吗？

众幼激动，讨论中……

教师终于找到头绪，表示猫是不是将两个爪子压在鞋中间，孩子表示不对，应该是猫将一个爪子放在鞋头的洞洞处，一个爪子放在鞋尾处，就等于一个爪子将鞋洞堵住，一个爪子就等着老鼠出来，然后把老鼠抓住。

师：可是还是没吃它。

幼8：因为它肚子不饿。

师：你们不是要等它出来时再吃，没想到一等就等到这里了。（将关注点引到第三张图）第三张为什么没吃呢？

幼9：因为它没看到，它站在外面，老鼠钻在扫帚里面，猫没看到老鼠在哪里。

师：我们这个角度看过去，看到了老鼠，猫在那个角度，它看到了哇？

众幼：没有，因为它站在外面。

幼10：我觉得，第一张图片，猫钻不进去，它身体很大，它很生气，就把墙撞掉了，然后它钻进去了；第二张图片老鼠钻到鞋子里去了，蜘蛛也发现了，猫就跟着到鞋柜里面，鞋柜里面黑漆漆的，猫看不见，就没吃老鼠；第三张图片就是我们能看到老鼠的尾巴，但是猫在那个角度看不到老鼠；第四张图片猫也跟着进去了，但是又黑黑的，它只能开灯，开灯后就看见老鼠，就把它吃掉了。

【分析解读：在这段视频中，感觉孩子们更加投入，表达各自意见的机会也多，因此，我听到了更多来自于孩子的各种发现，很多发现甚至连我也没想到。在这段视频中，我看到：

• 一个恰当的追问，引发孩子对图片的关注：因为幼4的回答直接指向了图片信息，我猛然发现了让孩子关注图片信息的契机，一句"鞋柜这里呢"开始让孩子仔细观察每张图片，从图片信息中发现猫不吃老鼠的原因。让孩子带着问题观察图片既能捕捉更多图片信息，也能启发孩子及时推测图片信息的意义。

☺找寻关注图片的契机：其实当幼3说到"路上有很多阻挡的东西"时，我就可以追问"哪些东西呢"？而幼4说到"那个洞钻不进去"时，我也可以提问"说的是哪张图片",可能指向更明确,也让幼儿更早关注图片信息进行猜测。因此,图画书教学中一定要让孩子关注图片信息。

· **一次随机的争执,激发孩子对经验的分享**:当我追问"鞋柜这里呢"时,因为前面门洞的关系,孩子们的思维还只是停留在"能否钻进去"的思考中,我猛然发现这样的思考没意义,于是,提出了不同的想法"干嘛要钻进去,直接'啊呜'一口吃掉好了",没想到这个想法激发出孩子不同的经验,他们畅所欲言地表达各自想法,包括吃尾巴,借着尾巴把老鼠拉出来,怎样拉才有用……孩子一边观察图片,一边回忆经验,伴随着各种经验的分享,这张图片也忽然变得有趣起来,图画书的意义就在于以图片信息唤醒各自经验吧。

☺找寻引发争执的契机:图画书教学时,教师要善于把握住让孩子争执起来的机会。

· **一场用心的讨论,等待孩子对故事的归纳**:可能对这个问题讨论的比较深入,孩子们在讨论的过程中一方面会发现更多未注意到的图片细节,一方面会回忆更多经验来理解图片信息,一方面对图画书的理解也逐渐明朗化了。我没想到,最后幼10竟能把四张图片联系起来表达了猫不吃老鼠的种种原因,其中既有他自己的理解,也有我们刚才思维碰撞后的理解,我也相信不仅仅是这个孩子,在座的很多孩子也能做到!

☺找寻幼儿总结的契机:我们要相信孩子,有时可以把总结的机会让给孩子。】

附教案:老鼠,小心

活动目标

1.解读画面中老鼠、猫、狗等进城堡的过程,根据画面线索大胆推测情节。

2.能清楚地表达自己的发现。

活动准备:

1.多媒体课件;

2.图片若干(门、鞋柜、厨房、卧室、床)。

活动过程:

一、情境导入:废弃的古堡……

导入:瞧,这是一幢废弃的古堡。

(多媒体播放紧张的音乐——出示古堡的图片)

关键问题:你觉得古堡里会有什么?

重点关注:幼儿对音乐的感知和古堡的想象。

小结:紧张的音乐,阴森森的古堡给了我们很多可怕的想象。

二、观察判断：谁进了古堡？

（多媒体出示：小老鼠）

过渡语：有一只小老鼠和你们想得有点不一样，既然是废弃的古堡，说明曾经有人住过。那里面会不会有一张床呢？这张床对小老鼠来说就可以睡个好觉啦。老鼠决定进古堡！

1.局部猜测：判断老鼠进古堡的路线

（多媒体出示五张剪辑的图片：老鼠在门口、鞋子里、厨房门口、走廊和床上）

关键问题：老鼠在哪儿？

根据这些图片，推测一下老鼠进古堡后的路线是怎样的？

重点关注：能否根据图片信息及生活经验判断老鼠进古堡的路线。

小结：老鼠从大门进入古堡，经过鞋柜、厨房、走廊，最后来到卧室的床上。

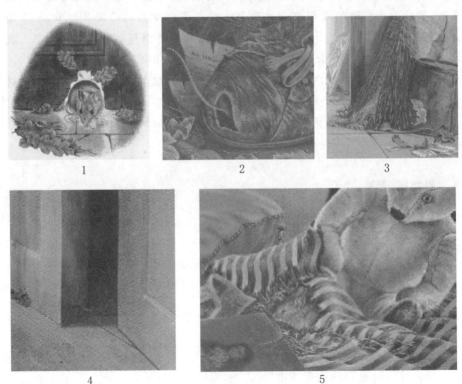

2.完整观察：判断老鼠行走中的潜在危险

过渡语：好像一切都很太平，没有任何危险？让我把图片展开。

（多媒体出示五张完整的图片，每张图片上猫都紧紧跟着老鼠）

关键问题:猫随着老鼠一路跟到床上,为什么前面四次机会它没有下手捉老鼠?

小老鼠在床上睡着了,这个机会怎样? 为什么?

重点关注:幼儿根据图片信息的判断、推测及丰富的想象。

关键问题:可是……怎么了? 怎么会这样?

(多媒体出示图片:猫正张大嘴巴吃老鼠,可是狗出现了)

重点关注:幼儿对意外情况的情绪及状态。

小结:猫一路跟着老鼠,没想到有最后最好的机会吃老鼠时,狗却出现了。

3.聚焦捕捉:判断跟随老鼠的其他危险

过渡语:怎么会这样? 让我们倒过来看看,图片中有没有我们遗漏的信息。

(多媒体按前面的顺序倒过来出示图片:床、走廊、厨房门口、鞋子里、大门)

关键问题:发现了什么?

说明:床和走廊图片中有狗的影子出现,而厨房等地方需要教师提供更多的图片,稍微延伸一点才能发现狗的影子。

重点关注:幼儿对图片细节的观察及判断。

床（镜框里有狗的影子）　　　　走廊（后面镜框有狗的影子）

厨房（从转角那边再提供一张图片）

鞋柜（再提供一张图片，鞋柜的外面是门外面）

门口（再提供一张图片，门的外面是围墙）

小结：原来狗一直跟着猫，而且跟踪的距离由远慢慢变近。

关键问题：还有其他的发现吗？（在图片各个角落还有一双眼睛）猜猜它是谁？

小结：猫头鹰也一直跟着狗。

总结：原来小老鼠进城堡，后面跟着猫；猫进城堡，后面跟着狗；狗进城堡，后面跟着猫头鹰。看一张图片时一定要仔细，才能发现里面的每个小秘密，看几张图片时一定要将前后联系起来，才能发现它们之间的关系。

三、游戏体验：看图寻宝

过渡：我们也来试试看，玩个寻宝的小游戏吧。

游戏规则：教师将给孩子的小奖品装在一个盒子中，将盒子藏于某个地方，教师画三张藏宝图，逐一出示藏宝图，让孩子们看着藏宝图来寻找宝贝。

（李洁提供）

4.3.2 理念转化行为　助推幼儿学习

教学理念能否指导教学实践，能否成为教师的教学行动指南，取决于教师的教学理念是否明确，是否具有可操作性。

在教学现场我们能关注到包含教师在内的现场行为的表现与状态，教师可以对自己在教育现场的教育行为进行重新的理解与再认识，除了整体重点观察教育活动设计和组织实施是否达到教育活动目标之外，还可以更全面、整体的关注教师与幼儿的互动现场，反思和调整教学现场的行为，从而真正的提高教师调控教学现场的能力，使教学现场的氛围变得更生动。如：教师的语言表达能力、肢体语言、活动形式多样等。

教师将教育理念转化为教育行为的过程,有助于教师深入理解在教学现场如何将幼儿阶段的认知与心理发展规律把握的更到位? 如何转变自己的教育观念? 如何更快地调整自己的教育行为,做到在教育现场能够尊重每一个幼儿等一些问题的思考,推进了教师能够更好地为幼儿选择适宜、贴近幼儿生活的教学内容,让幼儿可以在教学现场学得更主动,在轻松、愉悦的环境中,掌握与获取新的知识,拓宽了幼儿的眼界,感受自然与社会,丰富其情感的空间,提高了幼儿自主解决问题的能力,促进了幼儿身心的健康全面发展。

4.3.2.1　案例一:小班活动:蛋炒饭

设计思路:

★选择孩子喜欢的、需要的、有经验的素材点

无论是自由活动或是角色游戏,我发现娃娃家总是人丁兴旺,孩子们最喜欢在小灶台上摆弄着。在我们开展"娃娃家"主题后,孩子的角色意识进一步增强,他们更有模有样地在小灶台上烧饭、炒菜,招待客人,玩得不亦乐乎。一次在和一位妈妈的交流中得知孩子喜欢吃蛋炒饭,考虑到蛋炒饭既有饭又可以炒,还可以在里面放不同的作料,似乎是一个不错的素材。于是,想尝试一下音乐活动《蛋炒饭》。

★寻找与素材点相符合的、有感染力的音乐

确定了素材点后,我就开始找音乐,找一些一听上去就感觉像烧饭、烧菜的音乐,最终锁定庾澄庆的《蛋炒饭》,直觉上觉得孩子会喜欢上那个打蛋、蛋饭下油锅的声音,但后面摇滚的音乐却不是小班孩子所能接受的,于是,再次选择了《三个和尚》中这段有感染力,感觉很喜庆的音乐,相信孩子们会随着音乐摇头晃脑地动起来。

★创设与素材点相符合、简单易操作的环境及材料

小班孩子喜欢情境,不管是学习或游戏。小围兜让孩子找到小爸爸小妈妈的感觉,纸箱、脸盆做成的小灶台让孩子找到烧饭的感觉,这两种感觉可以帮助孩子更好地表现烧蛋炒饭的整个过程。这些操作材料的制作也非常简便,用废旧材料简单组合就行,让孩子初步具有变废为宝的意识。

整个活动的设计是总分总,先完整倾听音乐,发现其中不同的声音,进而分段表现这些声音所代表的动作,最后在情境中完整表现音乐,一起烧蛋炒饭,既简单又循序渐进、合情合理。

教学现场片段:

•发现同伴精彩,共享炒饭经验

教师:谁能把饭炒得又香又好吃?

(教师邀请个别幼儿模仿动作,关注幼儿炒饭时的动作表现)

教师邀请了两个小爸爸,小爸爸随着音乐开始炒饭。

教师:这两个爸爸是怎样炒饭的?

幼儿1:一个爸爸会这样的。(幼儿演示交换左右手炒饭)

教师:一会儿左手炒炒饭,一会儿右手炒炒饭。

幼儿2:这个爸爸就是慢慢炒饭。

教师:你们没看到吧,他可是笑眯眯地炒饭呢? 你们看!(爸爸马上笑眯眯地炒饭)慢慢地、笑眯眯地炒炒饭。

幼儿笑。

教师:一个爸爸左右手交换着炒饭,一个爸爸笑眯眯炒饭,很厉害哦。

教师再请一个小爸爸一个小妈妈来炒饭。

教师:你们发现了什么?

幼儿3:这个爸爸脑袋摇来摇去炒饭。

教师:真可爱的爸爸。你再做给我们看看。

(小爸爸摇头晃脑地炒饭)摇摇脑袋炒炒饭。

幼儿4:这个妈妈是没力气地炒饭。

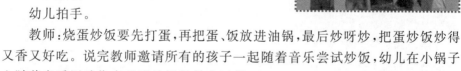

教师:好像力气是不大,不过你们看看她会边扭边炒饭呢。(女孩马上笑眯眯扭着炒饭)扭扭屁股炒炒饭。

幼儿拍手。

教师:烧蛋炒饭要先打蛋,再把蛋、饭放进油锅,最后炒呀炒,把蛋炒饭炒得又香又好吃。说完教师邀请所有的孩子一起随着音乐尝试炒饭,幼儿在小锅子上随着音乐用动作表现蛋炒饭的整个过程。

【分析解读:虽然是入园不久的小班孩子,但是由于好听的音乐和巧妙的设计,孩子们还是快乐地随着同伴和老师一起尝试用肢体动作表现烧蛋炒饭,在该实录中,我发现:

• **数量合适,愿意分享:**当音乐响起来,孩子们会情不自禁地随着音乐舞动起来,这时教师便要快速又用心地寻找善于表演、有亮点的孩子。考虑到邀请一个孩子来表演,孩子可能会怯场,因此,每次表演结束,我都会邀请两个孩子来表演,这样,有了同伴的参与,孩子可能愿意把自己的精彩展现在同伴面前。

• **直观感受,互动分享:**当两个孩子在表演的时候,其他孩子可以直观地看到他们的每一个动作。提问"他们是怎么炒饭的"既让孩子们尽情表演,也让他们开始关注对方。虽然可能小班的孩子并不能用语言精准地表达同伴的动作,但是他们可以用肢体动作再现,此时,教师的语言提醒就显得至关重要,教师用简单、朗朗上口的类似儿歌的语言帮助孩子梳理炒饭的动作,比如左手炒炒饭,右手炒炒饭,摇摇脑袋炒炒饭,扭扭屁股炒炒饭……这样的分享既直接又形象,便于小班幼儿经验的丰富和梳理。

• **感受精彩,拓展分享:**当然,小班的孩子也能发现同伴的问题。我邀请了4个孩子来表演炒饭的动作,对孩子来说,可能慢慢炒饭的爸爸,没力气炒饭的妈妈做得并不好,那是因为孩子们只是关注了力度。而教师的提醒,既让孩子看到,虽然爸爸慢慢炒饭,但是他却是微笑的,虽然妈妈看似没力气地炒饭,但是她却会扭着屁股炒饭……这样的发现,让孩子感到好奇,原来,快乐地炒饭除了有力气,还可以加上其他动作,而对于教师来说,则巧妙地将表情等也融入到该活动中了。

在活动中,教师需要随机应变的能力,能关注到每一个孩子的精彩,并巧妙地将之发扬就能有效发挥榜样的作用。瞧,这些孩子有模有样地打蛋、把蛋饭放进油锅,不停地炒饭,我相信,他们不仅是快乐的,同时也从同伴中收获了什么。】

附教案:蛋炒饭(小班)

活动目标:

尝试跟着音乐模仿动作,体验烧蛋炒饭的乐趣。

活动准备:

教学具准备:幼儿人手一件小围裙,一套烧饭的工具材料;多媒体课件。

经验准备:在主题"娃娃家"进行中,幼儿有了简单的角色意识和行为。

活动过程:

一、角色导入:我是小爸爸小妈妈

1.幼儿戴上小围兜装扮成小爸爸小妈妈入场

2.热身律动《爱我你就抱抱我》

（多媒体播放音乐：《爱我你就抱抱我》）

说明：幼儿集体随着音乐表现"亲亲我""抱抱我"等动作。

重点关注：幼儿的角色意识，情绪是否愉悦。

二、情境体验：学烧蛋炒饭

过渡语：小爸爸小妈妈最喜欢在家烧饭，我都已经闻到香味啦，看看这是什么？

（多媒体出示：一盘蛋炒饭）

这是一盆香喷喷的蛋炒饭。

1.初步感知（完整倾听音乐）

关键问题：你听到了什么？

重点关注：幼儿能否发现音乐中的各种声音。

小结：原来你们听到了打蛋，蛋、饭倒进油锅的声音。

2.分段体验（分段表现音乐）

· 打蛋

（多媒体播放打蛋声音——出示打蛋图片）

说明：幼儿随着音乐模仿打蛋动作。

· 蛋、饭倒进油锅

（多媒体播放蛋、饭倒进油锅的声音——出示相关图片）

说明：幼儿随着音乐模仿蛋、饭倒进油锅的声音及动作。

· 炒饭

关键问题：谁能把饭炒得又香又好吃？

重点关注：教师或是邀请个别幼儿或是邀请部分幼儿，甚至全体幼儿模仿动作，关注幼儿炒饭时的动作表现。

小结：烧蛋炒饭要先打蛋，再把蛋、饭放进油锅，最后炒呀炒，把蛋炒饭炒得又香又好吃。

3.完整表现

说明：幼儿在小锅子上随着音乐用动作表现蛋炒饭的整个过程。

三、经验拓展：为蛋炒饭加料

过渡语：蛋炒饭里除了蛋，其实还可以放很多好吃的东西呢！

关键问题：你吃过的蛋炒饭里还放了什么？

重点关注：幼儿已有经验的回忆及表达，能否发现蛋炒饭里可以放很多其他食料。

（多媒体出示：放各种食料的蛋炒饭）

小结：原来，我们还可以在蛋炒饭里放火腿肉、小青豆、玉米、培根等，这样烧出来的蛋炒饭很好吃，营养也更全面！让我们也烧一盆更美味的蛋炒饭给客人老师吃吧！

说明：幼儿随着音乐再炒一盆蛋炒饭给客人老师吃。

（幼儿可想象为客人烧的蛋炒饭中加上其他食物，比如虾仁、青豆、火腿肉等。）

（李洁提供）

4.3.2.2 案例二：中班活动：谁藏起来了

设计思路：

随着与图画书接触得越来越多，我们发现有一类书特别受孩子们的喜欢，那就是游戏类的图画书。《谁藏起来了》就是其中很有代表性的一本，本书以各种动物为游戏载体，24 种动物总是跨页呈现，时而有表情的变化、时而有动作的变化、时而出现背景颜色的不同。让孩子在不断的辨别寻找中感受着图画书的有趣，观察、判断、记忆等能力都获得发展。

为了在集体活动中更聚焦孩子观察记忆思维能力的发展，我们以颜色、外表特征、眼睛特点等元素对动物进行了筛选，最后确定 9 种 10 个动物。对游戏也进行了有目的的选择和设计，使观察比较的重点更为凸显。

　　活动以游戏形式开展,让孩子们在游戏中进行学习。活动主要分为三个部分,"猜猜谁躲起来了"让孩子了解动物的位置以及身体颜色和背景色之间的关系,"看看谁站在那里"根据动物位置及眼睛特征进行判断分析,最后一个环节"看看谁回家了"让幼儿通过眼睛特征的比较以及排除法进行观察推测。三个环节层层递进,在各环节中也设计了层层递进的问题链,也在一次次的猜谜中不知不觉的增强他们的观察力、记忆力和思维能力,同时也进一步巩固他们对动物主要外形特征的了解。这个学习的过程以及积累的能力,为他们以后的相关学习打下了一定的基础。

　　教学现场片段:

　　• **记忆位置,判断思考**(谁站在那里)

　　教师:玩着玩着天都黑了,动物朋友呢? 天这么黑你还能记得站在那里的是谁吗?

　　军:站在那里的是兔子!

　　教师:你说的是哪里? 能把它的位置说清楚吗?

　　军:就是河马旁边的是兔子。

　　教师:可是河马我们也看不见啊,河马在哪里呢?

　　军:河马就在兔子的旁边啊。(看得出军能分辨出动物的位置,但是无法准确地进行表述。)

　　教师:谁来试试看把河马的位置说清楚?

　　敏:河马在第一排的中间。

　　教师:好的,这样我们就知道河马具体的位置了。军军,你能说说看吗? 除了说河马在第一排的中间还能说河马在什么位置?

军:河马在第一排的第二个。(有了敏的表述参考,军理解了表述方法,且找到了不一样的表述方法。)

教师:军军很棒,同一个位置我们可以有不同的说法呢。军军,说说你认为这是河马的理由是什么?

军军:我记得河马就是在这里的。

教师:记住动物的位置能让我们知道这是谁。那么,我们每个孩子都拿好手电筒,一起说"咔擦",第一排中间的位置就会被照亮哦!(教师用鼠标点击画面,配合孩子模拟手电照亮的游戏,孩子们看到画面出现的那一刻激动地叫了起来)

教师:那么河马的旁边是谁呢?

东:是兔子和牛,牛在前面,兔子在后面。

教师:你怎么知道是牛和兔子?

东:因为兔子是红眼睛的。

教师:看来记住眼睛的特征也能让我们知道这是谁。那我们也用手电筒把它们照出来吧。

【分析解读:本环节的目的是让孩子在说说"谁站在那里"时,清晰表述自己判断的依据,例如动物准确的位置、动物的眼睛特征等。但是在和孩子的互动中发现,中班孩子存在一个很明显的特点:心里知道而无法用语言表述清楚。这时候,教师需要创设机会让孩子之间产生互相学习、影响的氛围,让孩子能够在别人的表述基础上将自己的思考表述清楚。

本活动最大的特点是"教学游戏",让孩子在游戏中学习,因此教师在环节设计中也进行了充分的考虑。例如,迎合孩子的需要设计的"手电筒照一照",让中班孩子的参与兴趣被充分地调动,感受到了表述后的惊喜,这个惊喜会促使他们更加积极的互动。

在教学现场,孩子们的表现是教师检验自己教学设计最好的依据,教学现场为研究更优化的教学提供了可能。】

附教案:谁藏起来了(中班)

活动目标:

1.尝试根据动物的形态特征及对位置的记忆进行大胆猜测,发展观察思考能力。

2.愿意大胆表达自己的想法,并讲述猜想的理由。

活动准备:

1.教具准备:教学课件

2.教学具准备:小动物图片、房子底板

3.经验准备:初步了解动物的外形特征

活动过程:

一、认识动物,引发观察兴趣

师:今天老师请来了一群动物朋友来和我们做游戏。想不想见见它们? 看看谁来了? (按照顺序出现动物)

小结:今天可真开心,牛,河马,兔子,大象,猫,袋鼠妈妈带着它的宝宝,还有狮子、老虎和小猴子要和我们一起玩游戏!

二、观察颜色,判断思考(谁藏起来了)

1.感知动物身体颜色与背景色的关系

关键问题:小动物要和我们玩捉迷藏了。你们玩过"捉迷藏"的游戏吗? 是怎么玩的呢?

看看绿绿的可能是在哪里?

谁藏起来了? 它在哪一排? 第几个? 你是怎么发现的?

小结:绿绿草地让绿绿的大河马藏起来了。

2.理解动物颜色与背景色的关系

关键问题:看这是什么颜色? 到了哪里? 这次躲起来的可能会是谁?

为什么你认为是它? 说说你的理由。我们一起来看一看。

为什么到了橘黄色的地方牛、袋鼠还有老虎的身体就看不见了?

小结:因为牛、袋鼠还有老虎的身体是橘黄色的,所以到了橘黄色的地方它的身体就看不见了!

3.迁移想象动物颜色与背景色的关系

关键问题:小兔子和大象说:它们也想藏起来,你觉得它们应该躲到哪里去呢? 为什么? 如果它们躲在蓝色的地方我们可能会看见它的哪些部分?

小结:你们又学到了一个新本领,能根据小动物身体的颜色来发现是谁躲起来了!

三、记忆位置,判断思考(谁站在那里)

关键问题：玩着玩着天都黑了，动物朋友呢？天这么黑你还能记得站在那里的是谁吗？

你猜出了谁？在它旁边的会是谁呢？刚刚站在这一排的是谁呢？

你猜这里是××，真的是它吗？请你来拍拍板，如果你猜的小动物真的是在这个位置的话，它就会出现哦。

小结：原来记住小动物们站立的位置能帮助我们找到它。

四、观察细节，判断思考（谁回家了）

1. 集体猜测

关键问题：天黑了，动物朋友要回家休息了，看看谁已经先回家了？（大象、袋鼠、老虎）接下来谁会回家呢？

兔子（引导幼儿发现猜测方法：眼睛特征及谁不见了）

（黑暗中露出兔子眼睛）

你怎么知道是它？还有什么理由也能让我们知道它是谁？

请你打开房间的灯，看看住的到底是谁。

小结：我们可以观察眼睛的特征或看看谁不见了来判断是谁回家了。

猫、牛（引导幼儿观察比较两组眼睛的不同）

关键问题：又有动物回家了，这回是哪两个？

（黑暗中露出猫和牛的眼睛）说说你是怎么看出来的？

小结：比较一下两组眼睛的不同我们就能发现它们分别是谁。

2. 个体操作

关键问题：看，动物朋友们现在都回家了，你能从它们的眼睛里看出它们住在哪个房间吗？（黑暗中露出河马、狮子、猴子眼睛）

这里有一些楼房和小动物的图片，请你去摆一摆，让它住到自己的房间里去，一会我们来说一说，看看谁最会观察？（幼儿操作）

3. 集体讨论

关键问题：把你的房子拿过来，我们一起来看一看是不是都摆对了呢？

这间房住的到底是谁？这两双眼睛到底有什么不一样？

小结：这么细微的不同也让你们观察到了，真是了不起。

延伸活动：

1. 动物朋友要和我们说再见了，和它们玩游戏可真开心啊！

2. 这些动物朋友就来自于这本书，名字叫《谁藏起来了》，里面有更多的小动物能和你们做游戏哦，想和它们玩儿的朋友一会可以去看一看！

（陆益提供）

4.3.2.3　案例三:大班活动:狗熊分饼

设计思路:

《3—6岁儿童学习与发展指南》指出:幼儿科学学习的核心是激发探究欲望,培养探究能力。其中"初步感知生活中数学的有用和有趣"也是科学领域的目标之一。此次活动素材点选自《学习》(大班)"动物大世界"主题活动中,源于"狗熊分饼"的这一故事情节,引发幼儿能够对生活中的常见的等分现象产生兴趣,让幼儿在情景中通过自己的操作去发现、归纳等分的方法,充分体现了数活动源于生活、服务于生活的理念。

活动设计中,遵循幼儿的年龄特点和认知规律,以"狗熊分饼"的故事情节贯穿始终,运用了多媒体课件,尝试营造愉悦的教学互动情境,吸引幼儿主动探求新知识的欲望。

活动设计分为四个环节。第一个环节中,以"狗熊分饼"的故事引发幼儿用自己的生活经验,乐意帮助小熊分饼。并自然过渡引入第二个环节,鼓励、引发幼儿在自主尝试、探索中,理解"二等分"的概念,尝试用正确的方法分圆形的饼。第三环节这一部分,可以说也是本次活动的重点,教师结合故事的情节深入,为幼儿提供了长方形、正方形这两个不同形状的饼,让幼儿自主探索用多种不同的方法将这些图形进行二等分,记录并找出不同的分法。当幼儿在尝试操作之后,教师结合多媒体动态的课件的演示,既帮助幼儿理解正方形与长方形的二等分的分法,又达成目标一中提到的,了解同一图形有不同的二等分的方法,对于整个活动起到了画龙点睛的作用。第四环节的经验拓展环节,能够帮助幼儿运用已有的经验,共同合作,挑战对正方体、长方体等图形进行等分。

整个活动目标、环节清晰,由浅入深,层层递进,循序渐进。

教学现场片段一:

• 幼儿第一次尝试操作(等分圆形)

教师:有没有发现这是一块什么形状的饼?

轩:一看就知道是圆形。

乐:是不是要把这块饼分给两只熊吃?

追问:怎么把这块圆形的饼分成一样大小的两份?

(幼儿尝试操作,教师指导)

师:谁愿意来介绍一下,你是怎么将这块圆形的饼分成一样大小的两份?

袁:(一边拿了一张圆形的纸,对折了起来)我就是这样把它分成一样大小的两份的。

豆:就是把圆形的饼对折一下,就好了。

教师追问:怎么分成一样大小的两份呢?

瑶:就是要把它折的时候对齐,角对角,边对边对齐。

乐:当然,对折之后,剪的时候,也要小心,不要剪歪了。

教师小结:圆形的饼要分成一样大小的两块,可以对折剪开,剪开后是两个同样大小的半圆形。

教师:怎么证明这两块分好的饼一样大?

圆:我是把它比一下,看看是不是一样大小。(边说,边把两个分好的半圆上下重叠比较)

倩:我和它的办法差不多,就是把两个半圆形的饼,上下重叠在一起。

涵:对的,这样就能比出结果了,如果重叠在一起一样的,就是分的两块饼一样大小了。

佳:我也是用这样的办法的,再用眼睛仔细看看,比较一下,是不是一样大小的。

教师小结:重叠是检验大小是否一样的好办法。像这样,把一样东西平均分成一样大小的两份,这是二等分。

【分析解读】这一环节主要是想通过幼儿的尝试、体验这一过程中,发现和了解如何将一件圆形的物品,分成一样大小的两份。有助于帮助幼儿能够在自主操作、探究的过程中,获得新的知识经验。更有助于幼儿理解"二等分"的概念。

接着,让幼儿能够在讨论的过程中,了解同伴对于圆形物体如何等分的思考,引发幼儿互动与讨论,最后得出正确的结论。

这个环节中,从幼儿操作前、后的教学现场互动片段中,可以看出幼儿对于圆形饼的"二等分"有着相似的思考角度,但是,在交流、分享、表述的过程中,幼儿也都有着各自的观点和不同之处。有的幼儿知道圆形"二等分"的方法,却不能用完整的语言表述,不知其所以然。有的幼儿能够较完整的表述,却在操作过程中,不够精准与熟练。还有的幼儿既能够用较精炼的语言表述,又能够用自己操作的最后结果,在同伴前呈现。幼儿之间存在着一定的差异性。基于幼儿不同的行为表现和思考方式,教师的作用体现主要是通过启发、引导的方式,将幼儿对于圆形"二等分"的不同的思考,让幼儿能够在简洁、有针对性的提问中,产生互动和交流,引发幼儿对于"二等分"概念的理解和运用,从而达成活动目标。

教师在即时的教学现场，更多地注重观察幼儿的操作、体验过程，善于发现幼儿在圆形"二等分"的过程中的行为表现，发现幼儿的思维方式的差异性，并且在分享交流的过程中，引发幼儿能够用语言、结果呈现等不同的方式，让幼儿产生生生互动，师幼互动。最终，在思维的碰撞中，更清晰的帮助幼儿理解"二等分"的概念，结合幼儿获取的生活经验，尝试学着将圆形的物体，用正确的方法"二等分"，并能够知道其验证的方法。】

现场教学片段二：
·幼儿第二次尝试操作（等分正方形、长方形）
师：有没有发现，这饼和上次的饼有什么不一样？是什么形状的？
元：我知道，这个一个是正方形，一个是长方形。
师：正方形和长方形的饼要分成一样大小的两块，怎么分？
鑫：是不是和圆形一样，也是对折，然后再剪开。
亦：我觉得正方形就是对折，然后剪开就是两个小的长方形。
嘉：我知道，要将长方形分成两个一样大小的两份，可以这样对折（伴随手上的动作）
笑：其实，正方形、长方形都可以对折，然后剪开，就可以分成一样大小的两份。
宁：我和他们有不同的意见，我觉得正方形还可以对折，变成两个三角形。
秋：（轻声与一旁轩交流）原来，这个正方形还有这种分法啊！
（幼儿尝试操作，教师指导）
师：你帮狗熊兄弟分了什么形状的饼？怎么分？
乐：我分了正方形的饼，就是对折后，然后剪下来的，分成了两个小长方形。
师：仔细看看，他分成的两个小长方形，一样大小吗？
豆：一样的，比比就知道了。
（教师请乐乐，将剪出的两个小长方形比比）
张：差不多，好像一样大小。
师：还有没有不同的分法，将正方形也分成一样大小的两份？谁愿意来介绍一下？
馨：我和他的分法是不一样的，你看，我分出了两个三角形，也是一样大小的。（馨馨边讲解自己分的过程，用较完整的语句表述，又将分的过程演示给同伴看）
师：有没有和馨馨一样，对折后，将正方形分成了一样大小的两个三角形。
（有近三分之二的幼儿举手，表示自己将正方形分成了一样大小的两个三

角形)

(教师以 PPT 的动态演示,正方形的两种不同的分法)

教师小结:我们将正方形的饼有分出了两种二等分的方法,一个是对边折等分成相同的两份。

师:长方形的饼你是怎么分的?

然:我把长方形对折后,分成了两个长方形,我比过了,是一样大小的。

轩:我也是分成了一样大小的两个长方形。

师:一样的长方形分出两个一样大小的长方形为什么不同呢?

天:哦! 你没发现吗? 一个是长方形的两条短的边对折的,轩轩的是两条长的边对折的,所以,他们分出的两个一样大小的长方形是不一样的。

教师小结:短边对折可以分成两块一样大小、胖胖矮矮的长方形,长边对折可以分成两块一样大小、长长扁扁的长方形。

师:长方形除了能分成一样大小的两个小长方形以外,还有什么不同的等分方法?

康:我把长方形分成了两个一样大小的三角形,而且有点长,角有点尖。

亦:我分出的是梯形,你看,和他们分出的不一样,我是这样对折的。

师:谁来比比看,他分出的两个梯形一样大小吗?

(乐乐迫不及待的上来要求验证)

乐:真的一样大小的。(疑惑的表情)

涵:你们看,我分了两个梯形,和亦分的梯形不是一样大小的,但是,我分的两个梯形是一样的。

教师小结:斜着折一折,分成一样大小的两个三角形。

师:比比,分好的两块都能重叠么? 都一样大小吗?

(幼儿自主验证或者结伴验证)

教师小结:比的时候要多试试,可能有的分出的两个图形需要转一转,就能知道它们是不是重叠,是不是一样大小了。

教师小结:我们将长方形对着分别等分成两个一样大小的长方形、斜对折等分成两个一样大小的三角形,还等分成一样大小的梯形,只要经过中心点对折后,都能将长方形二等分,还有很多不同的分法,有机会可以去试试。

【分析解读:瑞士心理学家皮亚杰认为:"儿童学习的最根本的途径应该是活动,活动是联系主客体的桥梁,是认识发展的直接源泉。儿童的思维是从动作开始的,切断动作与思维的联系,思维就得不到发展。"这就要求教师建立以活动促发展的教学观,倡导"以儿童为中心、以活动为主、平等参与"的教育理念,把书面的内容转化为幼儿能够亲身参与的数活动,让幼儿通过参与活动过程,亲身体验知识的形成与发展。

在这一环节的活动设计与实践中,幼儿分别将长方形与正方形分出了两个一样大小的三角形、长方形、梯形等等。根据教学现场的幼儿行为表现,从幼儿的思维现实角度出发,我们发现,教师让幼儿在"二等分"圆形的基础上,运用幼儿已有的生活经验和知识能力水平,对长方形与正方形进行分析、观察、尝试等分、验证、交流等实践活动,使幼儿理解、思考、探究正方形和长方形"二等分"的不同分法,尤其是在长方形的"二等分"的过程中,同样将其分成了两个一样大小的梯形,由此,引发了幼儿会对此进行深入的思考,关注到"只要经过中心点对折后,都能将长方形二等分"的这一经验,在此基础上,幼儿的再次的操作与探究,则更有利于幼儿之间的互相学习和影响。也使幼儿在获得体验的同时,进一步理解"二等分"在幼儿生活中的运用。

值得一提的是,教学现场中幼儿生生互动的过程,除了能够对幼儿有启发引导的作用之外,还能激发幼儿努力尝试对正方形与长方形的多种不同分法的探究欲望,切实打开了幼儿思考的角度与思维的方式。幼儿在这一操作、体验与分享过程中的大胆尝试和自信的行为表现,对于教师来说也是一种新的挑战,也就是在活动前,要求教师需有更多、更全面的思考,以满足幼儿在教学现场中不同的需求,达成活动的目标。

活动现场让幼儿主动参与数活动是参与者求知、求参与的一种心理需要。兴趣、快乐等与知觉联系起来的温和、愉悦、宽松的情绪,对认知具有组织作用。如果设计一些幼儿易于接受的操作、体验的数活动,能全方位调动儿童多种感官,促进知识内化、启迪思维。】

附教案:狗熊分饼(大班)
活动目标:
1.尝试对圆形、正方形、长方形进行二等分,了解同一图形有不同的二等分方法。
2.体验帮助狗熊分饼的快乐。
活动准备:
1.圆形、正方形、长方形(纸片若干)
2.操作纸人手一份、课件、记录表、剪刀等
活动过程:
一、激趣导入
导入:还记得狗熊分饼的故事吗? 两只狗熊发生了什么事?
(多媒体播放狗熊分饼的故事画面)

关键提问:这饼应该怎么分,它们才会不争吵呢?

重点关注:幼儿能够了解圆形饼的特征,了解"二等分"的方法。

小结:可以将一块饼分成一样大小的两块。

二、第一次尝试操作(二等分圆形)

过渡语:有没有发现这是一块什么形状的饼? 怎么把这块圆形的饼分成一样大小的两份?

关键提问:你是怎么将这块圆形的饼分成一样大小的两份?

(幼儿尝试选择圆形的图形"二等分")

重点关注:幼儿将圆形"二等分"的情况

小结:圆形的饼要分成一样大小的两块,可以对折剪开,剪开后是两个同样大小的半圆形。

关键提问:怎么证明这两块分好的饼一样大?

小结:重叠是检验大小是否一样的好办法。像这样,把一样东西平均分成一样大小的两份,这是二等分。

三、第二次尝试操作(二等分正方形、长方形)

过渡语:这两天它们又收到了朋友送来的饼,会遇到什么新麻烦? 这次的饼和上次的有什么不一样? 是什么形状的?

关键提问:正方形和长方形的饼要分成一样大小的两块,怎么分?

(幼儿尝试选择正方形、长方形的图形"二等分")

关键提问:你帮狗熊兄弟分了什么形状的饼? 怎么二等分的?

比比,等分后的饼一样大小吗?

正方形的饼我们分出了几种二等分的方法?

重点关注:幼儿将正方形"二等分"的情况

小结:我们有了将正方形的饼分出两种二等分的方法,一种是对边折等分,一种是对角折等分。不同的二等分方法会将正方形等分成不同的形状、大小相同的两份。

关键提问:长方形的饼你是怎么分的?

长方形的饼还有什么不同的等分方法?

重点关注:幼儿将长方形"二等分"的情况

小结:短边对折可以分成两块一样大小、胖胖矮矮的长方形,长边对折可以分成两块一样大小、长长扁扁的长方形。斜着折一折,分成一样大小的两个三角形。

关键提问:比比,分好的两块能重叠么?

小结:比的时候要多试试,可能图形需要转一转,就能证明它们是不是重叠,是不是一样大小了。

关键提问:长方形我们分出了几种二等分的不同分法?

重点关注:幼儿将长方形分出了几种"二等分"的分法。

小结:我们将长方形对折分别等分成两个一样大小的长方形、斜对折等分成两个一样大小的三角形,还等分成一样大小的梯形。只要经过中心点对折后,都能将长方形二等分。还有很多不同的分法,有机会可以去试试。

四、经验拓展

过渡语:我们帮助狗熊分各种不同形状的饼,分的很公平,它们很满意。

关键提问:瞧! 这会儿送来了好吃的蛋糕,有些什么形状?(圆柱体、正方体、长方体)

(幼儿四人一组,一起尝试分享三种图形的蛋糕)

(钱月红提供)

4.3.2.4 案例四:大班活动:小房子

设计思路:

对教材的分析:

该内容是《学习》书上的教学内容,我以绘本的形式丰富了该故事。

★**绘本本身突出了乡村的美和城市的变化**:从绘本本身的内容来看,《小房子》前面一部分,作者都用最美的笔写出和画出了乡村的美,而后面一部分,作者通过逐渐增加的设施,让我们发现从乡村到城市的变化。

★**绘本意义深刻,能带出很多值得思考的东西**:绘本的结尾带给我们无限遐想,如果引导孩子根据绘本来观察自己生活的城市,那么我觉得可以从绘本中挖掘出很多内容,在后续活动中,可以引导孩子参观老房子;寻思如何让老房子和新房子完美结合;也可以想到改善城市的问题,增加乡村的方便……总之,给予孩子一个开放的思考方式,期待孩子更多的精彩!

对幼儿的分析:

★**城市经验多于乡村经验**:在和孩子的闲聊中,我发现孩子们对城市比较熟悉,他们能说出城市的各种美好,也善于发现城市的各种秘密。因此,在设计活动时,对于城市这一部分内容,我让孩子们根据图片中逐渐增加的东西自主思考,根据城市的发展进行排序。而对于乡村,我发现孩子的经验不多,因此我尝试让他们观察图片,倾听来自乡村的声音,让孩子们进一步感受乡村的美好。

★**个体经验能拓展群体思维**:我发现很多孩子都有自己独特的观察和思考的视角,因此,活动的设计非常开放,每一个孩子都能在其中发现自己感兴趣的东西,而这样以集体活动进行交流的方式便于孩子分享各自经验,能成功带动同伴思维碰撞,从而丰富地感受城市和乡村。

教学现场片段:

• **以点到线到面,幼儿的观察逐渐细致深入**

教师:在不同的季节里,小房子看到了什么?

幼儿1:小房子看到了冬天是白色的,秋天是金黄色的。

教师:说得真好,不过,还有两个季节没说哦。

幼儿:春天,春天有点绿,有点黄;夏天,夏天看上去很绿的。

教师:能不能用好听的话说说小房子看到的乡村一年四季是怎样的?

幼儿:嫩黄黄的春天,碧绿的夏天,黄灿灿的秋天,雪白雪白的冬天……

教师:哇,乡村很美,不同的季节有不同的美。

幼儿2:我看到小房子旁边有几棵树,那些树是粉色的。

教师:这是春天的树,粉色的可能会是什么树呢?

幼儿:桃花树,樱花树……

教师:小房子不管看哪样东西都会将四个季节联系起来看,联系起来看你就知道这是什么树了。

幼儿3:我知道了,是苹果树,我看到秋天它长出果子了。哎!到冬天就什么也没了。

教师:真棒,试着看到每一样东西在不同季节的变化哦。

幼儿4:我看到小房子前面有条小河,春天就这样,夏天里面有人在游泳,秋天颜色好像变深了,到了冬天就结冰了。

幼儿5:我发现云也是不一样的,最不喜欢冬天的云,可能冬天太冷了。

教师:冬天是很冷,可是冬天也有快乐,看到了吗?

幼儿6:冬天有人在堆雪人。

幼儿7:还有人在滑雪。

幼儿8:有人在铲雪。

教师:是呀,冬天有雪也是一件很美好的事。我们一起来运动一下,滑雪啦,堆雪人啦!(幼儿随着教师的话语用肢体动作表现这些运动)

幼儿9:春天是播种的季节,我看到有人好像在田里撒种子。

幼儿10:还有牛在耕地。

幼儿11:到了夏天,这些庄稼就长得很好了,秋天是个丰收的季节,冬天就光秃秃了,大家不用劳动了,就可以玩雪了。

幼儿12:我还看到马车,大家坐了马车出去了。

教师:不同的季节不仅风景不一样,不同的季节,人们做不同的事情。

幼儿13:这里几乎每幅图片中都有马。

教师:对呀,乡村可能还会有马,看到马,你们似乎听见了……(做倾听状)

幼儿:马叫声,马走路的声音(开始各种模仿)

【分析解读:这个活动重在让幼儿观察,结合生活经验进行表述,而后逐渐发现乡村和城市的不同。该问题是本次活动中的第二个问题,第一个问题很简单,就是观察小房子周围的景色,很直观。这一问题重在让幼儿感受乡村的美,从观察图片中发现乡村的美。

• **观察逐渐深入**:当教师刚提出问题"不同的季节,小房子看到了什么",可能,孩子的关注点只是在于"小房子看到了什么",因此,孩子的回答也是很单薄的,可能看到某样东西,可能感受到某种颜色。教师通过简单巧妙的互动就让孩子注意到"变化",比如是小溪,一年四季它是怎样的? 这样的启发帮助孩子打开思路,孩子们果然能从繁杂的图片信息中找到自己关注的内容,并将四张图片联系起来看,这样就能发现不同季节,万物的各种变化。由此可见,孩子的观察在深入起来,既能纵向联系,也会横向拓展。

• **感受逐渐丰满**:当教师发现孩子观察时能将四幅图片联系起来后,教师就改变策略,同样是冬天,有一个人在堆雪人,那么别的人在干吗呢? 教师不仅让孩子们又换一种思路进行观察,同时,教师在此基础上,还让幼儿用肢体动作进行表演,既让幼儿在持续观察时能稍作休整,也让幼儿对乡村的冬天有更多的感受和体验。

• **衔接逐渐流畅**:让孩子们感受乡村的美,并不是仅仅通过图片观察。幼儿的观察可以是单幅画面中某个季节的显著特征,也可以是一年四季中该物体的变化……观察后是倾听声音,考虑到用心观察图片后幼儿可能需要缓解一下,在该观察环节后面,教师设计了让幼儿试着倾听来自乡村的各种声音。教师很巧妙地通过一个孩子的发现"每幅图中都有马",让孩子们试着模仿马的各种声音,既丰富了对乡村的感知,同时也顺利地引到下一个环节,让幼儿开始用耳朵来感受乡村的另一面美好。】

附教案:小房子(大班)

活动目标:

1.感知故事内容,体会乡村的主要特点,感受城市的变化。

2.萌发关注周围环境变化的意识。

活动准备:

1.多媒体课件;

2.操作卡三人一套。

活动过程：

一、角色导入

导入：一天，我看到一本很不错的绘本，叫《小房子》，大家一起来看看。

（多媒体出示：小房子）

关键问题：你看到了什么？从风景中看出小房子住在哪里？

重点关注：幼儿能否根据图片上的信息进行推测。

小结：小房子住在乡下，这儿的景色真美呀，有水、有花、有草……小房子觉得很快乐。

二、感知故事

1.感知绘本第一部分——乡村的春夏秋冬

过渡语：让我们随着小房子走近乡村的春夏秋冬。

（多媒体出示：乡下春夏秋冬时的小房子）

（1）观察分享

关键问题：在不同的季节里，小房子看到了什么？

重点关注：幼儿能否从图片的主色调中判断春夏秋冬；

能否关注图片中景色和事件的变化。

（2）想象倾听

过渡语：小房子不仅看到了这些美好的景色和事情，而且在春夏秋冬中还听到了很多属于乡下的声音呢！

关键问题：听听、猜猜它听到了什么声音？

（多媒体播放：鸟叫声、蝉鸣声、公鸡叫声、溪水流动的声音等）

重点关注：幼儿能否感知大自然的声音，从声音上想象乡下的风景。

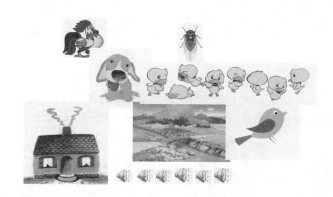

    小结：乡下真的很美，春天百花盛开，夏天绿树成荫，秋天果实累累，冬天白雪飘飘，不同的季节人们在做不同的事情，非常快乐！

    2.感知绘本的第二部分——城市的日新月异

    过渡语：一天又一天，一年又一年，小房子快乐地生活着。住在小房子里的孩子们长大了，他们离开乡村去了城市。每到晚上，小房子总要望着城市，它发现远处城市的灯光越来越亮，看来，小房子住的乡村也要变成城市了。

（多媒体出示：绘本的第一页）

    （1）联想——乡村到城市的转变

    多媒体出示：绘本 17

    关键问题：瞧，小房子周围有了什么变化？

    从乡村变成城市，小房子周围还会增加什么？

    重点关注：幼儿对图片变化的敏感，能否结合经验联想城市。

    （2）观察——找到小房子

    （多媒体出示：绘本 19、25、27、33，配上快节奏的音乐）

    关键问题：城市的节奏真快呀，你们还能找到小房子吗？

    重点关注：幼儿能否从各张图片中找到小房子。

    小结：小房子还是在原来的地方。

    （3）推测——城市的发展（操作）

    关键问题：仔细观察画面，每张图片中都会出现新的东西，请你们为这几张图片排序，看看城市是怎么变化的？

    重点关注：幼儿能否从图片中逐渐增加的设施上推断出城市发展的顺序。

● 分享交流

小结：小房子前面修筑了一条马路——小房子旁边盖起了高楼——马路上面建了高架——马路下面增加了地铁——高楼又改建成摩天大厦,乡村没了,变成了真正的城市。

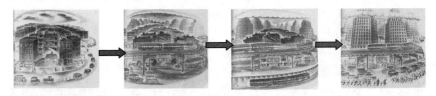

三、迁移经验

师：还记得小房子以前的乡村吗？让我们看一下……

关键问题：以前小房子周围有什么？现在有什么？

你喜欢乡村还是城市？

重点关注：幼儿对乡村和城市的价值取向。

小结：乡村有乡村的美好,城市有城市的方便(视幼儿回答适当拓展)！

师：小房子会怎么选择呢？这儿有一本好看的绘本,叫《小房子》,我把它放在图书吧,有兴趣的小朋友可以去翻一翻哦！

(李洁提供)

4.3.2.5　案例五：大班活动：猪爱上鸡

设计思路：

《猪爱上鸡》通过讲述小猪莱昂爱上小母鸡贝蒂,想方设法都没能让它动心,正当莱昂灰心丧气地在泥潭里打滚时,贝蒂却来到了它身边的故事,引发幼儿知道：模仿别人不会出色,真实的自己才最精彩。

大班幼儿是语言表达能力明显提高的时期,他们不但能系统的叙述生活中的见闻,而且能生动有表情的描述事物。尤其在观察、讲述图片的能力方面,也有明显的提高。幼儿在表达时,往往能够根据图片内容想想角色的心理活动。如:画面中小猪的几次求爱的经历,让幼儿能够分别从莱昂和贝蒂的动作、表情、神态等多方面的角度,猜测它的心理活动。同时,在语言表达上,幼儿也显得比较灵活多样,并力求与别人不同。

活动中,通过让幼儿共同阅读故事中的情节变化,在自我思考、自我理解的基础上,结合大班幼儿的年龄特点,引发幼儿能够依据一一呈现的故事情节,较大胆地表述自己的所见、所思、所想,反映出幼儿随着故事情节的变化,他们的理解、想法等多方面的动态变化。

在猪向鸡两次求爱故事情节中,用了相同的音乐贯穿始终,让幼儿能够参与到故事的情境中,共同帮助莱昂吸引贝蒂。当故事中,莱昂经历了一次次的失败之后,又开始了新的尝试,幼儿能够根据各自的生活经验,对后两次的方法进行思考、辩论,阐明自己的观点,由此做出判断后,再共同阅读图画书,发现最终的结果。在孩子们的祝福声中,将活动推向高潮。

多种不同的游戏形式,使幼儿能够更深入的理解、领悟故事中内隐的寓意,并能够在现实生活中,大胆展示自己的才华,秀出自己的精彩,展现自己的另一面,增强幼儿的自信。

教学现场片段一:
• **猪向鸡第一次求爱**
教师:看看,莱昂第一个找到了谁? 看看想出了什么好办法?
然:莱昂找到了小兔子,小兔子告诉它舞蹈总是最有效的。

追问:你是从哪里看出来的?
然:我看到上面有字的,我还看到了小兔子在跳舞。
容:因为小兔子觉得跳舞很美的话,贝蒂就会喜欢莱昂的。
轩:我也觉得跳舞能够让贝蒂喜欢莱昂,因为,我平时去上舞蹈班的时候,就会交到很多的朋友。
教师:舞蹈真的那么有效吗? 听到这欢快的音乐,怎样的舞姿最美,最能吸引贝蒂呢?
辰:这个音乐听上去很欢快。
悦:让我感觉心情很好,很开心。

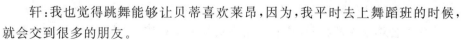

圆:我会拉起裙摆转圈跳舞。(随之伴随着音乐翩翩起舞)

芊:还可以拍手,围圈一起跳起来。

秀:我可以找一个朋友,和她一起学着蝴蝶飞。

诺:我还可以两个手转圈,腿跳起来,这样就像在开生日 Party。

(幼儿各自上台,多媒体循环播放音乐,让幼儿感知乐曲旋律,教师重点关注幼儿是否能够依据音乐旋律,让手和脚都动起来,创编出各种不同动作,帮助贝蒂喜欢上莱昂。)

教师:莱昂又是怎么想、怎么做的呢? 有没有引起贝蒂的注意呢?

乐:你们看 ,它根本没有理睬它,还在一旁不停地啄米呢。

秋:是的,莱昂很认真的在跳舞,可是贝蒂就当没看见。

容:那就是,贝蒂还是不喜欢莱昂,因为,贝蒂根本不愿意去看它。

辰:肯定是,贝蒂觉得莱昂跳的不好。

教师小结:是啊,贝蒂头也不抬的继续啄米。

• 猪向鸡第二次求爱

(多媒体出示莱昂找到了它的另一个朋友公鸡来帮忙的情境)

教师:瞧! 快乐的猪,总会想着,让它的朋友开心、快乐,看它这会又去了哪里? 找了哪个朋友呢?

教师:这会莱昂找到了谁? 除了发现了大公鸡外,还发现了什么? 又忙着学什么本领呢?(鼓励幼儿用完整的话说说自己的发现)

秋:我看到莱昂找到了大公鸡,公鸡告诉它,吸引母鸡最好的方法是唱歌。

容:是的,唱歌的话,母鸡就能听见,不会像刚才一样在一旁啄米了。

教师:你是从哪里看出来,公鸡告诉它用唱歌的办法来吸引母鸡呢?

芊:大公鸡昂头的样子,还有就是旁边的一串音符,告诉我们,大公鸡告诉莱昂,用唱歌的办法来吸引母鸡。(幼儿已经能够关注到画面的细节——音符,给他们带来的提示)

教师:如果唱的那么优美、好听,是不是贝蒂 就会喜欢上莱昂了呢? 你觉得这个办法能成功吗? 各自说说理由。

然:我觉得这次莱昂肯定能够成功的。因为,你们看,莱昂头抬得高高的很认真的在学唱歌。

秀:我也觉得莱昂这次会成功的,因为我想贝蒂也一定会喜欢听音乐的。

乐:我和他们两个一样的,觉得这一次,贝蒂肯定会喜欢上莱昂的。因为莱昂为了让它喜欢,又是跳舞,又是唱歌。

追问:有没有听清,歌词里的内容?

诺:美丽的小母鸡,啦啦啦啦啦啦……快和我做游戏,啦啦啦啦啦啦……可爱的小母鸡,啦啦啦啦啦啦……快和我做游戏,啦啦啦啦啦啦……

轩:可是,我觉得它这次不会成功。因为,其实猪是不会唱歌和跳舞的,所以,即使它很认真的学,也不一定能够学会。

教师:(多媒体播放歌曲旋律)是否能够陪伴莱昂一起用美妙的歌声,来吸引贝蒂的注意。

(用多媒体呈现莱昂是否成功的图片)

教师小结:可怜的莱昂,当它为贝蒂唱歌的时候,贝蒂已经睡着了,根本听不到。

【分析解读】猪向鸡二次求爱的故事情节,教师在教学现场以"提问互动"的方式,结合幼儿的年龄特点,借助于图文、音效同步的多媒体课件,选择能够引发幼儿表达表现的互动式的提问,由浅入深,并能够有效的追问,帮助幼儿用完整的语言,表达自己的所见、所思与所想。

雅斯贝尔斯指出:"教育过程首先是一个精神成长的过程,然后才成为科学获知过程的一部分。"[1]"要避免仅仅重视表现技能或活动的结果,而忽视幼儿在活动过程中情感体验和态度的倾向"。[2]

在这一教学现场的片段中,我们发现,当莱昂第二次向贝蒂求爱的过程中,教师巧妙的运用了用相同的音乐贯穿始终,当莱昂学着小兔准备用跳舞的方法吸引贝蒂的故事情境中,教师让孩子们在感知音乐的基础上,自主创编动作,帮助莱昂能够吸引贝蒂。当莱昂学着公鸡准备用歌声来吸引贝蒂的时候,则是在前一次求爱的基础上,让幼儿能共用同样的旋律,配上朗朗上口的歌词加上可爱的动作,帮助莱昂继续尝试,让贝蒂能够喜欢上莱昂。结合幼儿在教学现场的感知与体验,尝试帮助幼儿了解莱昂的心情与体会,在这一过程中,不是教师

---

① 雅斯贝尔斯.什么是教育[M],上海:三联书店,1991.5.14.

② 教育部.幼儿园教育指导纲要(试行),2001.

"授",也不是幼儿"受"的过程,幼儿在这一刻是被点燃的火种,在融于莱昂"求爱"的情境中,有了表达自己的想法和情感的基础。如同活动中,有的幼儿就能大胆表述,猜测唱歌能帮助莱昂获得成功;有的猜测这不是莱昂擅长的,不一定能够获得成功;幼儿围绕这一问题展开讨论,各自阐述着自己的理由。

当然,对于幼儿来说,前后两段相同的自创音乐旋律的感知,结合观察与莱昂向贝蒂的两次求爱经历的体验,前后衔接的自然,层层递进,让幼儿能够在宽松、愉悦的游戏中,融于故事情境,从而体验到与同伴共同游戏的快乐。基于幼儿活动现场的行为表现,可以看出,教师在活动中,要善于发现儿童感兴趣的事物,发现故事情节中隐含的教育价值,把握时机、积极引导,并能关注幼儿在活动中的表现与反应,敏锐地察觉他们的需要,及时以适当的方式应答,形成良好的师幼互动现场。】

教学现场片段二:
·猪向鸡第三次求爱
(多媒体播放莱昂再次向贝蒂求爱使用的方法和情境的图片)

这次莱昂还是没有吸引到贝蒂,但是莱昂还在继续努力。

教师:两组图片,看明白了吗?能看懂吗?

教师:莱昂又找了谁?又想出了哪两种办法?

然:一个是它学着朋友的样子,装扮自己,一个是玩泥巴,哇,太脏了吧!

乐:哇!这也太搞笑了吧,你看它打扮的样子,很滑稽。

芊:哇!我看到莱昂玩泥巴玩的好开心啊!

教师:你觉得哪种办法可行的?说说各自的理由和想法。(幼儿自主选择,阐述理由,尝试辩论)

乐1:我觉得莱昂打扮了自己,能够让自己变得更漂亮,贝蒂也就会喜欢上它的。

宁2:就算再怎么打扮,我也没有觉得它有多漂亮,还是玩泥巴开心。

芊1:啊!怎么会呢?泥巴多脏啊,贝蒂怎么会喜欢一个脏脏的莱昂?

宁1:而且很臭的,肯定不喜欢。

辰 2:没关系呀,只要回家洗一下,不就干净了吗?

然 1:可是,如果在玩的时候,泥不小心碰到了嘴巴,会生病的。

秀 2:小心一点不就好了。

秋 1:我还是觉得莱昂打扮了之后,贝蒂就会喜欢它的。因为,我们每个女孩子都喜欢化妆的,化妆了之后,就会变得很美很美,大家都喜欢。

容 2:玩泥巴可以让贝蒂变得开心呀!

轩 3:我觉得可能莱昂打扮了自己会让它变得漂亮,贝蒂会喜欢,也有可能贝蒂喜欢和莱昂一起玩。

……

"1"认为莱昂打扮的漂亮,就能赢得贝蒂的喜欢,获得求爱的成功。

"2"认为莱昂带着贝蒂玩泥巴,很开心,就能获得求爱的成功。

"3"认为两者都有可能。

重点关注:不同观点的两组幼儿,是否能够完整表述自己选择的理由和想法。(多媒体呈现故事情节发展与结果)

教师:最后的结果到底是怎么样的呢?看了之后,有没有觉得自己的想法有变化的?

乐:啊?原来,贝蒂还是很愿意和莱昂一起玩的啊!

然:看,它们两个手拉手,贝蒂喜欢莱昂了。

辰:哇!莱昂真的成功了。

从哪看出来它们俩成为朋友了呢?

芊:它们两个手拉手了,你看,就是这一幅。(幼儿指着多媒体呈现的,莱昂和贝蒂手拉手走的背影的图片)

然:它们两个在一起玩的时候,很开心,从它们的表情中看出来的。

教师小结:是啊,玩泥带来的快乐,让莱昂和贝蒂能够成为好朋友,终于,贝蒂喜欢上了莱昂。

【分析解读】教师截取绘本中的情境画面,抓住时机,让幼儿说说"两组图片,看明白了吗?能看懂吗",为幼儿营造了一个民主、接纳和支持的"能说、愿意说、敢于说"的心理环境。引发幼儿能够依据自己对于故事情节的理解,创设问题情境,鼓励幼儿互动、质疑、阐明各自的观点。当莱昂经历了一次次的失败之后,又开始了新的尝试,围绕"是装扮自己?还是玩泥?哪一种方法能够更好的来吸引贝蒂呢?"展开辩论。我们发现,幼儿能够结合自己的生活经验,结合自己的感知、理解,用较完整的语言大胆阐明了自己的观点。有的幼儿认为装扮自己,能够让自己变得漂亮,贝蒂就会喜欢莱昂。有的幼儿认为玩泥开心,莱昂能够把这份快乐带给贝蒂,贝蒂开心,就会喜欢莱昂。点点滴滴的互动、交流、辩论,有效促进了幼儿互动和思维的发展。

这样宽松的互动教学现场,能让幼儿无拘无束地自由讨论,敢于积极思考,敢想敢问,能充分将幼儿的内部潜能释放出来,将幼儿的疑惑大胆地表露出来。幼儿依据各自的生活经验,对后两次的方法进行思考、辩论,阐明自己的观点,由此,做出判断后,再共同阅读图画书,发现故事情节的结尾,在幼儿的祝福声中,将活动推向高潮。

幼儿作为学习者是教学现场的主体,教师应该尊重幼儿的个体差异,尊重幼儿在阅读及语言表达中的独特体验和感受。"现场的辩论"是一件十分美好的事情,它没有"正确答案",并充分地体现了对幼儿个体感受与理解,在生生互动、师幼互动的过程中,给幼儿思考和充分表达的机会。

在纷繁复杂的教学现场,教师需要实现学习者的有效学习和发展进步,要有能力面对教学情境的不确定性,让幼儿能够在游戏的情境中获得丰富的经验,运用多种不同的游戏形式,使幼儿能够更深入的理解、领悟故事中作者所内隐的寓意,有利于幼儿能够在现实生活中,大胆展示自己的才华,表述自己的所见、所思、所想,更好的秀出自己的精彩,展现自己的另一面,增强幼儿的自信。同时,教师依据自身对教学现场的感悟,还要有洞察力和敏锐的机智,高效应对教学现场的情境,生成融通幼儿共生、自由和美的境界。】

附教案:猪爱上鸡(大班)

活动目标:

1.理解猪和鸡交朋友的故事情节,了解做真实的自己才是最精彩的。

2.体验和朋友在一起游戏的快乐。

活动准备:

1.场地准备:两队地上的标志线、标牌(帽子和泥潭的图片贴于椅子,分放两边)

2.音乐(其中的音乐或者歌曲与小猪或者母鸡有关系)

3.课件:PPT

活动过程:

一、激趣导入:引入故事中的角色……

导入:瞧,是谁? 它叫"莱昂",这可是一只幸福的猪,因为它有一大帮的好朋友。

(出示图片——猪的前后表情变化过程)

关键问题:这会这只幸福的猪怎么啦? 是怎么回事呢?

它有什么烦恼?

重点关注：幼儿是否能够发现莱昂的烦恼。

（多媒体播放背景音乐与小猪的录音,图中母鸡头抬得高高走出来的情境）

小结：原来,莱昂现在很烦恼,因为它看到了一只那么美丽的小母鸡,它很乐意与它做朋友,可是,贝蒂对莱昂却不理不睬。

二、理解故事

（多媒体出示莱昂烦恼时的情境）

过渡语:怎样才能让贝蒂喜欢上莱昂呢？ 在你们想办法的时候,莱昂决定去找它的朋友帮忙,出主意。

1.猪向鸡第一次求爱

关键问题:他第一个找到了谁？ 看看想出了什么好办法？

舞蹈真的那么有效吗？ 听到这欢快的音乐,怎样的舞姿最美,最能吸引贝蒂呢？

莱昂又是怎么想、怎么做的呢？

有没有引起贝蒂的注意呢？ 贝蒂又在忙什么呢？

重点关注:幼儿是否能够依据音乐旋律,让手和脚都动起来,创编出各种不同动作,帮助贝蒂喜欢上莱昂。

（多媒体循环播放音乐,让幼儿感知乐曲旋律）

小结:贝蒂头也不抬的继续啄米。

2.猪向鸡第二次求爱

（多媒体出示莱昂找到了它的另一个朋友公鸡来帮忙的情境）

过渡语:莱昂别泄气,我们来给莱昂打打气吧,让它再去找找朋友,说不定有更好的办法呢！ 瞧！ 快乐的猪,总会想着,让它的朋友开心、快乐,看它这会又去了哪里？ 找了哪个朋友呢？

关键提问:这会莱昂找到了谁？ 除了发现了大公鸡外,还发现了什么？ 又忙着学什么本领呢？

（鼓励幼儿用完整的话说说自己的发现）

唱的那么优美、好听,是不是贝蒂就会喜欢上莱昂了呢？ 你觉得这个办法能成功吗？ 各自说说理由。

（多媒体播放歌曲旋律,幼儿集体学唱）

重点关注:是否能够陪伴莱昂一起用美妙的歌声,来吸引贝蒂的注意。

小结:可怜的莱昂,当它为贝蒂唱歌的时候,贝蒂已经睡着了,根本听不到。

3.猪向鸡第三次求爱

（多媒体播放莱昂再次向贝蒂求爱使用的方法和情境的图片）

过渡语:这次莱昂还是没有吸引到贝蒂,但是莱昂还在继续努力。

关键问题:两组图片,看明白了吗? 能看懂吗?

莱昂又找了谁? 又想出了哪两种办法?

你觉得哪种办法可行的? 说说各自的理由和想法。

(幼儿自主选择,阐述理由,尝试辩论)

重点关注:持有不同观点的两组幼儿,是否能够完整表述自己选择的理由和想法。

(多媒体呈现故事情节发展与结果)

关键问题:最后的结果到底是怎么样的呢? 看懂了吗?

看了之后,有没有觉得自己的想法有变化的?

从哪看出来它们俩成为朋友了呢?

小结:最终,玩泥带来的快乐,让莱昂和贝蒂能够成为好朋友,终于,贝蒂喜欢上了莱昂。

三、延伸活动

噢! 它们终于成了好朋友! 朋友们,让我们用掌声祝福它们吧! 多开心啊,多快乐啊!

(钱月红提供)

4.3.2.6 案例六:大班活动:三个小和尚

设计思路:

《三个和尚》是一个小朋友喜闻乐见的故事。俗话说:"一个和尚挑水喝,两个和尚抬水喝,三个和尚没水喝。"这句谚语慢慢演绎成一个有地点、有人物、有事件的一则小故事。借助于这个寓意深刻的故事,让幼儿明白蕴含其中的道理"大家齐心协力就能把事情做好",尝试学会与人合作。

活动中,还采用多种阅读的方法,将阅读的内容,通过多媒体动态阅读、PPT阅读、小图书阅读,变枯燥为生动,达到"寓教于乐"的目的。尤其是在阅读开始时播放《三个和尚》的动画片,不仅激发学生的阅读兴趣,还可以让枯燥的文字变成一幅幅生动的图像在孩子们的头脑中储存起来。在帮助幼儿梳理的过程中,运用图文等方式,将故事的这一环节在幼儿的脑海中,像演电影一样演一演,理解其中的内容。

通过不同方式的阅读,帮助幼儿理解一个和尚、两个和尚、三个和尚,挑水喝到抬水喝到没水喝的过程。这其中,尤其是视频阅读的过程中,截取了动画片中的故事情节,与书中的故事情节点略有省略部分,且视频也有剪辑,凸显核心领域的内容。一开始部分,就是从山脚到山上的庙里,为了凸显路途的遥远,为后面抬水的艰难,做好准备。截至为菩萨敬水来结束视频,是起到了收尾呼应的作用,让幼儿感知从没水到有水的过程体验。

提问设计的过程中,从零碎的提问,散而不精炼,到提问中,围绕主线,使各环节提问能够围绕一个中心、主线来进行设计,更好的凸显了每个环节的层层递进,脉略清晰。

整个活动环节围绕"一个和尚挑水喝,两个和尚抬水喝,三个和尚没水喝"来开展的。每个环节都有其核心内容,第一个环节围绕:小和尚一个人挑水喝,没劲、很累、寂寞来开展;第二个环节围绕两个和尚抬水喝,开始很开心,可是,之后抬水很累,互相推诿,不愿抬水来开展;第三个环节围绕三个和尚之前没水喝,之后合作有水喝为主线开展。

教学现场片段一:阅读理解——多媒体阅读

1.视频阅读(多媒体播放剪辑的动画片中片段,感知"小和尚"一个人挑水喝的情境)

教师:小和尚和水之间发生了什么事?

豆:一开始是小和尚没水喝。

然:我看到小和尚把水给菩萨喝了。

教师:小和尚给菩萨"敬水"。

楷:我还看到小和尚去"挑水"。

芊:小和尚还把水倒在水缸里。

乐:就是他还"倒水"。

教师:小和尚从一开始发现"没水",到自己去"挑水"、"倒水",最后给菩萨"敬水"。(结合 PPT 中图片小结)

教师:你们发现小和尚是住在哪里?又是到哪里去挑水的呢?

乐:他住在庙里,但是,要走到山下去挑水。

奕:我发现他每次去挑水,要走好多路。

颖:我发现庙是在山上的,而小和尚是要到山下去挑水,从山上走到山下,再从山下走到山上,很辛苦。

教师小结:小和尚每天走那么长的山路,才能挑到水,日子一天一天过去了,小和尚每天一个人挑水喝,真的好辛苦,心里想着:要是再来一个朋友就好了。

【分析解读:"三个小和尚"的动画片,有的幼儿看过,可是却没有引发幼儿更深入的思考。借助于幼儿对于动画片的热衷这一兴趣点,教师运用了视频阅读的方式,让幼儿欣赏阅读截取的动画片"三个小和尚"中"小和尚"这一片段的故事情节,借助于提问"有没有发现小和尚是住在哪里? 又是到哪里去挑水的呢?"来引发幼儿思考。简洁、有针对性的提问,引发幼儿能够从动画片的画面的吸引中,关注小和尚挑水时的情境与细节,当看到小和尚挑水时,需要从山脚到山上的庙里时,转移到发现他挑水路途之遥远,体会到小和尚来回挑水的不易。为后续的两个和尚和三个和尚在一起抢水喝而发生争执,做了很好的铺垫。

从教学现场中发现,教师基于幼儿喜欢看动画片的兴趣点,运用动画片所开展的多媒体阅读,大大激发了幼儿的阅读兴趣,且还可以让枯燥的文字变成一幅幅生动的图像,在孩子们的头脑中储存起来。

纵观教师在教学现场与幼儿的互动来看,尤为重要的是教师能够以"提问""幼儿讨论"的互动方式,以"水"为主线,搭建了"小和尚"和"水"之间的支架,在观看视频的基础上,唤起了幼儿对于"小和尚"一个人挑水喝的情境再现与回忆,融于情境,凸显这一环节中小和尚一个人挑水喝时的辛苦与孤单。】

2. PPT 阅读

教师:没过多久,高和尚来了,两个和尚怎么才能喝到水呢? 又会发生什么事呢?

(连续阅读 PPT 图片,感知两个和尚抬水的情境)

教师:两个和尚和水发生了什么事? 有什么新发现?

豆:我看到小和尚请高和尚一起喝水。

教师:看上去两个人在一起相处的还不错。

元:我还发现了第二幅图幅中,高和尚一个人去挑水喝。

丁:他们还在一起玩水。

芊(补充):我看到盆里有鱼,他们在一起玩水,和鱼一起玩。(边走上前,指出多媒体图片中,第三幅图片中的盆里的鱼)

教师小结:高和尚一来就喝水、抬水,两人在一起一开始还真的很开心。

(连续阅读PPT图片,感知两个和尚互换位置抬水的情境)

教师:水喝完了,又会发生些什么事? 两个人是怎么去抬水的?

重点关注:两个和尚抬水时,位置的变化、水桶里的水的变化。

琳:他们两个一起下山抬水喝了。

豆:你们看,第一幅图中,他们两个一起在抬水。

颖:我发现第一幅和第二幅图中,小和尚和高和尚抬水的时候,位置都换过了。

教师追问:为什么换位置? 水桶里的水怎么不容易洒出来?

芊:他们两个人发现水桶总是会动来动去(幼儿还不停的用肢体动作来形象的示意)。

楷:一个高,一个低,这个水桶会动来动去的,不稳当,水就容易洒出来了。

乐(补充):因为两个人的身高不一样,所以水桶的水就不稳当,容易一会儿往这边移动,一会儿又往那边移动。你们看到吗? 到最后,水都没有多少了,都洒出来了。

教师小结:两个和尚抬水喝,回到庙里,发现水洒了一半,两个人有点泄气。

【分析解读:教学现场中,教师在此环节与幼儿共同以PPT阅读的方式,呈现两个和尚与水之间发生的故事,让幼儿自主发现、比较,从一开始两个和尚的

友好相处,到互不理睬,这其中为什么会发生这么大的变化呢?

大班幼儿已经积累了一定的阅读经验和能力,一系列的多媒体图片呈现过程中,与之前一个教育现场中的动态媒体阅读不同,PPT的图片更易于大班幼儿阅读。观察其中的细节,发现两个人在抬水的过程中水桶位置的变化、高和尚和小和尚前后位置的互换、挑水后水桶水的量变,以及挑水后的劳累,都让幼儿不难发现这其中的原因所在。

透过教学现场中的教学细节,我们可以发现教师的教学理念、教学经验和教学智慧,可以看到教师基于幼儿阅读的经验,以及大班幼儿的年龄特点,鼓励幼儿能够从单幅阅读,到连续阅读,到并列图片阅读,循序渐进的通过幼儿的观察、阅读、理解,由外到内,由表入里,由浅入深,逐步通过自己的阅读,来发现画面中的细节之处,追求教学实践的智慧与艺术的统一。在教学现场中,我们教师也更多的需要关注其中的教育细节与幼儿的行为表现,更好的凸显和达成活动中,每个环节中所要达成的阶段核心目标。】

教学现场片段二:阅读理解——小图书阅读

教师:故事说到这,已经来了几个和尚啦?一个和尚挑水喝,两个和尚抬水喝,三个和尚呢?(字幕呈现:一个和尚挑水喝,两个和尚抬水喝,三个和尚?)

教师:我们一起到小图书里去找找答案吧!(幼儿自主阅读、理解)

教师:三个和尚怎么喝到水的?第几页上看到的?

琳:在第29页上,我看到了高和尚推着车在运东西,小和尚背着很多袋子,胖和尚在搬砖,他们三个人都在一起忙着干活。

楷:我是在第30页上看到的,他们三个人造了水车,你们看,这样就有水了。

教师:原来,他们一起合作造了水车,引水上山。

芊:他们三个人一起合作,就把水车造好了,在第30页到第31页上,我看到连小动物们,还有很多花、树都能喝到水。

……(幼儿各自阐述着自己阅读到的画面)

教师:为什么一开始没有喝到水?哪一页能告诉我们答案?

奕:我从第22页和第23页看到了三个和尚为了自己能够喝到水,都想到自己,抢着水喝,不让同伴喝,抢的时候,你们看水都打翻了。

乐:在第24页和第25页上,小和尚们为了抢水喝,都很生气,我还发现了三个和尚生气了,脸都涨的通红通红。

颖(补充说):他们各自都想的是自己,所以,都没人愿意挑水,大家也都喝不到水。

教师:之后,又喝到水了吗? 哪一页?

重点关注:"三个小和尚"在一起,从没水喝到有水喝的前后变化原因。

言:后来,他们就一起造"水车"了。

豆:之后,他们一起合作造"水车"不但自己喝到水,他们住的地方都有池塘了,连身边的人也都能喝到了水。就在书的第 30 页和第 31 页上。

教师小结:从没水喝,到有小池塘,从争吵到三个人一起齐心协力,合作引水上山,终于让自己、庄稼和身边的人,都喝到了水,快乐的生活着。

【分析解读:在教学现场中,教师借助于幼儿自主阅读的方式,让幼儿从书中自己去寻找答案,从而带着问题"三个和尚在一起有水喝吗?""为什么一开始没有喝到水?""之后,他们想了什么办法,不但自己喝到了水,还让大家喝到水了"? 引发幼儿能够仔细阅读,展开讨论。

当然,在教学现场的讨论互动中,教师对于幼儿所表述的语言、表现出来的行为等,都需要能够即时的进行回应和提升。我们深知,在教学现场,教师的有效回应是实现教师有效师幼互动的途径之一。如:当有的幼儿说到三个和尚的分工、有的说到了合作造"水车",教师则需要及时有效的互动——"原来,他们一起合作造了水车,引水上山。"这一适宜、适度的回应,直接影响着师幼互动的质量和教学目标的达成。这其中,更多的源于教学现场中,教师在现场观察与倾听的基础上,经过分析、判断、解析三个和尚心里的所思、所想,做出有效的回应。

与此同时,我们也基于教学现场发现,教师充分运用了多元阅读的方式,帮助幼儿理解一个和尚、两个和尚、三个和尚,挑水喝到抬水喝到没水喝,到最后大家齐心协力下,引水上山,造了水车,让自己、身边的人都有水喝,从没有水喝到建造了家园,有美丽的风景,让幼儿感知、明白、懂得了合作带来的快乐。

整个教学现场中,提倡"一法为主,多法并施",力求使活动变得生动有趣,借助于"三个小和尚"寓意深刻的故事,让幼儿明白蕴含其中的道理"大家齐心协力就能把事情做好",尝试学会与人合作,有效激发幼儿的共鸣、讨论和思考。】

附教案:三个小和尚(大班)

活动目标:

1.理解三个和尚从没水喝到合作引水的故事情节,感受生活中合作带来的快乐。

2.喜欢阅读民间小故事,乐意分享在阅读中的发现、体会和想法。

活动准备:

1. 小图书每人一本
2. PPT 课件
3. 动画片制作《三个小和尚》

活动过程：

一、激趣导读

导入：让我们一起来请出今天故事的主人公，会是谁呢？

（多媒体播放电影版"三个小和尚"的音乐——出示三个和尚的图片）

关键提问：三个和尚的个头长得一样吗？（出示三个和尚，配上音乐）

重点关注：幼儿能够仔细观察、发现三个和尚个头的明显不同。

小结：一个很矮，一个很高，还有一个很胖，我们叫他们小和尚、高和尚和胖和尚。

二、阅读理解

（一）多媒体阅读

（出示"水"图片）

过渡语：三个和尚在一起会发生什么事情呢？（出示：水图片）原来，和"水"有关。让我们带着这个线索，一起走进"三个和尚"的故事。瞧！这会儿小和尚来了。

1. 视频阅读：发现小和尚一个人挑水喝的辛苦、孤独的故事情节

（多媒体播放剪辑的动画片中片段，感知"小和尚"一个人挑水喝的情境）

关键提问：小和尚和水之间发生了什么事？

你们发现小和尚是住在哪里？又是到哪里去挑水的呢？

重点关注：能否从截取的动画片片段中，发现"小和尚"每天下山、上山挑水的辛苦的生活。

小结：小和尚每天走那么长的山路，才能挑到水。日子一天一天过去了，小和尚每天一个人挑水喝，真的好辛苦，心里想着：要是再来一个朋友就好了。

2. PPT 阅读：发现两个和尚抬水喝时，引发的矛盾，互相推诿的故事情节

过渡语：没过多久，高和尚来了。两个和尚怎么才能喝到水呢？又会发生什么事呢？

（连续阅读 PPT 图片，感知两个和尚抬水的情境）

关键提问：两个和尚和水发生了什么事？有什么新发现？

重点关注：小和尚和高和尚一开始友好、和谐的情境。

小结：高和尚一来就喝水、抬水，两人在一起一开始还很开心。

(连续阅读 PPT 图片,感知两个和尚互换位置抬水的情境)

关键提问:水喝完了,又会发生些什么事?

两个人是怎么去抬水的?

为什么换位置?水桶里的水怎么不容易洒出来?

重点关注:两个和尚抬水时,位置的变化、水桶里的水的变化。

小结:两个和尚抬水喝,回到庙里,发现水洒了一半,两个人有点泄气。

(二)小图书阅读:完整阅读故事,发现三个和尚在一起,从之前没水喝,到之后合作有水喝的故事情节。

过渡:故事说到这,已经来了几个和尚啦? 一个和尚挑水喝,两个和尚抬水喝,三个和尚呢? 我们一起到小图书里去找找答案吧!

(字幕呈现:一个和尚挑水喝,两个和尚抬水喝,三个和尚?)

(幼儿自主阅读、理解)

关键提问:三个和尚怎么喝到水的? 第几页上看到的?

为什么一开始没有喝到水? 哪一页能告诉我们答案?

之后,又喝到水了吗? 哪一页?

重点关注:"三个小和尚"在一起,从没水喝到有水喝的前后变化原因。

小结:从没水喝,到有小池塘,从争吵到三个人一起齐心协力,合作引水上山,终于让自己、庄稼和身边的人,都喝到了水,快乐的生活着。

三、分享交流

关键提问:故事听到这,你有什么话想对三个和尚或者自己的小伙伴说的?

小结:在我们生活中,也有像三个和尚这样的故事,只要我们齐心协力、互相合作,烦恼的事也会变得快乐的。

(钱月红提供)

我们感悟到:在教学现场,教师能够为幼儿提供丰富的直接经验,帮助幼儿在尝试、体验、思考等过程中,来理解和掌握新知识,获得直接的经验。借助于教学现场中的活动,教师有思维的碰撞,有观念的更新,有知识的引导,有智慧的收获,能够更有针对性地选择教学行为调整的策略,优化教学活动的过程,提高教学活动效率,帮助教师在幼儿专业发展的道路上,提升自身的专业综合技能和综合素养。

4.4 教学现场与教师成长

教学现场是教师在教育教学领域中,专业化发展与成长的"催化剂",基于教学现场的研究,教师以教学现场的师幼、生生互动为切入点,以教学现场中的幼儿为研究对象,以观察为教学手段,所生成的教育理念、教学行为、教育策略等,都能成为教师教育教学专业成长道路上的奠基石,不断提升教师自身的专业素养。教学现场与教师成长是相互联系,相互依存的。

4.4.1 聚焦教学现场　更新教育理念

教师发展的土壤在于教学现场,它依赖于有效的教学实践活动。在教学现场中,教师的教育理念是教学行为的先导,教育理念的转变是教师专业成长的重要标志,在认真解读、理解新课程的教学理念的基础上,运用正确的教育理念自然转化为教师的教育行为,将教育教学实践中的"思"与"行"融为一体,以教师行为的改善与否来作为衡量教育理念转变与否的准尺。

教师的教育行为在受教育理念支配的同时,内隐的教育理念是可以通过相应的教育行为加以外显出来的。镶嵌在一定的教育情境之中的教学活动细节,其一端(外显)连接着教育行为,另一端(内隐)则联系着教育理念,教学现场的细节负载着教师外显的教育行为,更是包含着教师内隐的教育观念。[1]

关注教学现场,努力尝试用新的教育理念转化为教师的教学行为,遵循"以幼儿发展为本"的理念,让幼儿成为教学现场的主人,充分发挥幼儿在主体性的

---

[1]　吴振东. 关注集体教学活动中的细节[J]. 成都中医药大学学报(教育科学版),2006.12

作用,引发幼儿能够在教师的启发、引导下,乐意去想、去说、去思、去做,促进幼儿与教师的共同发展。

4.4.2 深入教学现场　关注教学细节

苏霍姆林斯基说过:"教育的技巧并不在于能预见到课堂的所有细节,而在于根据当时的具体情况,巧妙地在幼儿不知不觉中作出相应的变动。"

在教学现场中的情境、教师与幼儿的行为互动场面,为教师的研究、分析、把握教学现场,提供了丰富的现实感受和体验,为教学细节的产生和形成提供了规定的场景及条件,能有效地激活教学细节的出现。这种教学现场形成的教学细节,能集中而鲜明地反映教师的教学理念、教学经验、教学智慧,可以发现教师的教学设计、教学策略的运用是否有针对性、合理性和有效性,可以对幼儿在教学现场中的行为表现进行分析。[1][2]

一个成功的活动教学现场,除了需要教师在活动现场前的精心设计外,还需要从提高教师现场的把握能力做起。诸如:教师情景的创设、一个巧妙的问题、多媒体的声效的灵活运用、教具呈现方式与时机的把握、幼儿的有序的操作与分享交流等,这些细节的处理,都能将复杂的问题简单化,引发幼儿去探索与发现,有效提高教学效率与目标的达成。

走进教学现场,我们还发现,教师更多的关注于细节,诸如:教学准备、教学设计、教学方法的选择、教学环节的设计、幼儿现场的学习力、教学目标的达成度等等。它不但有助于教师正确地角色定位、捕捉到幼儿在教学现场的"兴趣点",选择适宜的、符合幼儿年龄特点的"教育内容",设计有针对性的教学提问与运用有效的"教学策略"等,也有助于教师能够有效地应对教学现场中出现的诸多问题,积累教师的教学经验,提升教师的教学实践能力,体验教学的乐趣,实现教师与幼儿的共赢。

4.4.2.1 教师的角色定位

在教学现场,教师特定的角色定位,即教师在教育教学活动中,为实现自身所承担的义务、责任、期望,及社会或他人对自身的期望而表现出来的态度及行为模式。[3] 它决定了教师与幼儿的互动过程中,所发挥的主导作用。教师以尊

---

[1]　熊宜勤.教学现场的教学细节考察[J].江西教育科研,2006.3

[2]　彭刚位.教学现场与教学细节——新课程背景下教学实践研究的新范畴[J].教育理论与实践,2005.1

[3]　杨定姜,刘新伢,曹能秀.准确定位教师角色,促进有效幼互动[J].临沧师范高等专科学校学报,2005.4

重与发挥幼儿主体作用为前提,把幼儿看成是一个独立的个体,尊重幼儿的人格,保护幼儿的自尊心,关注幼儿的兴趣点和需求,与幼儿建立平等、和谐的师幼关系。

教师在与幼儿彼此交流、互动的过程中,更应该是幼儿发展的支持者、参与者与合作者,要避免以指导者的身份出现在教学现场,而更多的是以玩伴、同伴式的方式互动,在亲密的师幼关系中,关注幼儿的情感与需要,帮助幼儿营造愉悦的心理氛围,充分的发挥幼儿在教学现场的主体作用。[①]

4.4.2.2 注重幼儿个体差异

在教育现场中,同一年龄段的幼儿既有共同的心理需要,但也有个体差异上的不同需要。[②] 教师需要关心、爱护每一个幼儿,全面关注每个孩子的不同需要,尊重他们的人格,了解、亲近、接纳、平等、公平地对待他们、尊重他们,重视与个别幼儿的互动,因材施教,为幼儿提供各种探索和发展自我的机会与条件,多与幼儿进行积极、平等的交流与互动,多鼓励、赏识幼儿的互动行为,既要与性格外向的幼儿互动,更要把互动的舞台交给性格内向的幼儿,促进每个幼儿在原有的基础上得到发展和提高。

同时,教师也要注重教学现场中的教师提问设计与回应后的策略。首先,教师要设计有思维的提问,综合的运用直问、反问、追问等多种灵活的提问方式,引发幼儿的互动兴趣。其次,在对幼儿进行提问时,要面向不同层次的幼儿,认真接纳幼儿不同的认知。提问时,应该注意面向全体幼儿,引发幼儿之间的互动,产生思维的交流和碰撞。再次,教师的回应,能直接影响幼儿学习热情与探索欲望,也是教师专业素养的体现,依据不同的活动形式,根据幼儿的不同发展水平,随时调整自己的教育目标和教育策略,不急于指导或释疑,不做简单的判断,通过有效的回应,引发幼儿更多的思考和讨论,支持和推动幼儿的自主学习,也帮助教师能够对幼儿的回答进行梳理、转换与提升,在互动中迁移幼儿的经验。

教师与幼儿互动的过程,是幼儿知识获得、发展情绪情感及社会化的过程[③],教师要在教学现场中,精心设计细节、用心处理细节,不断提高教师的专业素养。

① 马岭亚.对幼儿园师幼互动若干问题的思考[J].中华女子学院学报,2005.4
② 马岭亚.对幼儿园师幼互动若干问题的思考[J].中华女子学院学报,2005.4
③ 叶旭丹.浅谈师幼互动的有效策略[J].视野,2011.(3)

4.4.3 反思教学现场　优化教学策略

美国教育心理学家波斯纳认为,没有反思的经验是狭隘的经验,至多只能是肤浅的知识。他提出了教师成长的公式:成长＝经验＋反思。①

倡导教师对教学现场进行有效的反思,对教师确立正确、有效的教育教学行为,促进其专业的发展具有重要作用。教学反思是推动教师专业成长的有力手段和有效途径。教师在教学现场,不断反思教师的教育理念,重温现场的师幼互动,针对教学现场遇到的问题,对教学现场所使用的教育教学策略做出价值的判断,为幼儿学习提供支持和帮助,对幼儿的新发现适时分析,提升教师的专业素养。

教师借助于教学现场的分析,面对幼儿,审视和分析自己的教学行为、教学策略和教学结果,及时调整教学行为上的偏差,或增加、或删减某些环节与跟进教学策略,学会打破自己的固有状态,转换教师的角色,关注幼儿的内心世界和兴趣需要,从幼儿的角度出发,追随幼儿的自然状态,来调整预设的教学目标、教学过程和教学内容,尊重幼儿的现状和水平,形成教师对教学现象、教学问题的独立思考和创造性见解,不断挖掘、调整、优化教师在教学现场中所运用的有效的教学策略,融合教师的教育智慧和教学机智。

教师需要学会从教育教学实践的教学现场经历中挑战自我,不断学习,并在自己的教学现场中提取有价值的东西,不断积累教育教学的经验,选择、运用有效的教学策略,加速教师的专业成长,将教师的教育教学的能力和水平提升到一个新的境界。

（本章执笔:钱月红）

三人对谈：

小月:我们这里所说的基于教学现场的研究是不是更多的是指教学的实录的
　　　呈现?

小益:不完全是。当然这只是其中的一部分,而且我们可以把平时比较经典的
　　　公开活动方案,以实录的方式,来呈现当时的教学现场,让观众看到儿童
　　　在教学现场的表现。

小洁:是不是我们所说的教学现场的活动实录,是将幼儿在活动中与教师互动
　　　的所有的一言一语、行为表现等等都要记录下来。

---

① 李东辉,李燕.幼儿园集体教学活动中师幼互动研究[J].教苑杂坛.2012(8)

小月：这个好像不需要的，如果这样的话会不会太多啊！我觉得更多的是选择整个教学现场中，围绕目标，将比较核心的现场环节呈现。这样能够突出重点。

小洁：我也觉得不要面面俱到。我们所呈现的活动现场，更多的是我们整个活动过程中，比较核心的内容，也有可能就是整个活动的亮点的内容，太多不能突出重点，会比较散。

小益：我觉得也是需要有选择性地进行现场的描述。不过，我们在分析解读活动片段之后，还需要将整个活动的方案呈现，这样显得比较完整。因为，有时候，我们呈现的片段，还需要能够承上启下地与其他环节进行有效的衔接。借助于某些环节，更能让大家发现活动设计的层层递进以及教师对于活动设计与活动现场中，关于一些细节处理的思考。

小月：那么，也就是在分析解读的过程中，我们是不是将重点放在教师在教学现场是如何观察幼儿的行为表现？教师又是如何在教学现场进行即时的判断分析，调整自己的教育行为，从而达成活动的目标？是不是从幼儿的行为表现，来进行解读、评价？

小洁：是的，这个是肯定的。其实，我们在教学现场中除了观察幼儿行为外，还需要关注得更全面些，比如表情，记录幼儿现场与幼儿、与教师对话互动的语言，才能够让我们教师更全面的对幼儿展开研究，如：是否符合幼儿的年龄特点？教师能否在教学现场真正发现幼儿的"最近发展区"？

小益：其实，我觉得如果要分析我们自身执教的教学现场的话，还需要用（观察表、录像、录音等）电子设备，来帮助我们完成这样记录。

小月：我觉得可以辅助使用，这样能够帮助我们更好地记录教学现场的点点滴滴，更全面、具体。

小洁：那么，在教学现场分析和解读这一部分，对于教师的思考和观念、行为的调整是否需要？

小月：我觉得可以适当地写一点反思。其实，在教学现场这一块中，我们虽然是对儿童的行为、表情等进行分析，但是最终我们是为了通过我们教师在教学现场中的发现，引发我们的思考，从而转变自己的教育观念，转变自己的教育行为，促进自我的专业发展。

小益：这个我同意。我们在教学现场的分析中，还需要能够适时地提到教师在教学现场中是如何根据幼儿的表现进行及时地判断、分析与调整的，这其实，也是教学现场对教师的一种挑战，更是一种必备的技能。

小月:不过我们刚才说的,都是教学现场的实录案例。这一内容呈现之前,我们
　　　还需要阐述"教学现场"的概念。

小益:是的。关于"教学现场"我查阅过文献资料,这方面研究的文献资料并不
　　　多。有的专家认为这是教学活动场所以及教学活动的状况。我认为这些
　　　都不是重点,重要的是这是我们研究儿童的一个载体。

小洁:是的,我们还需要通过自己的学习和阅读,并且结合我们日常的实践活
　　　动,尝试去进行总结和梳理。我们所表述的"教学现场"这一概念,更多的
　　　是指在一般情况下,涵盖了现场教师的专业技能的实施,以及幼儿的行为
　　　表现的现场。

小月:其实,教学现场中还能够很好凸显我们对幼儿研究的价值,我们能够更全
　　　面地去读懂幼儿,了解他们的需求。关注细节,发现他们的兴趣点,从而
　　　更好地把握时机,围绕目标展开有效的引导。

小益:这个我觉得还是需要结合我们自己的教学现场的案例来进行具体的分析
　　　与解读更好。

小洁:但是,我觉得我们还是要最终归宿到我们研究儿童后的专业发展,儿童研
　　　究与专业成长是相辅相成的。

小益:特别是教师当时如何关注到幼儿行为,又即时调整教育行为,转变教育的
　　　观念,做好一些细节的处理,这是专业成长的最好体现。

小月:是的,无论是在教学现场中对幼儿开展的研究,还是我们所呈现的教学现
　　　场案例,其实都是为了阐述教学现场与教师成长的关系。教师其实也是
　　　借助于教学现场的各种综合技能的锻炼,包括现场与幼儿之间的提问、与
　　　幼儿的互动、现场随机的调控能力等等,来促进自身发展的。

小益:作为最后一章,又是预设性的环节,我认为对教师的专业成长促进更大,
　　　对教学现场中的儿童研究作细致分析,相信对老师们的启发更大。

达成共识:

☺关于教学现场:可以查阅相关文献资料,并且对于其概念进行阐述。同时借助
　　　　　　　于教师日常教学现场的研究,用较通俗的语言,言简意赅的表
　　　　　　　述清楚。

☺教学现场案例呈现方式:可以结合各自的教育教学实践,尝试有选择性地对活
　　　　　　　　　　　动的某些教学现场片段中,幼儿的现场行为、语言、互
　　　　　　　　　　　动等等表现进行重点的解析,阐述教师的思考,以及
　　　　　　　　　　　与教师专业发展之间的关系。

☺两者的关系：相互依存，相互促进，两者之间缺一不可。教师更多地借助于教学现场中，对于幼儿的行为、语言、表情等解读与分析，有效引发教师在这样的情境中，挑战自我，善于捕捉幼儿的兴趣点，发现幼儿的差异性，从而选用适宜的方法，启发引导幼儿互动，达成活动目标。在教学现场，教师的观念转变、行为策略调整，从而使教师的专业技能得到了有效的发展和提高。

走进教学现场，关注儿童发展，促进教师成长……

结　语

初心不改　方得始终

教育就是一棵树摇动一棵树，一朵云推动一朵云，一个灵魂唤醒另一个灵魂。

——雅斯贝尔斯(德国)

五年前，我们因名师基地而相遇。"嗨，你好，我来自于浦东新区……"友好的声音，清澈的眼神，同属于浦东的我们顿时心领神会，这一刹那既是开始，也是无限的苍穹……

我们的共同话题就是孩子。相互交谈中，大家意外地发现：虽然都有近20年的教龄，但是都坚守着一颗童心，我们和孩子打成一片，是名副其实的"孩子王"。我们的观察是客观细腻的，我们能读懂孩子世界的点点滴滴；我们的师幼对话是心有灵犀的，我们能丰富孩子心灵的角角落落；我们的教学现场是点燃智慧的，我们能启发孩子经验的方方面面……说到最后，不约而同，大家异口同声"初心不改"！是的，在这个浮躁的时代，我们坚守初心，面对孩子，我们依然坚持引导激发、温暖心灵、丰盈灵魂、点亮人生！

★"摇动"是改变的开始（要关注观察）：幼儿园阶段的孩子似乎很小，似乎什么都不懂，幼儿园教师喜欢用丰富多彩的活动，以形象生动的方式来启发孩子。但是，我们真的了解孩子的需要吗？所以，我们希望每一位幼儿园教师先静下来，尝试静静地观察孩子，可能你认为的"皮大王"有温暖的一面，可能你认为的"胆小鬼"有坚持的一面……当你用心、耐心地观察孩子时，你会改变对孩子固有的看法，可能你的教育也由此改变了。

★"推动"是成长的开始（要关注对话）：幼儿园阶段的孩子似乎不善言语，似乎不懂人生的意义，幼儿园教师喜欢用富有哲理的故事，以讲述的方式让孩子明白事理。但这可能只是我们的一厢情愿。别担心孩子的年幼不懂，试着将各种话题带入幼儿园，和孩子们深入互动，你会发现，可能最简单的想法是最高深的，师幼对话带动的成长不仅是孩子的，更是教师的！

★"唤醒"是教育的开始（要关注教学现场）：幼儿园阶段的孩子似乎经验不够丰富，似乎不善探究，幼儿园教师喜欢将每个活动设计地满满的，按部就班地组织孩子活动。但可能设计本身就存在问题。所以,我们一方面在设计前应充分了解孩子的认知水平和兴趣需要,一方面在现场演绎中更多关注孩子的言语和行为表现,进行高效地互动。教师要有一双锐利的眼神、一颗灵动的心去发现每一个孩子的闪光处,唤醒孩子的意识和潜力,发挥孩子最优美,最灵性的东西,这才是教育的本质!

教育就是一棵树摇动一棵树,一朵云推动一朵云,一个灵魂唤醒另一个灵魂。可能这棵树是你或孩子,可能这朵云是你或我,可能这个灵魂是我们或导师……名师基地是一个富有魅力的平台,让我们豁然开朗,在这里我们结识了一群志同道合的同伴,在这里我们更感悟了导师的魅力和智慧!

感谢师父应彩云老师,让我们的"初心"得以继续坚持,让我们的"初心"以这样的方式进行分享!让我们的"初心"鼓励千千万万的幼儿园老师!

感谢同伴,让我们心灵相汇……这一刹那是无限的苍穹!让我们保持初心,用一种简单却踏实无比的精神,不停追求……